Afrikanissimo

Zu diesem Buch

Was macht ein fabulierender Friseur in Afrika? Führt der Tanz mit Schenkelglocken tatsächlich direkt zur Heirat? Überraschend und sinnlich, witzig und geheimnisvoll, unergründlich und voller Magie – so präsentiert sich diese ungewöhnliche Anthologie, die zeitgenössische Autoren aus Schwarzafrika vorstellt, darunter auch den Literaturnobelpreisträger Wole Soyinka. Archaisches, Fremdartiges und Erotisches mischen sich mit Vertrautem – der literarisch nahezu unbekannte Kontinent bleibt nicht länger Terra incognita. »Ein Leckerbissen, der Lust auf mehr macht.« (Wochenspiegel)

Ilija Trojanow, geboren 1965 in Sofia/Bulgarien, aufgewachsen in Kenia. Lebt als Verleger, Übersetzer, Journalist und Autor in München. Zuletzt veröffentlichte er den Roman »Die Welt ist groß und Rettung lauert überall« (1996).
Peter Ripken, geboren 1942 in Bielsko-Biala. Entwicklungshelfer, Journalist, Autor, seit 1987 Vermittler außereuropäischer Literatur. Er lebt in Frankfurt/Main.

Afrikanissimo

Ein heiter-sinnliches Lesebuch

Herausgegeben von
Ilija Trojanow und Peter Ripken

Piper München Zürich

Die Herausgeber danken den Rechteinhabern für die freundliche Abdruckgenehmigung.

Ungekürzte Taschenbuchausgabe
Piper Verlag GmbH, München
1. Auflage Februar 1994
2. Auflage April 1997

Die Originalausgabe erschien 1991 im
Kyrill & Method Verlag, München, und im
Peter Hammer Verlag, Wuppertal
Umschlag: Büro Hamburg
Simone Leitenberger, Susanne Schmitt, Andrea Lühr
Umschlagabbildung: Wolf Erlbruch und Rainer Zenz
Satz: Ilija Trojanow / dm Druck Medien München
Druck und Bindung: Clausen & Bosse, Leck
Printed in Germany ISBN 3-492-21654-4

INHALT

Kulturschock

In Afrika steht die Uhr immer auf fünf vor zwölf.
– Verfasser unbekannt

Je weniger intelligent ein Weißer ist, für um so rückständiger hält er den Afrikaner. „Aber sie hatten noch nicht einmal das Rad“, sagen alte Siedler nach wie vor, um anzudeuten, daß Afrika ohne den Europäer noch immer der dunkle Kontinent wäre. Das ist schlichtweg unwahr. Die Afrikaner schufen Systeme – politische, soziale und wirtschaftliche –, die den örtlichen Gegebenheiten angepaßt waren. Erst als die Afrikaner in die westliche Welt geworfen wurden, brachen diese Systeme nach und nach zusammen. Der afrikanische Kulturschock, dem der Außenstehende begegnet, muß in diesem Zusammenhang gesehen werden, weil dort alles durch die erstmalige Auseinandersetzung mit der modernen Welt bestimmt wird.

Die meisten Touristen aus dem Westen sind von den Frustrationen in Afrika gut abgeschirmt. Sie werden vom Flughafen zu einem Hilton oder Intercontinental Hotel, dann zu einem Tierpark, danach zu einer Besichtigung des Stadtmarkts von Nairobi und schließlich zum Flughafen befördert, um nach London oder Frankfurt zurückzufliegen. Aber wer länger dort bleibt, stellt fest, daß all die Dinge, die man im Westen zur Pünktlichkeit, Effizienz und rationalen Denkweise gelernt hat, mit Afrika nicht viel zu tun haben. Afrika läßt sich nur durch sich selbst erklären. Es ist eine andere Welt, in der der kürzeste Weg zwischen zwei Punkten selten eine Gerade und in der Geduld mehr als nur eine Tugend ist; sie ist überlebensnotwendig. Afrika hat alle üblen Eigenschaften europäischer Bürokratien übernommen. Hinzu kommen Unwissenheit und Gleichgültigkeit. So ist ein System entstanden, das so ungerichtet und lethargisch ist wie eine ruderlose Dhau in rauher See. Offen gesagt, Afrika funktioniert nicht besonders gut.

In Westafrika haben die Ausländer ein Wort geprägt, um ihre verlorenen Schlachten im Alltag zu beschreiben – WAWA, ein Kürzel für „West Africa Wins Again“ (Westafrika hat wieder gewonnen). Es erinnert einen daran, daß man sich mit dem System und nicht entgegengesetzt bewegen muß, um Streß zu vermeiden. Wenn das Telefon nicht funktioniert, das Hotel kein Essen mehr hat, die Klimaanlage ächzt und kaputt geht, der Funktionär drei Stunden zu spät zu einem Termin erscheint, das Flugzeug nicht am vorgesehenen Tag und noch viel weniger zur vorgesehenen Stunde ankommt, dann zuckt man nur mit den Schultern und sagt sich: „Ich bin gewawat worden." Diese Krankheit ist nur selten tödlich.

Die Afrikaner sind verwundert, wenn jemand aus dem Westen sich über all die Unannehmlichkeiten aufregt. Sie betrachten solche Zeichen der Ungeduld als typische Eigenschaft der Europäer und Amerikaner. Die Afrikaner leben nicht nach der Uhr und bewahren die Fassung, wenn die Dinge unter der warmen Tropensonne nur langsam oder gar nicht in Bewegung geraten. Sie stehen drei oder vier Stunden lang friedlich in einer Schlange, um die Wasserrechnung zu bezahlen. Sie füllen gehorsam die Stadien, um ihre Führer einen Nachmittag lang über politische Philosophien schwadronieren zu hören, die ihnen unverständlich bleiben. Sie stellen sich den ganzen Tag lang im Krankenhaus an, um einen Arzt zu konsultieren. Wenn der Arzt an diesem Tag niemanden mehr empfängt, gehen sie ohne ein Wort des Protests nach Hause und kehren zum nächsten Termin zurück. Wozu die Eile? Zeit ist das einzige, was im Leben im Überfluß vorhanden ist.

Am stärksten hat mich in Afrika die Untätigkeit (nicht Faulheit) beeindruckt: Ich erinnere mich an Tausende von Kenyanern, die auf den Grünflächen Nairobis ausgestreckt vor sich hindösen; an Menschenmassen, die auf städtischen Plätzen herumsitzen; an häuserblocklange Schlangen vor Behörden; an Hunderte von Leuten, die ruhig in einem Notaufnahmeraum auf einen Arzt warten – darunter manche mit Knochenbrüchen und eiternden Wunden. Manchmal kehrte ich nach dem Mittagessen in mein Büro in Nairobi zurück und fand dort ein Dutzend Leute vor, die bei meiner ugandischen Sekretärin saßen. Sie starrten die Wände an, keiner redete und ihre Hände lagen im Schoß. Es gab keinen anderen Ort, wo sie hätten hingehen können, und sie hatten nichts anderes zu tun. Es gab wenig Arbeit. Selbst für diejenigen, die arbeiten, sind die wirtschaftlichen Anreize in Afrika oft so gering – ein tansanischer Farmer erhielt von seiner Regierung 20 Pfennig für ein Pfund Kaffeebohnen, das man in einem deutschen Supermarkt für zehn Mark kauft –, daß das Nichtstun eine erträgliche Alternative zur Arbeit darstellt. Unter solchen Umständen lebt man sein Leben nicht nach der Uhrzeit.

Hinter dem Steuer eines Autos sind die Afrikaner seltsamerweise wie gewandelt. Auf einmal zählt Geschwindigkeit. Mit blutleeren Knöcheln und angespannt wie Rennfahrer, rasen sie mit halsbrecherischer Geschwindigkeit die Hänge herunter und in Kurven hinein. Die Autos sind so vollgepackt wie Tokios Untergrundbahn. Geschwindigkeitsbegrenzungen werden von den Fahrern ignoriert und die Polizei setzt sie nicht durch. Es gibt keinen TÜV und Sicherheitsgurte sind praktisch unbekannt. Daraus resultiert ein Gemetzel auf den Straßen, das meistens blutiger als die alten Stammeskriege verläuft.

In Zaire ist die Straße zwischen Flughafen und Kinshasa mit Dutzenden von kaputtgefahrenen, vor sich hinrostenden Autos übersäht. In Nigeria ähnelt die neue, knapp 100 Kilometer lange Schnellstraße von Lagos nach Ibadan einem tödlichen Karnevalsspiel. Klapprige Autos zischen mit Kamikaze-Fahrern links und rechts an einem vorbei, fahren dicht auf andere Fahrzeuge auf und weichen erst im letzten Moment aus oder treten auf die Bremse. In Uganda brettern die Armeelaster auf der Straßenmitte und der entgegenkommende Verkehr muß an die Ränder ausweichen.

Kenya hat weniger als 4000 Kilometer asphaltierter Straßen und trotzdem sterben auf ihnen jährlich 1500 Menschen. Nachdem 1979 außerhalb Nakurus 44 Menschen bei einem Massenunfall starben, verkündete der Polizeichef Ben Gethi eine Kampagne, die auf die „Kontrolle der Trinkgewohnheiten bei der Benutzung der Straßen“ abzielte.

Eines Abends lag der Leichnam eines Fußgängers auf der vierspurigen Straße in der Nähe meines Hauses in Nairobi. Der Berufsverkehr floß mit hoher Geschwindigkeit an ihm vorbei, aber niemand hielt an. Mancher Wagen wich nicht aus und traf den toten Körper. Die Fahrer rauschten einfach weiter. Ein Freund von den Vereinten Nationen fuhr am Ort des Geschehens vorbei und hielt an einer Telefonzelle an, um die Polizei anzurufen. Es entwickelte sich das folgende Gespräch:

„Hallo. Ich möchte Ihnen mitteilen, daß ein Leichnam auf dem Uhuru Highway direkt vor dem Riverside Drive liegt.“

„Wieviele sind es?“ fragte der Polizist.

„Wieviele wovon?“

„Wieviele Leichen sind es?“

„Eine. Da liegt ein toter Mann auf der Straße, der überfahren worden ist.“

„Trägt er einen Ausweis bei sich?“

„Hören Sie, ich weiß von all dem nichts, außer daß ich weiter oben an einer Tankstelle angehalten habe, um Sie anzurufen."

„Gut. Und dieser Mann ist seit wann tot?"

Das Gespräch zog sich noch eine halbe Minute hin, bis der Polizist die abschließende Frage stellte: „Wieviele, sagten Sie, sind es gewesen?"

Solch eine Unterhaltung mag jemanden aus dem Westen auf die Palme bringen. Was er oft nicht nachvollziehen kann, ist für Afrikaner selbstverständlich. Und wer könnte sich anmaßen, darüber zu urteilen, wer Recht und wer Unrecht hat?

So näherten sich am 8. Dezember 1978 zwei Mirage-Düsenjäger der zairischen Luftwaffe Kinshasa auf dem Weg von Bangui. Der Kontrollturm funkte den beiden Piloten, Major Uzapango Kanzeka Mba und Hauptmann Luamba Nguy Wanguy, daß sie wegen schlechter Sicht nicht landen könnten. Die beiden waren davon so überrascht, daß sie sich aus ihren Jets herauskatapultierten und mit dem Fallschirm in Sicherheit brachten. Den Flugzeugen ging irgendwann der Sprit aus und sie plumpsten in den Atlantischen Ozean. Die beiden hatten das Problem gelöst.

In Nairobi gab es eine Interpolkonferenz, zu der die obersten Ordnungshüter aus aller Welt erschienen. Bei der Sitzung, auf der ich anwesend war, ging es um einen breitangelegten Überblick über die internationale Geldfälscherei und der erste Redner war ein FBI-Agent aus dem Washingtoner Hauptquartier. Mitten in seiner Ansprache begann ein Delegierter der Elfenbeinküste, im Hintergrund des Raumes wie wild mit den Händen zu fuchteln. Man erteilte ihm das Wort und so machte er sich daran, eine Liste mit den Seriennummern aller in seinem Land gestohlenen Banknoten vorzulesen.

Oder man befrage meinen Freund Greg Jaynes zu Wawa. Als Korrespondent der New York Times war er erst einige Tage in Nairobi postiert, als es einen Putsch in der Zentralafrikanischen Republik gab. Sein Chef befahl ihm, dort so schnell wie möglich hinzufahren. Das Intercontinental Hotel in Nairobi buchte ihn in das „neue" Interconti in Bangui ein und Jaynes freute sich, daß ihn auf seinem ersten Auftrag außerhalb der Stadt wenigstens ein sauberes Zimmer erwartete. Er flog von Nairobi über Paris nach Bangui – der schnellste Weg von Ost- nach Westafrika führt gewöhnlich über Europa – und erreichte in einem Taxi die Anschrift des Bangui Intercontinental Hotels, die Buchungsbestätigung in der Hand. Er fand aber nur ein Loch in der Erde vor. Der Bau hatte noch nicht begonnen. Der Fahrer zuckte mit den Schultern und schlug ihm vor, im darauffolgenden Jahr wiederzukommen. Jaynes nahm es lässig und zog in ein nicht klimatisiertes Zimmer im nahegelegenen Rock Hotel.

Jaynes hatte entdeckt, was erfahrenere Reisende schon wußten: Es gibt kaum etwas Schwierigeres in Afrika, als eilig von hier nach dort zu gelangen. Die Züge erschlossen dem Abenteuerreisenden Afrika, doch heute muß man fliegen. Denn die Eisenbahnen sind unzuverlässig oder funktionieren nicht mehr, die Straßen sind oft unpassierbar und die Fernstraßenverbindungen zwischen den Ländern praktisch nicht vorhanden. Die wirkliche Rolle der afrikanischen Fluglinien hat aber wenig mit Dienstleistung oder Gewinn zu tun. Sie wurden ursprünglich gegründet, um den flügge gewordenen Nationen Identität und Prestige zu verschaffen. Für viele afrikanische Regierungen war es bei der Unabhängigkeit vordringlich, einen glitzernden, neuen Flughafen zu bauen und eine internationale Fluglinie ins Leben zu rufen, die die Nationalflagge trug. Dabei mußten selbst die Ausgaben für Bildung und Gesundheit hinten anstehen.

Schwarzafrika hat 28 staatliche Fluglinien, die bis auf Gambia Airways kein Geld verdienen. Gambia Airways hat nämlich keine Flugzeuge. Gambia, ein angenehmes, kleines Land in Westafrika, das von seinem Einfallsreichtum und im Rahmen seiner Möglichkeiten lebt, besitzt zwei Landebahnen und ein Büro, das Tickets der Gambia Airways zur Beförderung auf anderen Fluggesellschaften verkauft. Damit verdient die nicht vorhandene Linie jährlich 250 000 Dollar. Die anderen staatlichen Flieger müssen meist dringlicheren Verpflichtungen nachkommen als der Beförderung von Fluggästen. Sie gondeln Präsidenten und Minister in aller Welt herum, transportieren Truppen und Kriegsmaterial an verschiedene Fronten (Äthiopien) oder Kaffee auf den internationalen Markt (Uganda mit seiner Boeing 707). Wenn die Passagiere deshalb versetzt werden, sollten sie weder eine Entschuldigung noch ein Hotelzimmer erwarten. „Ich weiß nicht, warum Sie sich so aufregen", hörte ich den Angestellten einer Fluglinie zu einem Passagier sagen, der an einem Mittwoch gestrandet war. „Es gibt am Samstag noch einen Flug."

Eines Morgens klingelte bei einem amerikanischen Journalisten in Nairobi das Telefon. Air Zaire war an der Strippe und der Angestellte informierte ihn, daß sein Flug nach Kinshasa aus technischen Gründen für zwei Tage verschoben worden sei. Wie die Fluglinie das denn so genau wissen könne, fragte mein Freund. „Oh, der Präsident hat das Flugzeug und er hat versprochen, es bis Donnerstag zurückzubringen."

Selbstverständlich war Präsident Mobutu Sese Seko aus Zaire mit der einzigen Boeing 747 nach Europa geflogen. Seine Frau hatte die DC-10 genommen. Es spielte dabei keine Rolle, daß die Flüge QC 011 und QC 073 von Air Zaire an diesen Tagen nicht wie vorgesehen in Nairobi, Brüssel, Paris und Bujumbura eintrafen. (Kurze Zeit später war das Land zahlungsunfähig und die Flugzeuge wurden eingezogen.)

Selbst wenn das Flugzeug auftaucht, gibt es keine Garantie dafür, daß es auch landet. So warteten eines Tages drei Diplomaten in Bujumbura auf den lange überfälligen Flug von Air Zaire. Endlich sahen sie das Flugzeug aus der Ferne näherkommen und stießen einen Freudenschrei aus. Doch der Jet befand sich in 10 000 Meter Höhe – und blieb auch dort. Er rauschte direkt über ihre Köpfe hinweg. Die Wartenden hatten sich zu früh gefreut: Sie wußten nämlich nicht, daß afrikanische Fluglinien von der vorgesehenen Zwischenlandung in Bujumbura absehen, wenn weniger als vier Passagiere aufzunehmen sind.

In Afrika läuft nichts so wie in den USA oder Westeuropa. Und wer etwas anderes erwartet, wird sich nur nervöse Magenbeschwerden holen. Was einem Europäer als unhöflich oder rückständig erscheinen mag, ist auf afrikanischer Seite keineswegs beabsichtigt. Was ineffizient erscheint, kann sich als geradlinig und praktisch erweisen. Ich erinnere mich an 75 amerikanische Touristen, die in das Kilimanjaro Hotel in Dar-es-Salaam eincheckten, um von dort aus eine einwöchige Safari durch Tansania anzutreten. Am darauffolgenden Tag brauchte die Regierung die Zimmer, um die Teilnehmer einer Konferenz über die Apartheid in Südafrika unterzubringen. Während die Amerikaner die heruntergekommene Haupstadt erforschten, wurde ihr Gepäck, ihre Wäsche und Toilettensachen aus den Zimmern geholt und auf einen großen Haufen in die Ecke der Lobby geworfen. Als die Touristen in das Hotel zurückkehrten, entdeckten sie, daß man sie vor die Tür gesetzt hatte.

„Das können sie nicht machen!" ereiferte sich ein Amerikaner mit hochrotem Kopf.

„Sie verstehen nicht", erwiderte der Rezeptionist sehr ruhig und vernünftig. „Wir brauchen die Zimmer. Alle anderen Hotels in Dar-es-Salaam sind voll und wenn wir ihre Zimmer nicht nehmen, wo soll die Delegation übernachten?"

EAWA (East Africa wins again). Die Touristen brachen ihre Tansania-Reise ab und flogen zu den Seychellen.

In vielerlei Hinsicht verstand ich die Feinheiten des afrikanischen Charakters wirklich um so weniger, je länger ich in Afrika lebte. Jeder Weiße, der behauptet, daß es ihm anders geht, ist wahrscheinlich nicht aufrichtig. Bevor ich nach Afrika kam, hatte ich vier Jahre in Asien und zwei in Australien gelebt. Nach dem Verlassen der beiden Kontinente hatte ich ein Gefühl dafür, wer diese Menschen waren, wie sie auf bestimmte Situationen reagierten, warum sie auf besondere Art und Weise antworteten, was sie über die Welt um sie herum dachten. Doch Afrika wird oft zu einem Mysterium. Die Afrikaner enthüllen kaum tiefergehende Gefühlsregungen und sprechen selten mehr als oberflächlich über ihre Überzeugungen. Häufig erzählen sie einem eher das, was man – wie sie vermuten – hören will, statt durch eine eigenständige Sichtweise eine Beleidigung zu riskieren. Aber ihre Widerstandsfähigkeit ist außergewöhnlich. Die Ernte kann ausfallen, die Kinder sterben, die Regierung kann sie schlecht behandeln und trotzdem äußern die Afrikaner keinen Protest.

Sie haben jahrhundertelang soviel Leid ertragen müssen und sind trotzdem im Grunde ihres Wesens sanft, höflich und nicht rassistisch geblieben.

Aus: David Lamb, *Afrika Afrika*; aus dem Amerikanischen von Bennett Theimann, Kyrill & Method Verlag, München 2. Auflage 1991

Die Stechmücke

Klatsch! Vugiswe schlug mit der flachen Hand auf sein Knie. Die Stechmücke flog sirrend und träge weiter. Klatsch! Vugiswe schlug sich kräftig ins Gesicht, aber er traf wieder nicht, und die Stechmücke flog davon.

„Pst", flüsterte Erstefrau, „du weckst Erstermann auf."

„Die Stechmücke ist so laut", flüsterte Vugiswe zurück, „wenn sie doch nicht so viel Lärm machen würde."

„Aber die Stechmücke muß doch so laut sirren, sie kann gar nicht anders. Auf ihr liegt ein Fluch, und das Sirren *ist* der Fluch."

Vugiswe setzte sich auf.

„O nein, keine Geschichten jetzt. Du legst dich nun schön schlafen, und morgen früh werde ich dir von der Stechmücke erzählen."

Als Erstermann gefrühstückt hatte und die Kochtöpfe gespült waren, begann Erstefrau zu erzählen.

„Eines Tages waren wir auf dem Heimweg von den Wäldern am Fuß der Berge, wo wir Rinde gesammelt hatten – Erstermann wollte Medizin daraus machen –, als wir hinter einer Biegung des Flusses, zwischen großen Felsen versteckt, einen Mangobaum sahen. Er hing so voll mit reifen Früchten, daß mir noch jetzt das Wasser im Munde zusammenläuft, wenn ich daran denke. Als wir zur Hütte kamen, stellten wir einen Korb bereit und beschlossen, früh am nächsten Morgen zum Baum zurückzukehren.

Erstermann stieg auf den Baum und stand in einer Astgabel, als die Stechmücke kam und ihn unversehens ins Gesicht stach. Erstermann erschrak und machte eine unachtsame, schnelle Bewegung, stieß dabei an einen vollbehangenen Zweig, und herunter prasselten so viele reife Mangofrüchte, wie du Zehen an den Füßen hast.

Ich sprang zur Seite, denn eine große reife Mangofrucht kann viel Schaden anrichten, wenn sie dir hoch vom Baum direkt auf den Kopf fällt. Aber dort, wo ich hinsprang, hatte eine Ratte gesessen, und ich merkte, wie sie unter meinen Füßen davonhuschte.

Erschreckt von all dem Aufruhr raste die Ratte den Stamm des

Baumes hoch und stieß dort mit dem Affen zusammen, der ganz oben auf den dünnen Zweigen in den Blättern saß und eine Banane aß.

Der Affe kann die Ratte nicht ausstehen, und mit bösem Geschnatter und Zungenschnalzen warf er seine halbgegessene Banane weg, floh noch höher hinauf in den Baum, packte eine herunterhängende Schlingpflanze und wollte sich daran auf den nächsten Baum hinüberschwingen. Vielleicht war er zu erschrocken, vielleicht waren seine Hände schlüpfrig von der Banane – auf alle Fälle rutschte dem Affen die Schlingpflanze aus der Hand, und er stürzte hinunter und fiel mitten in einen riesigen Ameisenhaufen.

Die Ameisen rannten kopflos in allen Richtungen auseinander und gerieten in das Nest der Braunen Henne. Die Braune Henne saß auf ihren Eiern und träumte von den süßen gelben Küken, die sie bald haben würde, als ihr die Ameisen ins Gefieder krabbelten. Mit lautem Gackern floh sie von ihrem Nest und trat in ihrer Panik auf die Eier, daß sie zerbrachen.

Braune Henne war untröstlich. Ihr erstes Gelege, und es würde keine Küken geben! Es war zum Erbarmen, ihren Kummer mit anzusehen. Der Hahn streichelte ihr sanft über den Kopf und über die Flügel und krähte ihr leise, winzige Kikerikis ins Ohr, aber ihr Herz war gebrochen. Sie weinte den ganzen Nachmittag; und die ganze Nacht über und auch noch am nächsten Morgen war der Hahn so damit beschäftigt, die Henne zu trösten, daß er zu krähen vergaß.

Nun weißt du ja, daß es die Aufgabe des Hahns ist, jeden Morgen die Sonne zu wecken. Aber der Hahn krähte nicht, also wachte die Sonne auch nicht auf, und der Himmel blieb dunkel. In der Hütte konnte ich beim Licht des Feuers arbeiten, aber es ist sehr schwierig, in der Dunkelheit hinauszugehen und die Kühe zu melken. Ihre Euter waren voll, und sie muhten erbärmlich.

Am nächsten Tag krähte der Hahn – spät zwar, aber er krähte, und die Sonne erhob sich im Osten und brachte das Tageslicht.

„Warum wurde ich gestern nicht geweckt?" fragte die Sonne streng.

„Ich mußte die Henne trösten und in unserem Kummer habe ich es vergessen", antwortete der Hahn geknickt.

„Warum mußte die Henne getröstet werden?" fragte die Sonne.

„Weil ich aus Angst vor den Ameisen mein Gelege zertreten hatte", antwortete Braune Henne traurig.

„Warum haben die Ameisen die Henne in Angst und Schrecken versetzt?" fragte die Sonne.

„Weil der Affe auf unser Nest fiel und eine große Panik unter uns ausbrach", antworteten alle Ameisen wie aus einem Mund.

„Warum hat der Affe den Ameisenhaufen zerstört?" fragte die Sonne.

„Weil dich die Ratte den Baum herauf auf mich zukommen sah, da versuchte ich mich in einen anderen Baum zu schwingen, aber meine Hände glitten aus", schnatterte der Affe wütend.

„Warum kletterte die Ratte auf den Baum?" fragte die Sonne.

„Weil Erstefrau auf meinen Schwanz getreten war", antwortete die Ratte nervös.

„Warum ist Erstefrau auf den Schwanz der Ratte getreten?" fragte die Sonne.

„Weil ich Angst hatte, daß mir die Mangofrüchte, die Erstermann herabschüttelte, auf den Kopf fallen würden", antwortete ich leise.

„Warum hat Erstermann die Mangofrüchte herabgeschüttelt?" fragte die Sonne.

„Weil die Stechmücke mich ins Gesicht gestochen hat", antwortete Erstermann deutlich.

„Warum hat die Stechmücke dich ins Gesicht gestochen?" fragte die Sonne.

Aber die Stechmücke blieb ihr die Antwort schuldig.

„Soviel unnötige Aufregung", sagte die Sonne, „vergeudete Mangofrüchte, erschreckte Ratten, zornige Affen, zerstörte Ameisenhaufen, tote Küken, und dazu noch keiner, der mich aufweckte – das alles wegen eines heimtückischen Stichs von der Stechmücke, die mir jetzt die Antwort schuldig bleibt. In Zukunft", und dabei schaute die Sonne streng auf die Stechmücke, „in Zukunft soll der Mensch immer wissen, wo du bist, denn du wirst dich durch dein Sirren verraten. Nie mehr sollst du den Menschen ohne sein Wissen überraschen."

Und von jenem Augenblick an hatte die Stechmücke ihre Sprache verloren und konnte nur noch sirren.

Aus: Diana Pitcher, *Erstermann und Erstefrau. Afrikanische Schöpfungsgeschichten*; aus dem Englischen von Susanne Köhler, Peter Hammer Verlag, Wuppertal 1991

Aniceti Kitereza

Aniceti Kitereza kam 1896 auf die Welt und starb 1981 in Tanzania auf der Ukerewe-Insel. Sein ganzes Leben lang arbeitete er für die katholische Mission als Katechist und Übersetzer vor allem in Kagunguli/Ukerewe. Kitereza verfaßte – bis heute unveröffentlichte – Schriften über die Kultur seiner Heimatinsel im Victoriasee und Arbeiten zur Geschichte ostafrikanischer Königshäuser.

Seinen großen Roman „Bwana Myombekere na Bibi Bugonoka" beendete er am 13. Februar 1945. Das Manuskript, in Kikerewe geschrieben und auf einer alten Schreibmaschine getippt, fand jahrzehntelange keinen Verleger, keine Leser. Kitereza übertrug das Buch in den siebziger Jahren handschriftlich ins Kisuaheli, um einen Verlag dafür finden zu können. Erst 1981 erschien sein Werk, das umfangreichste je in einer afrikanischen Sprache gedruckte Buch, im Tanzanian Publishing House – gedruckt in China. Der Autor starb nur wenige Wochen vor dem Erscheinen.

Eine Ausstellung über Leben und Werk Kiterezas wird ab Herbst 1991 in mehreren Städten Deutschlands zu sehen sein.

Aniceti Kitereza, *Die Kinder der Regenmacher*, aus dem Suaheli von Wilhelm Möhlig, Peter Hammer Verlag, Wuppertal 1991
Der zweite Teil wird voraussichtlich im Frühjahr 1993 erscheinen.

Myombekere bereitet Bananenbier zu, um seine Frau auszulösen

Am Nachmittag traf Myombekere in seinem Gehöft ein. Seine Nichte war gerade damit beschäftigt, den Kälbern Wasser zu geben. Als sie ihren Onkel erblickte, legte sie augenblicklich die Kalebassen, mit denen sie die Tiere getränkt hatte, nieder. Sie ging ihm entgegen, nahm seine Waffen in Empfang und geleitete ihn so ins Gehöft. Der Knabe Kagufwa holte einen Stuhl und stellte ihn unter einen Baum. Myombekere ließ sich darauf nieder. Dann begrüßten sie einander. Die Nichte kniete respektvoll nieder und sagte: „Shikamoo, mjomba! Ich ergreife Eure Füße, Onkel. Wie habt Ihr die Nacht verbracht? Was macht Bugonoka und wie geht es den Schwiegereltern? Ist Euer Schwager schon von seiner Jagdunternehmung zurück?" Myombekere antwortete ihr: „Marahaba, mwanangu! Vielen Dank, mein Kind. Wir haben eine angenehme Nacht verbracht. Bugonoka geht es gut. Sie läßt alle grüßen. Auch die Schwiegereltern haben mir Grüße für euch aufgetragen. Ach ja, Lweganwa ist zurück, aber erst seit kurzem. Und was gibt es hier Neues?" Seine Nichte antwortete kurz: „Nur Gutes!" Dann fragte sie weiter: „Warum hast du Bugonoka nicht mitgebracht? Wird sie immer noch von ihren Eltern zurückgehalten?" Myombekere bestätigte es und fügte hinzu: „Aber sie haben mir diesmal Hoffnung gemacht. Der Schwiegervater mit mir sechs Tonkrüge voll Bananenbier als Buße für mein falsches Verhalten und die Fehler meiner Verwandten auferlegt. Ich stehe jetzt vor der Schwierigkeit, wie ich genügend Bananen finden soll. Die Besitzer von Bananenhainen werden mir ohne Gegenleistung nichts geben. Ich müßte ihnen wohl diesen Ziegenbock hier im Austausch anbieten. Was soll ich Armer sonst tun?" - „Ja, es stimmt", pflichtete ihm traurig die Nichte bei. „Hierzulande hilft einem immer nur das, was man selbst zu eigen hat. Nur Besitz vermag einen aus einer schwierigen Lage zu retten, nicht wahr? So sagt es auch das Sprichwort: 'Enkoba z'embogo, nizo zigiha mu buhya - Dein Besitz ist es, der dich aus einer Gefahr errettet'. Außerdem sagten unsere Vorväter: 'Die Frauen veranlassen die Männer, ihr Hab und Gut zu verschleudern'. Aber wenn du keine Frau hast, was nützt dir dann all dein Hab und Gut? Wer wird dir allein deswegen Anerkennung zollen? Dein Reichtum bleibt sinnlos. Darum ist es besser, Hab und Gut wegzugeben, wenn man dafür eine Frau bekommt, mit der man eine Familie gründen kann. Das ist die Tugend aller Männer. Auch wenn Gott dich nicht wie die anderen mit einem Kind segnet, muß deine Ehe nicht von kurzer Dauer sein. Ihr könnt doch zusammen ein langes, friedliches Leben genießen. Und wenn Verwandte euch besuchen, könnt ihr sie bewirten, sei es auch nur mit einem Schöpflöffel voll Wasser gegen den Durst. Es gilt als sehr unehrenhaft, wenn ein erwachsener Mann ohne Frau bleibt."

Am nächsten Morgen band Myombekere seinem Ziegenbock einen Strick um den Hals und führte ihn aus dem Gehöft, um ihn gegen Bananen einzutauschen. Im ersten Gehöft, das an seinem Wege lag, traf er nur die Frau des Hofherrn an. Sie begrüßten einander und sie bot ihm einen Stuhl an, den er aber ablehnte: „Ich möchte nicht lange bleiben, weil ich unterwegs bin, den Ziegenbock gegen Bananen einzutauschen. Ist der Hofherr anwesend?" Sie antwortete: „Er hat sich auf das Festland begeben, weil seine Schwester schwer krank ist. Er ist schon drei Tage fort, und wir machen uns große Sorgen. Stell dir nur vor, wir Frauen sind ganz allein im Gehöft! Wir wissen nicht, ob er seine Schwester noch lebend angetroffen hat. Vielleicht leidet sie noch. Aber auch wenn er hier wäre, hätte er nicht genug Bananen, die er gegen den Ziegenbock tauschen könnte. Erst kürzlich hat er die meisten Stauden geerntet. Wahrscheinlich wirst du woanders erfolgreicher sein. Versuch es in anderen Gehöften!" Myombekere verließ also den Hof. Dabei mußte er den Ziegenbock heftig am Seil hinter sich herziehen. Als sich das Tier vollends sperrte, hob er ihn einfach auf die Schultern. So konnte er schneller voranschreiten. Beim Tragen kam ihm der Gedanke, was er wohl tun sollte, wenn er keine Bananen auftreiben könnte. Er steckte voll böser Ahnungen, daß ihm etwas Schlimmes zustoßen würde.

Schließlich gelangte er an ein Gehöft, in dem alle Bewohner, auch der Hofherr, anwesend waren. Man bot ihm einen Stuhl an. Er setzte sich und sagte: „Ich möchte diesen Ziegenbock gegen Bananen eintauschen." Die Anwesenden betrachteten den Ziegenbock lange von allen Seiten, dann bedrängten sie den Hofherrn: „Kauf die Ziege! Du hast genug Bananen. Sie ist dick und gesund. Und ihr Fell hat eine schöne Zeichnung. Wenn deine Frau das Fell trägt, wird sie in den Augen der Leute sehr anziehend erscheinen." Der Hofherr erwiderte: „Vielleicht hält uns Myombekere nur zum Narren und will die Ziege in Wirklichkeit seinem Freund Nkwesi bringen." Myombekere versicherte: „Nein, ich bringe sie nicht zu Nkwesi. Ich möchte sie wirklich bei euch gegen Bananen eintauschen." Da ging der Hofherr schnell in sein Haus und holte ein Buschmesser heraus. Sodann forderte er den Eigentümer der Ziege und alle Anwesenden auf, ihm in den Bananenhain zu folgen.

Dort zählten sie zunächst die Fruchtstände, die noch an den Stauden hingen. Es waren mehr als sechzig, die sich für die Herstellung von Bier eigneten. Dann begannen sie über den Gegenwert für den Ziegenbock zu feilschen. Die Anwesenden meinten, daß Myombekeres Ziege in Anbetracht ihrer Schönheit und Gesundheit wohl zwanzig Fruchtstände wert sei. Der Hofherr sagte zu Myombekere: „Ja, ich bin damit einverstanden. Ich füge sogar noch fünf Fruchtstände hinzu, denn ich möchte den Ziegenbock zur Verlobung meines jüngsten Bruders, des letzten Kindes meiner Mutter, verwenden. Unser Vater starb, als der Bruder noch nicht geboren war. Daher richte ich die Verlobung für ihn aus. Der Ziegenbock soll ein Teil des Brautgutes sein." Myombekere stimmte dem Handel zu. Man reichte ihm das Buschmesser, und er schnitt sich die Fruchtstände von den Bananenstauden selbst ab, bis die ausgehandelte Zahl erreicht war. Dann nahmen die Leute den Ziegenbock an sich, der nun ihnen gehörte.

Myombekere legte anschließend die Fruchtstände zu einem Stapel zusammen und ging eilends zu seinem Freund Nkwesi, der in derselben Gegend wohnte.

Die Freunde begrüßten einander. Myombekere erzählte Nkwesi von seinem Bittgang zu den Schwiegereltern und von der Auflage des Schwiegervaters, sechs Krüge mit Bananenbier als Buße beizubringen. Er berichtete seinem Freund, daß er im Gehöft des Nachbarn Bituro seinen Ziegenbock bereits gegen fünfundzwanzig Fruchtstände eingetauscht hatte. Er bat Nkwesi, ihm mit weiteren Bananen zu helfen, da er nicht glaubte, daß die eingetauschten Früchte bereits ausreichten, um daraus sechs Krüge Bier zu brauen. Nkwesi beruhigte ihn: „Mach dir nur keine Sorgen. Wenn dein Schwiegervater nicht mehr als sechs Krüge Bier verlangt hat, werden wir es schon auftreiben, mein Bruder. Wir haben hier reichlich Bananenstauden." Als Myombekere das hörte, fiel ihm ein Stein vom Herzen. Sein ganzer Körper entspannte sich vor Freude, und er lächelte.

Nkwesi führte ihn zu den Bananenstauden. Sie zählten zunächst fünfundzwanzig Fruchtstände, die waren reif, daß sie geschnitten werden konnten. Als sie um den frisch gejäteten Bananenhain herumgingen, fanden sie jedoch noch weitere drei Fruchtstände. Nkwesi sagte zu Myombekere: „Auch wenn ich einmal nicht da sein sollte, kannst du jederzeit die besichtigten Fruchtstände abschneiden und zum Nachreifen eingraben." Myombekere bedankte sich mit übergroßer Freude: „Danke sehr, mein Freund. Du hast mir einen großen Gefallen getan. Welcher Feind sollte unsere Freundschaft jemals zerstören können?" Nkwesi lachte über diese Worte so sehr, daß ihm beinahe die Rippen barsten. Myombekere vergewisserte sich noch einmal: „Ich kann also jederzeit kommen? Heute würde es mir eigentlich am besten passen, denn ich habe die Fruchtstände, die ich als Gegenwert für meinen Ziegenbock erhielt, auch schon abgeschnitten. Die zum Bierbrauen bestimmten Bananen sollten alle am selben Tag geschnitten werden, damit sie nicht unterschiedlich reifen. Auch möchte ich sie alle zusammen zum Nachreifen eingraben. Laß mich schnell ein Buschmesser aus dem Haus holen." Nkwesi hinderte ihn daran und sagte: „Bleib hier und laß mich das Messer holen! Eigentlich hätte ich die Frauen aufgefordert, es uns zu bringen. Aber im Augenblick sind sie alle mit Kochen beschäftigt. Wir wollen sie dabei nicht stören."

Nkwesi holte das Buschmesser selbst. Dann begannen sie, die Fruchtstände von den Bananenstauden abzuschneiden. Sie trugen sie zu einer Grube, die eigens zum Nachreifen von Bananen bestimmt war. Myombekere wollte schon jetzt alles für das Nachreifen am nächsten Tag vorbereiten; darum sammelte er Bananenblätter und trug sie dorthin. Kaum war er damit fertig, riefen die Frauen die beiden Männer zum Essen ins Gehöft.

Nach dem Essen bat Myombekere die vier Frauen Nkwesis und die drei jungen Männer auf dem Hof, ihm zu helfen, die Bananen, die er gegen den Ziegenbock eingetauscht hatte, vom Nachbarn herzuholen. Sie erklärten sich gern dazu bereit: „Du brauchst uns nicht zu bitten, Schwager, wer lehnt schon etwas ab, von dem er doch selber einen Nutzen hat? Also gehen wir! Sind es viele Bananen?" Myombekere beruhigte sie: „Nur fünfundzwanzig Fruchtstände." Nkwesis Frauen wunderten sich: „Mehr nicht? Werdet ihr Männer und unsere drei Söhne nicht alle Bananen aufessen und wir gehen leer aus?" Myombekere drängte sie: „Steht doch auf, Mabibi! Ihr Frauen helft mir aus meiner Notlage! Vielleicht werde ich euch eines Tages auch einen kleinen

Gefallen erweisen können.“ Darauf erhoben sich alle. Nkwesi suchte die Tragestangen zusammen, die von je zwei Leuten auf die Schulter genommen werden, während die Last in der Mitte dazwischen hängt. Er fand zwei Stangen. Eine gab er seinen beiden älteren Söhnen, die andere nahm er selbst zusammen mit Myombekere. So machten sie sich auf den Weg.

Die Fruchtstände der Bananen waren sehr schwer. Für den Jüngsten der Söhne, einen kleinen Knaben, und die Frauen wurden leichtere Fruchtstände ausgesucht. Sie setzten sich die Lasten auf den Kopf. Zwischen Last und Kopf legten sie einen ringförmigen Untersatz aus trockenem Gras. Die beiden jungen Männer hängten sechs Fruchtstände an ihren Tragestock. Als sie damit bei der Grube zum Nachreifen ankamen, schwitzten sie stark und waren völlig erschöpft. Myombekere und Nkwesi trugen noch mehr Lasten. Als man die Fruchtstände nach dem ersten Gang zählte, waren es fünfzehn. Beim zweiten Gang blieben also nur noch zehn zu tragen. Die jungen Männer nahmen diesmal nur zwei Fruchtstände an ihre Tragstange. Myombekere und Nkwesi trugen drei, und der Rest wurde auf den kleinen Jungen und die vier Frauen verteilt.

Nach der Arbeit neckten ihn die Frauen: „Schwager, es sind noch einige Fruchtstände zurückgeblieben, nicht wahr? Laß uns hingehen, sie zu holen.“ Myombekere fragte sie: „Woher sollten sie wohl kommen?“ Insgesamt hatte er nun dreiundfünfzig Fruchtstände. Er stieg in die Grube hinab und bat um eine kleine Hacke und einen Waschzuber, um die Grube zu säubern. Er sagte ihnen: „Über Nacht soll die Grube austrocknen. Morgen früh will ich darin ein Feuer anzünden, damit sie ganz trocken wird, so daß ich am Nachmittag die Bananen zum Nachreifen darin eingraben kann.“ Die jungen Männer brachten ihm das gewünschte Werkzeug. Er machte die Grube sauber und ging dann nach Hause. Seine Freunde begleiteten ihn noch ein Stück auf dem Weg.

Am nächsten Morgen aß Myombekere etwas in seinem Gehöft, dann machte er sich mit seinem Wanderstab auf den Weg zu Nkwesi. Um die Mittagszeit traf er bei ihm ein. Als sein Freund ihn von weitem erblickte, ging er ihm entgegen, um ihm nach Sitte des Landes den Wanderstab tragen zu helfen. Im Gehöft hieß er ihn willkommen und bot ihm einen Stuhl zum Sitzen an.

Als der Gast sich niedergelassen hatte, fragte Nkwesi seine Frauen: „Wie empfangt ihr diesen Gast? Gibt es nicht einige übriggebliebene

Kartoffeln, die ihr ihm schnell zubereiten könnt?" „Wir bedenken es gerade gemeinsam", sagten die Frauen. Myombekere wehrte ab: „Ich komme von Zuhause, wo ich schon gegessen habe." Nkwesi wandte jedoch ein: „Ein Gast gilt solange nicht als gesättigt, als man ihn nicht in seinem Gehöft bewirtet hat." Die Lieblingsfrau des Hofherrn war die erste, die Myombekere Wasser zum Händewaschen brachte. Darauf reichte ihm die Schwägerin, so nannte er die Frauen seines Freundes, einen Schöpflöffel voll Wasser, damit er auch seinen Mund ausspülen konnte. Anschließend brachte sie ihm einige Kartoffeln und eine Kalebasse mit gesäuerter Milch. Auch die anderen Frauen brachten Kartoffeln, so daß ein großer Berg davon zusammenkam. Myombekere aß davon, bis er übersatt war. Vieles von dem Essen blieb jedoch übrig.

Nach der Mahlzeit bat Myombekere seinen Freund Nkwesi um flüssigen Schnupftabak. Es handelt sich um eine Mischung aus feingemahlenem Tabak und Soda, die man in eine kleine Kalebasse mit Wasser gibt und darin ziehen läßt. Der Benutzer steckt die Nase in den Sud und zieht davon etwas hoch. Nach einer Weile schneuzt er sich und bringt die Flüssigkeit, vermischt mit Nasenschleim, wieder hervor.

Man reichte Myombekere also eine Kalebasse mit flüssigem Schnupftabak. Als er die Flüssigkeit in die Nase einzog, vergingen ihm fast die Sinne. Der Tabak war so stark, daß er ganz benommen wurde. Er bat um Wasser, um wieder zu sich zu kommen. Erst nach einer Weile war er wieder Herr seiner Sinne.

Als Myombekere den Sonnenstand prüfte, sah er, daß es Zeit war, sich den Bananen zu widmen. Er fragte seinen Freund Nkwesi: „Ist es nicht Zeit, die Bananen zum Nachreifen einzugraben?" „Ja, es ist Zeit", bestätigte dieser. Die beiden Männer gingen darum schnell ins Haus, holten Buschmesser und glühende Kohlen sowie eine Hacke heraus und machten sich auf zum Bananenhain.

Dort sammelten sie zunächst trockene Blätter und warfen sie in die Grube zum Nachreifen der Bananen. Mit Hilfe der mitgebrachten Glut entfachten sie alsdann darin ein Feuer. Seine Flammen schlugen hoch über den Grubenrand hinaus. Dabei entstand ein Brausen, als ob die Bienen schwärmten. Jedesmal wenn das Feuer in sich zusammenfiel, gab Myombekere neue Blätter hinzu, bis sein Freund ihm sagte: „Das genügt. Das Feuer ist nun stark genug!" Myombekere wandte ein: „Laß mich, die Grube muß ganz trocken werden, damit die Bananen reifen können." Nkwesi sagte darauf: „Falls du mit dem Nachreifen von

Bananen nicht genügend Erfahrung hast, laß mich meinen Sohn rufen, daß er es für dich tut. Er kann Bananen selbst dann zum Reifen bringen, wenn sie am selben Tag abgeschnitten wurden. Wenn es ihm nicht gelingt, dann ist überhaupt nichts zu machen." Nkwesi holte also seinen Sohn herbei und beauftragte ihn, für Myombekere die Bananen zum Nachreifen einzugraben. Myombekere blieb indessen an der Grube und löschte das Feuer. Dann richtete er einige Bananenschäfte zu, die als Träger über die Grube gelegt werden konnten, und schnitt Bananenblätter zum Abdecken.

Noch ehe er fertig war, kam Nkwesis Sohn. Er kleidete die Grube rundherum mit Bananenblättern aus. Der junge Mann, nur mit eine Schamtuch bekleidet, arbeitete in der Grube, während Myombekere ihm von oben die Blätter anreichte. Nachdem die Grube in dieser Weise hergerichtet war, reichte Myombekere die Bananen-Fruchtstände hinunter, und der junge Mann schichtete sie fachmännisch darin auf. Er riet Myombekere, vor dem Anreichen die Vogelnester daraus zu entfernen. „Wenn man sie dort beläßt, sehen die reifen Bananen später nicht sehr einladend aus", fügte er als Erklärung hinzu. Nachdem sie alle Fruchtstände in der Grube aufgeschichtet hatten, deckten sie diese mit Bananenstauden und grünen Bananenblättern zu. Darüber häuften sie trockene Bananenblätter, die der junge Fachmann alsbald anzündete. Mit einem großen Bananenblatt fachte er unermüdlich das Feuer an, bis er schweißgebadet war. Erst als er sah, daß genügend Rauch in die Höhlung unter die Abdeckschicht gedrungen war, hörte er damit auf. Er ergriff eine Hacke und schüttete die Grube mit Erde zu, damit der Rauch nicht entweichen konnte. Das ist notwendig, um die Nachreifung in Gang zu setzen. Am Ende reichte ihm Myombekere einen Bananenschößling. Der Bierbrauer knickte ihn mehrfach, führte ihn zwischen den Beinen durch und setzte ihn auf die Grube. Dann sammelten sie ihr Werkzeug ein und kehrten zum Gehöft zurück.

Wer wissen möchte, weshalb Nkwesis Sohn einen Bananenschößling auf die Grube pflanzte, kann ruhig danach fragen. Die einfache Antwort lautet: „Es handelt sich um ein Ahnenopfer, damit die Bananen besser reifen können."

Im Gehöft bat Myombekere um seinen Wanderstab. Er verabschiedete sich von den Frauen, die er Schwägerinnen nannte, und machte sich auf den Weg. Nkwesi begleitete ihn ein Stück, wobei er ihm den Wanderstab trug. Schließlich sagte er ihm: „Nimm deinen Stab und beeil dich, daß du nicht in die Dunkelheit gerätst!" Da nahm Myombekere von ihm Abschied und ging seiner Wege.

Die Bananen blieben zwei Tage in der Grube. Am dritten Tag ging Nkwesi hin und deckte die Grube ab, damit Luft und Sonne an die Bananen gelangen konnten. Am vierten Tag fand sich auch Myombekere an der Grube ein. Er rupfte eine Menge Gras zum Keltern der Bananen aus. Früh am Morgen des fünften Tages stand er schon mit dem ersten Hahnenschrei auf und sammelte sein Werkzeug, insbesondere die Tontöpfe, die er bei den Nachbarn zusammengeborgt hatte. Es war der Tag, an dem die Bananen gekeltert werden sollten. Er nahm auch genügend Hirsemehl mit, denn dieses muß unter den Bananensaft gemischt werden.

Als diejenigen, die ihm beim Keltern helfen sollten, an der Grube eintrafen, hatte Myombekere bereits alle Bananen herausgenommen und damit begonnen, sie in einem Einbaum, der als Bottich zum Keltern diente, zu stampfen. Sie halfen ihm, die Bananenblätter, die er über die Früchte gebreitet hatte, zu wenden, dann stampfte er noch eine Weile alleine weiter. Schließlich stieg er aus dem Bottich. Gemeinsam errichteten sie in dem Einbaum ein Gestell aus mattenartig verknüpften Blattrippen, auf das sich die sechs Kelterer stellten. Myombekere teilte jedem von ihnen je eine Portion der auszupressenden Früchte zu, die er zu Kugeln geformt hatte. Während sie diese mit den Füßen auspreßten, bereitete Myombekere weitere Portionen für sie vor. Sie kamen mit der Arbeit gut voran. Myombekere ließ nicht alle Bananen keltern. Einen Fruchtstand behielt er zurück. Dieser war ausschließlich für die Kelterer bestimmt, damit sie nicht von dem Bier für den Schwiegervater naschten.

Mitten in der Arbeit griff sie ein Bienenschwarm an. Die Männer wurden in die Füße gestochen. Oh je! Myombekere rannte schnell in Nkwesis Gehöft und holte Feuerglut. Damit entfachten sie rings um den Einbaum ein Feuer. Myombekere gab Zweige und Blätter hinein, so daß der Rauch die Bienen vertrieb. Den Arbeitern trieften davon Augen und Nasen.

Irgendwann brachten Nkwesis Frauen etwas zu Essen: Kartoffeln, Maniok und gesäuerte Milch. Zum Essen stiegen die Kelterer vom Mattengeflecht, auf dem sie gestampft hatten, herunter. Sie baten Myombekere: „Gib uns etwas Bananensaft. Gesäuerte Milch schmeckt zwar sehr gut zu Kartoffeln, aber Bananensaft schmeckt noch besser."

Myombekere dachte bei sich: „Wenn ich ihnen das verweigere, werden sie mich schelten. Und wer weiß, ob ich nicht morgen oder übermorgen wieder in Not gerate und auf ihre Hilfe angewiesen bin. Also, was macht es schon, ich gebe ihnen, was sie verlangen. Außerdem sagt ein Sprichwort: 'Wer arbeitet, soll auch essen!'" Er nahm ein Schöpfgefäß und schöpfte ihnen damit reichlich Bananensaft. Er füllte sogar noch ein weiteres Schöpfgefäß und gab es dem Sohn Nkwesis für die Frauen des Gehöfts.

Nach der Mahlzeit schlugen die Kelterer Myombekere vor, den bereits ausgepreßten Bananensaft aus dem Bottich in Tongefäße umzufüllen. Es wurden sechs Tongefäße damit voll. Währenddessen verschnauften die Kelterer noch etwas. Einige traten aus, um dem Völlegefühl entgegenzuwirken. Andere rauchten oder schnupften Tabak. Danach stiegen sie wieder in den Einbaum auf die Keltérermatte und setzten ihre Tätigkeit fort, während Myombekere ihnen die Bananen, die sie auspressen sollten, in Portionen vorlegte. Am späten Nachmittag hatten sie ihre Arbeit beendet. Der Bananensaft füllte nun dreizehn Tongefäße und eine Kalebasse. Myombekere war außer sich vor Freude. Jetzt mußte der Saft nur noch in Gärung übergehen.

Die Kelterer meinten: „Wenn man viel Bier gewinnen will, sollte man nicht zuviele reife Bananen oder Bananensaft weggeben. Alles, was man weggibt, verringert die Biermenge. Heute haben wir selbst gesehen, daß es so ist." Im Haus der liebenswürdigen Hauptfrau Nkwesis füllten sie den Bananensaft aus den Tongefäßen in einen Gärbottich und mischten etwa die gleiche Menge Hirse und Hefe bei. Danach traten sie den Heimweg an.

Myombekere blieb noch im Haus zurück. Er deckte den Gärbottich, der aus dem Holz des muzumgule-Baumes in Form eines Einbaums geschnitzt war, mit Bananenblättern zu und trug die leeren kugelförmigen Tongefäße zum Austrocknen hinter das Haus, damit sie keinen üblen Geruch annähmen.

Die Maische begann sehr schnell zu gären. Plötzlich bildete sich Schaum, der sich überall im Bottich ausbreitete. Als Myombekere sah, wie schnell der Gärprozeß ablief, entschloß er sich, bei Nkwesi zu übernachten. Er wollte seinem Freund nicht allein die Arbeit des Bierschöpfens überlassen. Wenn er nun nach Hause ginge, müßte er schon am nächsten Tag wiederkommen, um das Bier zu schöpfen. Außerdem bedachte er, wenn er bis zum Abschluß des Gärprozesses bliebe, könnte er seine Schwiegereltern am schnellsten davon benachrichtigen, daß das Bier gebraut sei.

Sofort nach dem Abendessen legte sich jedermann schlafen. In der Nacht breitete sich ein herrlicher Biergeruch im ganzen Gehöft aus. Am nächsten Morgen weckte Nkwesi seinen Freund, indem er ihn dreimal beim Namen rief: „Myombekere, Myombekere, Myombekere!" Dieser antwortete: „Na'am, ja!" „Steh auf, laß uns nach dem Bier sehen! Es muß schon vergoren sein. Wie könnte sich sonst ein solcher Duft im Gehöft verbreiten?" Sie standen auf und machten ein Feuer. Obwohl sie vor kurzem erst noch das unfertige Gebräu umgerührt hatten, nahm Nkwesi einen Trinkhalm, steckte ihn in den Gärbottich und kostete das Bier. Darauf sagte er: „Es kann noch etwas weitergären!" Also legten sie sich wieder zum Schlafen hin.

Schon vor dem ersten Hahnenschrei standen sie abermals auf. Der Biergeruch war jetzt noch stärker geworden. Sie fachten das Feuer an, und Nkwesi schöpfte mit einer kleinen Kalebasse etwas Bier. Er kostete und sagte: „Donnerwetter! Dieses Bier ist so gut, daß man es zum Kauf eines Rindes verwenden könnte." Er übergab Myombekere die Schöpfkelle zum Probieren. Er meinte: „Ja, du hast recht. Das Bier ist fertiggegoren."

Myombekere ging nun zur Junggesellenhütte und weckte Nkwesis Söhne. Sie sollten ihm bei der Arbeit helfen.

Auf dem Rückweg zum Gärbottich holte er hinter der Hütte die Tongefäße hervor und sammelte hartes Gras. Man steckt dies in die ausgehöhlte Frucht eines Affenbrotbaumes und läßt das Bier, wenn man es aus dem Gärbottich umfüllt, hindurchlaufen, um so Verunreinigungen herauszufiltern. Sonst könnte das Bier in den Tongefäßen später verderben oder unansehnlich werden.

Noch schläfrig kamen Nkwesis Söhne aus ihrer Hütte und setzten sich zunächst einmal zum Aufwärmen ans Feuer. Ihr Vater schimpfte sie deswegen. „Ihr seid wohl verrückt geworden! Meint ihr, wir hätten euch rausgerufen, damit ihr euch am Feuer wärmt? Holt sofort die Tonkrüge herbei, damit wir das Bier schöpfen können!" Die Jungen gingen folgsam nach draußen und holten das Verlangte herein. Dann warteten sie, bis die Krüge gefüllt waren, und trugen sie in den Mittelraum der Hütte, wo sie sie ordentlich aufstellten. Einer der Söhne hatte die Aufgabe, die Gefäße mit omusaga-Kraut abzudecken, um zu verhindern, daß das Bier überschäumt. Myombekere selbst hielt eine Fakel in der Hand und leuchtete den anderen bei der Arbeit. Von Zeit zu Zeit reichte er Nkwesi, der mit dem Bierschöpfen befaßt war, weiteres Gras, um den Filter zu erneuern.

Nachdem Nkwesi schon zehn Tonkrüge mit Bier gefüllt hatte, lud Myombekere seine sogenannten Schwägerinnen, die Frauen seines Freundes, ein, von der ungefilterten Maische zu trinken. Nkwesi goß etwas Maische in die Kalebassen, aus denen normalerweise Bier getrunken wird, und reichte es ihnen. Sie alle tranken. Nach einer Weile bat Myombekere: „Laßt mich auch einmal kosten. Ich möchte gerne prüfen, wie das Holz des Gärbottichs den Geschmack des Bieres angereichert hat, denn wenn man gutes Bier braut, ist es nur recht, daß man auch etwas davon zu sich nimmt." Die Schwägerinnen waren einverstanden und meinten: „Es kann ja sein, daß sie dir deine Frau trotz des Bieres nicht zurückgeben. In diesem Fall hast du wenigstens selbst etwas davon gehabt. Also sag Nkwesi, er soll dir etwas einschenken!" Nkwesi beeilte sich hinzuzufügen: „Das findet meinen Beifall. Wer dieses starke Bier morgen trinkt, wird dich mit den Worten rühmen: 'Der Hund, der dieses Bier gebraut hat, ist ein verdammt guter Bierbrauer!'" Myombekere war mit seinem Freund darüber ganz einer Meinung.

Nkwesi goß auch das restliche Bier in Tonkrüge. Er konnte noch zwei weitere Krüge bis zum Rand füllen, dann war alles Bier umgefüllt. Insgesamt besaßen sie jetzt zwölf Krüge und ein großes Kürbisgefäß mit Bier, dazu einen dreizehnten Tonkrug mit Maische. Nkwesi sagte: „Wie gut, daß du beim Schöpfen des Bieres dabei warst. Sonst hättest du dich vielleicht gefragt, ob wir ein Biergefäß verstecken, wo doch der Bananensaft noch dreizehn Krüge ergab." Myombekere mußte ihm beipflichten. Da krähte der Hahn zum ersten Mal, und sie sagten: „Prahle nicht, denn du hast erst gekräht, nachdem wir mit der Arbeit schon fertig waren!"

Aniceti Kitereza, *Die Kinder der Regenmacher*, aus dem Suaheli von Wilhelm Möhlig, Peter Hammer Verlag, Wuppertal 1991

Wole Soyinka

„Wie seine Vorfahren zur Zeit der Renaissance, ist Soyinka so etwas wie ein universeller Mensch: Poet, Stückeschreiber, Romancier, Kritiker, Lehrer, Dozent, Schauspieler, Übersetzer, Politiker und Verleger, alles in einer Person," sagt ein englischer Verleger über Wole Soyinka, und ein weiterer fügt hinzu: „Es gibt wohl momentan keinen besseren dramatischen Dichter in englischer Sprache."

Wole Soyinka wurde 1934 in Abeokuta (Westnigerien) geboren. Er studierte in England Literatur- und Theaterwissenschaften und widmete sich danach einer Lehr- und Forschungstätigkeit. Als man ihn 1967 zum Leiter der School of Drama an der Universität Ibadan berief, wurde er verhaftet und verbrachte 28 Monate im Gefängnis. Dort entsteht sein berühmtes Buch „The Man Died". Danach folgt eine fruchtbare Zeit verschiedenster Aktivitäten, je nach politischer Lage in Afrika oder in Europa. 1986 gereicht es dem Nobelpreiskomitee zur Ehre, daß es Wole Soyinka als ersten Afrikaner den Literaturnobelpreis verleiht.

Wole Soyinka, *Aké. Eine afrikanische Kindheit*, aus dem Engl. von Inge Uffelmann, Ammann Verlag, Zürich 1986 und Fischer TB, Frankfurt 1988
– *Der Mann ist tot. Aufzeichnungen aus dem Gefängnis*, aus dem Engl. von Ulrich Enzensberger, Melanie Walz und Inge Uffelmann, Ammann Verlag, Zürich 1987
– *Isara. Eine Reise ums Essay*, aus dem Engl. von Inge Uffelmann, Ammann Verlag, Zürich 1991
– *Die Straße*, aus dem Engl. von Olga und Erich Fetter, Fischer TB, Frankfurt/M. 1988
– *Stücke*, aus dem Engl. von Joachim Fiebach, Henschelverlag, Berlin 1987

Die Handschuhe

Monica Faseyi war ein lebender Schandfleck. Und so blieb ihr Ehemann vor dem Eingang der Empfangshalle der Botschaft stehen und inspizierte sie gründlich. Zufrieden nickte er und prüfte rasch noch einmal den korrekten Sitz seiner Frackschleife. Er lächelte und küßte sie formell auf die Stirn.

„Würdest du jetzt bitte deine Handschuhe anziehen?“

„Was für Handschuhe. Ich habe keine dabei.“

Faseyi dachte, sie wolle ihn aufziehen, und, obwohl das gar nicht seinem Charakter entsprach, dachte Monica ihrerseits, ihr Mann wolle sie necken.

„Also komm jetzt, zieh die Handschuhe an.“

„Nun hör doch auf mit dem Quatsch. Hast du schon jemals jemanden in Nigeria Handschuhe tragen sehen?“

Faseyi war jetzt todernst. Er riß ihr die Handtasche weg und stellte fest, daß wirklich keine Handschuhe drin waren.

„Willst du also behaupten, du hast keine mitgebracht?“

„Keine was mitgebracht, Ayo?“

„Handschuhe natürlich, was denn sonst?“

„Aber ich besitze keine Handschuhe; die, die ich hatte, habe ich verschenkt, kurz nachdem ich hierher kam.“

„Ich spreche nicht von den Handschuhen von vor zwei Jahren. Ich meine die Handschuhe, die du dir für heute abend gekauft hast.

„Ich habe keine gekauft. Ayo, bitte, was soll das Ganze?“

„Was das soll, ja, das frag ich dich. Hab ich dir nicht vor über zwei Wochen die Einladung gegeben? Hab ich sie dir gegeben?“

„Ja, das hast du, aber ...“

„Liebling, ich habe dir einen Scheck über fünfzehn Pfund gegeben, damit du dir alles kaufst, was du brauchst.“

„Ich dachte, ich sollte mir ein neues Kleid kaufen.“

„Verdammt nochmal, wo hast du die Handschuhe?“

„Aber du hast nichts von Handschuhen gesagt.“

„Wieso sollte ich denn auch, es steht doch hier auf der Karte, schwarz auf weiß!“

Er nahm die Einladungskarte aus der Tasche, riß sie aus dem Umschlag und hielt sie ihr unter die Nase.

„Lies! Da steht es, lies!"

Monica las die letzte Zeile auf der Einladung.

„Aber Ayo, da steht, daß nur die, die den Exzellenzen vorgestellt werden ... Wir werden doch nicht, oder?"

Ayo hielt sich den Kopf.

„Wir werden vorgestellt."

„Davon hast du mir nichts gesagt. Und wie sollte ich wissen ..."

„Ja, wie solltest du wissen? Zwei volle Wochen habe ich gebraucht, um das zu deichseln, und jetzt fragst du, 'wie sollte ich wissen ...'. Ja, was für einen Sinn hätte es denn, hierher zu kommen, wenn wir nicht vorgestellt würden?"

„Es tut mir leid", sagte Monica. „Ich habe wirklich nicht daran gedacht ..."

„Du denkst nie an irgendetwas!"

Bandele und Kola schmiegten sich enger in die Schatten, unfreiwillige Lauscher; sie waren nach draußen gegangen, um frische Luft zu schnappen, und nun war es zu spät, sich unbemerkt zu entfernen.

„Kennst du die?"

„Ayo Faseyi. Lehrhospital."

Faseyi verlagerte das Gewicht der Sache und sagte: „Du hättest aber doch wenigstens deine Vorstellungskraft bemühen können. Selbst wenn wir nicht hätten vorgestellt werden sollen, wußtest du doch, daß die Exzellenzen anwesend sein würden."

„Es tut mir leid."

„Liebling, wenn die Queen eine Gartenparty mit ihrer Anwesenheit ehrt, gehst du dann ohne Handschuhe hin?"

„Ich habe gesagt, es tut mir leid, Ayo. Wirklich. Vielleicht sollte ich lieber nach Hause gehen. Sag mir, ob du das tun würdest?"

„Ich habe dich etwas gefragt. Beantworte meine Frage. Würdest du ohne Handschuhe zu einer Gartenparty gehen, bei der die Queen anwesend ist?"

„Ich weiß es nicht, Ayo. Wirklich nicht. Ich habe mich nie in diesen Kreisen bewegt."

„Liebling, du überraschst mich. Dies sind doch die einfachsten gesellschaftlichen Regeln, die jeder intelligente Mensch beherrscht."

Er sah auf die Uhr, dachte fieberhaft nach und biß sich verärgert auf die Unterlippe. Dann faßte er einen kurzen Entschluß.

„Natürlich, Mammy kann uns aushelfen. Sie muß ein Paar zuhause haben."

Das junge Mädchen mit der milden Stimme sagte: „Nein, Ayo, es ist besser, wenn ich einfach nach Hause gehe."

„Aber was für einen Sinn soll es denn haben, wenn ich ohne meine Frau vorgestellt werde? Komm, laß uns die Handschuhe holen."

„Der Empfang ist vorbei, bis wir zurückkommen."

Dieser Gedanke gebot Faseyi endgültig Einhalt.

„Also gut, komm. Aber du hältst dich im Hintergrund, wenn wir aufgerufen werden."

„Natürlich. Es tut mir wirklich leid, daß das passiert ist, Ayo."

Sie gingen hinein, und Bandele und Kola konnten das Sperrgebiet endlich verlassen.

„War 'ne schöne Familienszene."

Bandele seufzte: „Und ich kriege das Ganze morgen noch ausführlich erzählt."

„Von wem?"

„Faseyi. Ich kenne ihn ganz gut."

„So? Triffst du ihn regelmäßig?"

„Zumindest bei allen gesellschaftlichen Anlässen. Manchmal auch bei ihm zuhause."

„Es wird Regen geben", sagte Kola und wischte sich einen Tropfen vom Arm.

„Wann hat es je aufgehört?"

„Was ist eigentlich passiert? Früher war die Regenzeit viel korrekter. Höchstens vier Monate, vielleicht fünf."

„Bommmmmben", Bandele in seinem tiefsten Baß.

„Letzte Woche hungerte mich plötzlich nach einem Aufflackern von Farben, also bin ich früh aufgestanden, um den Sonnenaufgang zu sehen. Und da war er, mein Gott, ja; eine riesige aufgehängte Portion ewedu."

„Komm, gehn wir wieder rein."

Sagoe, mit dem Botschafter ins Gespräch vertieft, ganz Tugendhaftigkeit im Dienst der Pflichterfüllung, war in einer geborgten Smokingjacke untergetaucht – nichts an seiner Erscheinung verriet den Journalisten. Sagoe verzweifelt. Zwischen ihm und einer „exklusiven

Äußerung“ lagen Jahre trainierter Vorsicht, und sie ließen sich nicht einlullen.

„Damals las man überall die Propagandasprüche: ‘... das Geheimnis des Lebens von Stalins Ärzten entdeckt’. Ein besonderes Plasma, aus lebenden Kindern gewonnen, und jede Injektion machte Stalin um zehn Jahre jünger. Stalin würde ewig leben – hieß es.“

„Nun“, der Botschafter sprach langsam, „ich würde dem, in gewisser Weise, zustimmen. Stalin verfolgte in der Tat, wie andere Diktatoren, Langlebigkeit durch menschliches Leben. Auch Hitler. Es liegt nun einmal in der Natur der Diktatoren ... ziemlich ... räuberisch mit menschlichen Wesen umzugehen.“

„Dem stimme ich zu, Sir. Und trotzdem glauben Sie, daß eine Diktatur oft die vernünftigste Regierungsform für ein Land ist?“

„Das hängt, wie ich bereits sagte, von dem Land ab.“

„Wenn ich Ihr Land als Beispiel nehmen darf, würden Sie mir dann nicht zustimmen, Sir, wenn ...“

„Eh, würden Sie mich bitte einen Moment entschuldigen, Mr. Sagoe. Ich muß die neuen Gäste begrüßen ...“

Sagoe stürmte Hals über Kopf davon und stieß gleich hinter der Tür mit Bandele und Kola zusammen.

„Dem ist wohl ‘ne Laus über die Leber gelaufen.“

„Er kann doch unmöglich seine Story gekriegt haben. He, Sagoe, wart doch mal ...“

„Wir sehen uns später bei mir zuhause“, rief er über die Schulter.

„Der muß ganz schön frustriert sein. Er hat ja nicht mal gewartet, bis er betrunken war.“

Der Botschafter kam auf die Faseyis zu, begleitet von einem Kellner, der ein Tablett mit gefüllten Champagnergläsern trug. Monica schüttelte den Kopf, und wieder verriet Faseyis Blick äußerste Unzufriedenheit. Der Botschafter war ganz gastfreundschaftliche Skepsis.

„Sie trinken überhaupt nicht, Mrs. Faseyi?“

„Nein, nur ab und zu ein Glas Palmwein, wenn unser Hausboy uns freundlich gesonnen ist.“

Der Botschafter lachte und gestikulierte entschuldigend.

„Es tut mir leid. Ich wünschte, wir hätten Palmwein hier.“

Einer der Kellner ging mit einem neuen Tablett vorbei und schnappte den Gesprächsfetzen auf. Faseyi schlenderte davon und suchte den Zeremonienmeister. Als er zurückkam, hatte Monica ein

Glas Palmwein in der Hand, und ein Kollege von Faseyi fragte sie: „Was trinken Sie denn da, Monica? Aufgelösten Bolus alba?"

„Wo hast du das her?" zischte Faseyi.

„Einer der Kellner hat ihn mir gebracht. Im Vorbeigehen hat er gehört, daß wir von Palmwein sprachen, und da hat er mir schnell welchen geholt. Ist doch sehr nett von ihm."

Faseyi wühlte sich zu Bandele hinüber.

„Siehst du, da fängt sie schon wieder an."

Bandele trug seine Maske unendlicher Geduld.

„Was hat sie denn jetzt schon wieder angestellt?"

„Es war schon schlimm genug, daß sie völlig grundlos den Champagner abgelehnt hat. Ich meine, schau dich doch um, wieviele der Frauen hier rühren ihr Glas an? Sie halten es einfach in der Hand und geben sich ungezwungen. Was ist daran auszusetzen?"

„Nichts. Sicher nichts", sagte Kola.

Faseyi sah ihn voll Liebe und Dankbarkeit an.

„Aber siehst du, das ist ja nicht alles. Das hat ihr ja nicht genügt. Nein, sie muß hergehen und bei einem Cocktailempfang nach Palmwein verlangen. Hat man je so was gehört? Palmwein!"

Bandeles ernste Miene tröstete ihn nicht im mindesten.

„Wenn sie ein ungebildetes Gör aus einem Londoner Slum wäre, könnte ich es verstehen. Aber sie hat doch Bildung, sie hat sich in der Gesellschaft bewegt. Warum muß sie mich bloß in aller Öffentlichkeit derart blamieren und Palmwein trinken?"

„Oh", Kola zeigte Interesse, „sie hat ihn also bekommen?"

Faseyi schoß herum.

„Da guck doch hin, wenn du's nicht glaubst. Da drüben steht sie und trinkt, bitte schön, Palmwein. Jemand kam vorbei, als ich sie gerade erwischt hatte. Ich wette, er quatscht die Sache schon in die Runde."

„Ach, vielleicht hat er gar nicht gemerkt, daß es Palmwein ist."

„O doch, er hat sogar hämisch gegrinst und gefragt: 'Ist das aufgelöster Bolus alba?'."

„Hättest du doch ja gesagt", sagte Kola, „schließlich wär's doch verständlich, daß sie sich nicht ganz wohl gefühlt hat und um ein Mittel bat."

„Ja, ich glaube auch ... Ich hätte rechtzeitig schalten sollen. Aber Monica ist ja der ewig unberechenbare Faktor. Sie hätte sich sicher verplappert, und alles wäre aufgeflogen. Bandele, du bist doch mein

Freund. Wenn du irgendwelche bissigen Bemerkungen hörst, dann laß es mich bitte wissen. Es ist besser, wenn man rechtzeitig weiß, was die Leute so reden, dann kann man etwas dagegen unternehmen. Und auch wegen ihrer ..." Faseyi kam näher und flüsterte „Kleidung".

Bandele fragte: „Wovon redest du?"

„Siehst du denn nicht, daß sie unvollständig gekleidet ist?"

„Ist mir nicht aufgefallen."

Ein plötzlicher Hoffnungsschimmer in Faseyis Augen.

„Ich fürchte, du täuschst dich", sagte Kola.

„Oh, ist dir was aufgefallen?"

Kola kostete die Gelegenheit aus.

„Mir nicht, ich versteh nichts von Kleidung. Aber ich habe zufällig ein paar Leute belauscht, die über sie sprachen."

„Siehst du!" wandte sich Faseyi wieder an Bandele.

„Ich würde allerdings nichts darauf geben", fuhr Kola fort. „Solche Lästerzungen trifft man überall, und die waren" – ein trauriges Kopfschütteln – „na ja, da brauch ich doch nichts zu sagen, du weißt doch, wie gehässig Menschen sein können."

„Nein, nein, das ist keine Gehässigkeit. Die Leute haben völlig recht. Was genau haben sie denn gesagt?"

Bandele schob sich dazwischen und manövrierte Faseyi zu seiner Frau hinüber. Sie standen noch nicht ganz neben Monica, als Faseyi schon explodierte: „Siehst du, wie du uns hier verdächtig machst? Sieh dich nur um und schau selbst. Sogar die Damen in einheimischer Tracht tragen Handschuhe."

Bandele zog sich bei der ersten mit Anstand vertretenden Gelegenheit zurück, um einen unreuigen Kola ins Gebet zu nehmen.

„Wozu sollten denn die Lügen gut sein?"

„Och, der Mann macht sich gern Sorgen, und ich hab ihm ein bißchen Material geliefert."

Bandele schüttelte den Kopf.

„Verschwende deine Sympathien nicht an Monica. Ich kenne sie beide ganz gut."

„Es ist keine Frage der Sympathie."

„Sie wirkt sehr sanft, aber der Schein trügt. Im Gegenteil, mir ist noch kein zäheres Persönchen begegnet."

„Sie sieht sehr jung aus."

Der Zeremonienmeister bewegte sich mit einer Liste unter

den Gästen, pickte die wenigen Auserwählten heraus und führte sie ihrer kurzen Bestimmung zu. Faseyi folgte ihm mit Blicken, und anhand der alphabetischen Reihenfolge schätzte er ab, wann er dran sein würde, und ging wieder zu Bandele hinüber. Monica durchschaute die List, senkte den Kopf in ihren Palmwein, als bemerkte sie nichts.

„Aah, da sind Sie ja, Mr. Faseyi. Würden Sie bitte Ihre Gattin holen und mir dann folgen?"

„Oh, meine Frau ist äh ... äh, sie ist sehr schüchtern. Ich werde allein gehen müssen."

„Unsinn, das kommt überhaupt nicht in Frage. Ich werde mit ihr sprechen."

„Nein, nein, nein, nein. Das hat keinen Sinn, glauben Sie mir. Schon den ganzen Abend habe ich versucht, sie zu überreden, vergeblich. Gehen wir und bringen wir's hinter uns."

Ein paar Augenblicke später zupfte Bandele Kola am Ärmel.

„Sieh mal da!"

„Exzellenzen, darf ich ... aah, wie nett, Sie haben also doch noch Ihren Mut zusammengenommen ... Ich bitte um Verzeihung. Exzellenzen, darf ich Ihnen nun Mr. und Mrs. Faseyi vom Lehrhospital vorstellen ..."

Kola verzog überrascht das Gesicht.

„Was ist denn an deinem Freund so Besonderes?"

„Man behauptet, er sei der beste Röntgendiagnostiker des ganzen Kontinents."

„Und das soll von Bedeutung sein?"

Bandele zuckte die Schultern.

Sobald die Zeremonie vorbei war, stapfte Faseyi hinaus, Monica folgte ihm auf dem Fuß. Fünf Minuten später kam er allein zurück, Monica kam kurz danach erst wieder herein. Äußerlich gefaßt schien sie sich nach Faseyi umzusehen.

Bandele nahm sie beim Arm.

„Komm, unterhalte dich ein wenig mit uns."

„Wo ist Ayo? Hast du ihn gesehen?"

„Er muß hier irgendwo stecken ... ja, da drüben. Er unterhält sich mit Senator Okot. Soll ich ihn holen?"

„Nein danke, nicht nötig."

„Übrigens, habe ich dir Kola schon vorgestellt?"

Es lag deutlich Feindlichkeit in ihrer Stimme, als sie sagte: „Ich bin Ayos Frau."

„Kola unterrichtet Kunst. Im Institut."

„O ja, natürlich. Mein Mann erzählte mir gerade, Sie hätten zufällig ein paar Leute belauscht, die sich über meine Halbnacktheit mokierten. Stimmt das?"

Kola bewunderte ihre Direktheit, und im Augenblick fiel ihm nichts ein, das er hätte sagen können.

„Habe ich Ayo in Schwierigkeiten gebracht?" Ihre Stimme verriet jetzt aufrichtige Besorgnis.

Bandele lachte: „Mach dir keine Sorgen. Wo hast du denn dein Glas gelassen? Ich brauche selber auch einen Drink."

Monica gestikulierte, und Bandele schlenderte davon.

„Wie lange kennen Sie Bandele schon?"

„Bandele ist ein guter Freund von uns. Wenn Ayos Mutter nicht in der Nähe ist, muß er sich Ayos Klagen anhören."

„Klagen? Ich verstehe Sie nicht."

„O doch, Sie verstehen mich sehr wohl. Er hat sich doch gerade erst wieder über mich beklagt. Oder wie sonst kommen Sie dazu, zu erwähnen, was Sie über mich gehört haben."

Kola schwieg.

„Oder sind Sie auch ein Gewohnheitstratscher? Die meisten Freunde meines Mannes sind das nämlich und sie geben es freimütig zu. Allerdings ist Ayo der einzige, der verstimmt ist, wenn ich das sage."

„Das will ich hoffen. Ein Ehemann hat doch wohl das Recht, ein wenig Respekt für seine Freunde zu verlangen."

„Aber sie sind alle Tratschmäuler. Und das meiste entspringt ihrer Einbildung. Natürlich würden Sie das nicht zugeben, aber sicherlich wissen auch Sie es."

„Wie lange sind Sie schon hier?"

„Zwei Jahre. Oder glauben Sie, daß das nicht lange genug ist, um seine Schlüsse zu ziehen?"

„Doch, doch! Manchmal genügt schon eine Woche."

„Was in meinem Fall zutrifft. Ich war ganz entsetzt, als ich herkam, aber dann habe ich mich daran gewöhnt. Und jetzt, um ehrlich zu sein, jetzt macht es mir sogar Spaß, den Kollegen meines Mannes zuzuhören. Wissen Sie, ich habe nie in einer Universitätsatmosphäre gelebt. Vielleicht hatte ich erwartet, daß alles meinen Horizont übersteigt. Statt dessen stellte ich fest, daß es genauso ist wie in meiner guten alten Lehrerbildungsanstalt."

„Sie glauben also, wir sind nur eine Bande von britischen Schulmeistern?"

„O nein, ich wollte nicht unhöflich sein."

Bandele kam mit den Getränken.

„Soll ich Ihnen sagen, was man über Sie redet?" fuhr sie fort.

„Nein, es interessiert mich nicht."

„Aber ja doch! Jeder will gern wissen, was die Leute über ihn reden. Fragen Sie Ayo."

„Also gut. Was haben Sie über mich gehört?"

„Sehen Sie! Zunächst einmal haben Sie einen Freund, von dem alle glauben, daß er verrückt ist."

„Wir wollten doch von mir reden."

„Aber das tue ich doch. Sie arbeiten gerade an einer enormen Leinwand, auf der Ihre sämtlichen Götter dargestellt werden sollen. Ich würde gern kommen und mir das anschauen."

„Da gibt es nichts zu sehen, ich habe gerade erst angefangen."

„Aber Sie haben doch nicht gerade erst angefangen! Hat nicht neulich erst eine verärgerte Mutter fast Ihr ganzes Atelier zertrümmert, weil ihre Tochter Ihnen Modell stand? O ja, ich habe genaue Informationen."

„Ja, ich fürchte, Sie sind bestens informiert."

„Also, kann ich kommen und es sehen?"

„Ehrlich gestanden, nein! Es ist noch nicht in dem Stadium, wo es irgendeine Aussagekraft besitzt."

„Na gut, vielleicht später."

„Ja, später."

„Ich sollte mich nach meinem Mann umsehen. Entschuldigt mich bitte."

Bandele wartete, bis sie gegangen war.

„Was war denn los? Klang nicht so, als wärt ihr sehr freundlich miteinander gewesen."

„Nein, es war nichts."

„Du warst aber ziemlich kurz angebunden."

„Nein. Weshalb?"

„Das mußt du wissen. Wie auch, sollen wir morgen zum Essen zu ihnen gehen? Faseyi hat mich gerade eingeladen."

„Und was hat das mit mir zu tun?"

„Er hat dich eingeschlossen, das heißt, er hat eher dich als mich eingeladen. Du kennst Fash noch nicht. Er muß wissen, was du noch alles gehört hast, und er duldet keinen Aufschub."

„Aber ich hab doch gar nichts gehört, also kann er's vergessen."

„Seine Mutter kommt – du wirst das Strickmuster bald kennen. Nach einem solchen Auftritt schickt er immer nach seiner Mutter, damit sie Monica ins Gewissen redet. Die beiden verstehen sich sehr gut – Mutter und Schwiegertochter meine ich. Na, wie auch, ich lasse mich gern ab und zu mit einem guten Essen verwöhnen – und Mrs. Faseyi ist ein Dämon in der Küche."

„Dann viel Glück. Geh und stopf dich voll."

„Irgendwas nagt doch an dir, Kola."

„Und was sollte das sein? Hör auf mit dem Getue, es ist nichts."

Aus: Wole Soyinka, *Die Ausleger*, aus dem Englischen von Inge Uffelmann, Walter Verlag, Olten 1983 und dtv, München 1986

Moyez Vassanji

Anfang des Jahrhunderts kamen die ersten Inder nach Ostafrika – als Hilfsarbeiter für den Eisenbahnbau der Engländer. Heute bilden sie in Kenya und Tanzania eine große und wichtige Minderheit, die es zwischen Schwarzen und Weißen immer schwer hatte, ihre eigene Stellung und Identität zu bestimmen.

Moyez Vassanji hat als erster diesen Teil der Geschichte literarisch verarbeitet – er wollte seinem Volk eine Stimme verleihen, aber auch einen Spiegel vorsetzen.

1950 in Nairobi, Kenya, geboren, wuchs er in Dar-es-Salaam, Tanzania auf, wo er die Aga-Khan-Schulen der Ismailen besuchte. Er erhielt ein Stipendium am Massachusetts Institute of Technology, wo er Nuklearphysik studierte. Heute lebt er als freier Schriftsteller in Toronto. Er gibt eine Zeitschrift heraus und schreibt weiter an der Geschichte der weltweit verstreuten Inder fort.

Moyez Vassanji, *Das Erbe der Muscheln*, aus dem Engl. von Inge Uffelmann, Kyrill & Method Verlag, München 1990

Geschichten aus dem Jutesack

Das Ende der Unfruchtbarkeit

Sieben Jahre gingen ins Land; sieben Jahre einer kinderlosen Ehe, in denen Joshis, Pandits, Sheiks und Pirs ebenso konsultiert wurden wie Sterne, Teeblätter, Handleser und Wahrsager – und alle Voraussagen erwiesen sich als falsch. Dann kam Suleiman Pir. Er war ein heiliger Mann aus Bombay, der eine riesige Anhängerschaft in Ostafrika hatte. Jedesmal, wenn Suleiman Pir aus Bombay kam, wurde eine mela abgehalten. Die Familien versammelten sich in großen Trauben auf einem Festplatz und dann kam er, begleitet von seinen Jüngern, die seinen Stuhl und seinen Schirm trugen, und saß in ihrer Mitte, erkundigte sich nach ihrer Gesundheit und ihrem Wohlstand, segnete ihre Opfergaben und die neu geschlossenen Ehen. Suleiman Pir war klein und dünn, hellhäutig wie ein Parse und hatte eine lange Nase. Er trug einen weißen Anzug und einen Tropenhelm. Hassam Pirbhais Klan hatte sich versammelt: fünf verheiratete Kinder – einschließlich meiner drei nun auch verehelichten Tanten – und ein ganzer Stall voll Enkel. Nachdem Suleiman Pir sie alle gesegnet hatte und auch die Platten und Tabletts, die sich unter der Last der angebotenen Früchte und Nüsse bogen, nötigte man ihn, Platz zu nehmen, und während er sich das Gesicht mit dem Taschentuch wischte, ließ er die Referenz des alten Mannes und seiner Söhne über sich ergehen, schon auf dem Sprung zur nächsten Familie, die ihn sehnsüchtig erwartete. Da fiel sein Blick auf meinen Vater und meine Mutter, die etwas abseits zusammensaßen, und er fragte sie nach ihren Kindern: "Wo ist eure aulaad?"

"Keine aulaad, Pir Saheb", sagte mein Vater.

"Überhaupt keine aulaad?"

"Nein, überhaupt keine, Pir Saheb."

Mein Vater dachte, es sei nicht schicklich, eine direkte Bitte zu äußern, doch der Pir hörte das Flehen in seiner Stimme, er las und verstand den beschwörenden Blick meiner Mutter. Er nahm einen Apfel aus der Fruchtschale, flüsterte ein Gebet darüber und reichte ihn meiner Mutter. "Du wirst aulaad haben", sagte er und erhob sich, um zu gehen.

In dem Durcheinander, das jetzt entstand, als alle Besucher hinter ihm hereilten, als Männer und Frauen mit ehrfurchtsvoll gesenktem Blick Spalier standen (man sagte, es sei unmöglich, ihm direkt in die Augen zu schauen) und die Kinder unbeaufsichtigt blieben, nahm eine der Ehefrauen den Apfel und legte ihn zu den anderen Früchten in die große Schale zurück.

Es gab einen Mordskrawall. Meine Mutter bezichtigte die ganze Familie des Hassam Pirbhai des Unglaubens und stürzte sich auf ihre Schwägerin Shiri, um ihr die Augen auszukratzen. "Du gemeine Hexe, du Stück Schweinebrut..." Schließlich kam es zum Handgemenge.

Die Weiber der Familie Hassam Pirbhai scharten sich um die alles überragende Awal und zeigten ihre schwesterliche Solidarität. Mein Vater rief hilflos von der Tür aus dazwischen, während die anderen Männer der Familie, ganz auf ihre Frauen vertrauend, dabeistanden und zuschauten. Kulsum hatte Fetzen von Shiris Haut unter den Nägeln und hätte sicherlich eine gehörige Abreibung gekriegt.

Da aber – Auftritt Gula, Kulsums Schwester. Gula war drei Jahre jünger als meine Mutter und ebenfalls mit ihrem Ehemann nach Nairobi gezogen. Sie war groß, stämmig, stark und streitsüchtig und stellte sich jetzt wie ein Leibwächter neben meine Mutter. Die Hände in die Hüften gestemmt, den Kopf in den Nacken geworfen, forderte sie die anderen mit rauher Stimme heraus: "Kommt nur her!"

Es folgte ein Krieg der Worte.

Die feine Kultiviertheit, die diese Damen in den europäischsten der ostafrikanischen Städte aufgeschnappt hatten, ihr neuer Snobismus und ihr feines, vornehmes Gehabe flogen über Bord; hier standen sie in ihrer elementaren Form. Dies war nicht länger Parklands und Ngara, dies waren die Gossen von Mombasa und Sansibar, die Dörfer von Cutch und Kathiawad.

"Da seh sich doch einer die an – nichts als ein Haufen schwabbeliger Speck!"

"Ja, schaut nur. Wie ihr Mann bei der das Loch findet, weiß Gott allein."

"Wahrscheinlich groß wie ein Eimer."

"Schlaff wie ein Sack."

"Das geht dich gar nichts an, du dreckiges Miststück", konterte meine Tante Gula, "Du Bohnenstange mit nichts als einem Knopfloch. Mein Mann saugt Milch und Honig aus diesem Eimer, hörst du mich? Milch und Honig. (Und sie tänzelte aufrützig vor ihnen herum.) Er sieht Mairaj jede Nacht..."

"Waaas? Der Weichling?"

"Von wegen! Komm und spiel doch mal mit seinem tanpura und lausche seiner süßen Musik..."

"Schluß jetzt", rief Hassam Pirbhai mit dem blinzelnden Auge, denn die Zuschauer fingen schon an, ermunternd einzugreifen. Die Kontrahenten der Schlammschlacht zogen sich zurück.

In der Zwischenzeit hatten sich die Kinder wie ausgehungerte Treiberameisen über die Nüsse und Früchte hergemacht; nur ein einsamer Apfel lag noch da. Juma erspähte ihn und steckte ihn rasch in die Tasche, bevor auch er noch verschlungen wurde. "Iß ihn", befahl er Kulsum. "Wenn du Gottvertrauen hast, ist er gerade so gut."

Neun Monate später, am 7. Mai 1945, als das Hauen und Stechen, das Säbelrasseln und der Kanonendonner im fernen Europa deutliche Anzeichen der Ermattung zeigten, als König Georg seine Untertanen über Radio ansprach und ihnen von Frieden redete, lag Kulsum in den Wehen.

Das Lösegeld

Unsere Wohnung öffnete sich nach hinten hinaus in einen geschlossenen Innenhof, der etwa neun auf drei Meter groß war. Aufgemalt auf eine der hinteren Wände, die unvermeidlichen Cricketstäbe – in Kohle.

Hier spielten wir wild, doch nicht ganz sicher. Die Außenwand, zur rechten Seite, war etwa zweieinhalb Meter hoch und ein nicht gefangener Ball konnte leicht über die Mauer gehen und in den Hütten dahinter landen. Dann ging das Bitten und Betteln los. Die drei Ponis sprachen fließend Swahili und konnten auf jedes Wort antworten. Wir kletterten auf die Steine und Kisten, um dort über die Mauer zu schauen, wo eine Lücke zwischen den Glasscherben gelassen war, und dann fing Firoz an:

"Entschuldigen Sie, Mama! Entschuldigen Sie, he, hören Sie? Hodi?"

"Was gibt's denn?" zeigte sich ein zorniges Gesicht.

"Mama, könnten Sie uns wohl den Ball dort... bitte!"

"Aaaaah! Was fällt dir ein? Glaubst du, du kannst hier dauernd den Ball reinwerfen? Angenommen, er trifft eins der Kinder?" Inzwischen war die ganze Mama sichtbar.

"Polé, Mama. Es tut uns leid. Bitte, verzeihen Sie."

"Das letzte Mal hast du auch polé gesagt, und jetzt schon wieder. Ja, glaubst du denn, diese Kinder sind aus Stein? Glaubst du denn, es tut ihnen nicht weh?"

"Es ist das letzte Mal, Mama. Es wird nie wieder vorkommen. Ganz bestimmt, Mama! Ich schwör's bei Gott."

"Nein."

"Ich bitte Sie, Mama. Gott wird es Ihnen lohnen." Hinter ihm hob schon das Kichern an.

"Aaa-aa!" Nein.

Jetzt ging das Feilschen los. Zehn Cents. Vierzig Cents. Zuschlag bei fünfundzwanzig Cents und der Ball kam über die Mauer geflogen.

Außer der Lösegeldzahlung gab es zwei andere Möglichkeiten. Absolute Ruhe halten und mit einer Kohlenzange, an die lange Besenstiele gebunden waren, den Ball zurückholen. Oder Alu oder ich wurden auf der anderen Seite der Mauer heruntergelassen und dann mit dem Ball wieder hochgezogen. Auf der anderen Seite der Mauer stand eine Hütte, zwischen Gebäude und Mauer war ein schmaler Durchlaß. Einmal muß eine Mama gehört haben, wie meine Füße an der

Lehmmauer entlangschabten, denn während ich zwischen dem Abfall nach dem Ball suchte, landete das stachlige Reisig eines Besens auf meinem Kopf. Meine Kameraden auf der anderen Seite der Mauer konnten ihr blödes Keckern kaum unterdrücken, während ich mich alleingelassen sah mit einer wutschnaubenden, besenschwingenden Mama. Ich ging ein paar Schritte rückwärts, fand einen Ausgang und flitzte los, die schreiende Mama hinter mir her: "Haltet den Inder, dieses Früchtchen..." Eine weitere Mama tauchte auf, mit nassem Haar. Ich setzte quer über den Hof zum Ausgang hinüber, die beiden Mamas dicht hinter mir her. Aber dann trat die Naßhaarige auf einen Zipfel ihrer khanga; für einen Sekundenbruchteil schaute ich zurück und sah einen splitternackten schwarzen Körper naß in der Sonne glänzen, dann war ich zum Tor hinaus und auf der Straße in Sicherheit.

"Du hast sie nackt gesehen, Kala? Na, nu sag doch schon, was hast du gesehen? Hast du ihre schwarze Musch gesehen, ihren Arsch –"

"Ich weiß nicht..."

"Oh Gott, er hat's gesehen und er weiß nicht, was er gesehen hat, mein Gott nochmal!" Firoz stakte breitbeinig davon, die Hand am Hosenlatz, die Augen himmelwärts gedreht und recht verzweifelt.

Bis zum nächsten Tag hatten die beiden Brüder einen Plan für mich ausgeheckt. Geködert mit dem Versprechen, vielleicht doch in den noch zu gründenden MCC, Msimbazi Cricket Club, aufgenommen zu werden, ging ich zu den Hütten zurück, um den Mamas einen Vorschlag zu unterbreiten. Dort traf ich zunächst auf eine dritte, sehr wohlbeleibte Mama.

"Ich möchte gerne die junge Mama sprechen", fing ich schüchtern an.

"Halima!" schrie sie. "Hier ist ein indischer Junge, er will was von dir!"

Halima kam heraus. "Waaas? Du schon wieder? Du schämst dich wohl überhaupt nicht?"

"Mama ... mein Bruder schickt mich ... der Freund meines Bruders ... Möchten Sie sich einen Schilling verdienen? Haben Sie Zeit, Mama?"

Die wütende Frau setzte hinter mir her und jagte mich bis vor das Poni-Haus, wo wir fünf uns im Schlafzimmer versteckten. Zwei Mamas kamen und sprachen zuerst mit Alus Mutter, und dann kam Nuru Poni heraus, um sie anzuhören. "Sie haben keinen Funken Respekt! Sie haben keine Manieren!" schäumten die Mamas. Nuru Poni beschwichtigte sie in seinem besten Swahili: “Sie sind ihre Mutter, Mama, und Sie haben Recht. Ich werde sie bestrafen. Wenn Sie wünschen, können Sie sie bestrafen. Alu, komm her. Hier Mama, machen Sie mit ihm, was Sie wollen.” Aber sie gingen, überzeugt, daß Gerechtigkeit geschehen werde.

In der Zwischenzeit hatten wir längst unsere gesamte Cricketausrüstung zu Freunden in die Nachbarschaft gebracht, um sie dort zu verstecken, vor allem die Schläger. Aber Nuru Poni, der das geahnt hatte, kaufte einen billigen Besen, sägte den Stil ab und ließ ihn auf dem Rücken meiner Freunde tanzen, während Sona und ich nach Hause gingen, ungesühnte Schuld auf unseren Schultern.

Der große schwarze Überseekoffer

"Ich bring dir einen Gast", sagt der Fahrer des Lastwagens zu dem Posten im Wachhaus. Ich stand auf der Pritsche des offenen Landrovers zwischen Säcken voller Reis, Maismehl und roter Bohnen und beäugte die Szenerie um mich herum. Wir waren eine staubige Lateritstraße aufwärts durch den Wald gefahren, hatten einen Fluß überquert und uns am Rand eines flachen Tals entlanggehangelt. Auf der anderen Seite waren ein paar Hütten sichtbar gewesen. Das Ausbildungslager bestand aus ein paar großen khakifarbenen Zelten und einigen weiß verputzten Gebäuden.

Meinen metallenen Überseekoffer hatte ich hochkant vor mir stehen. Er war schwarz gestrichen, in weiß war in großen Buchstaben mein Name draufgeschrieben; ein schweres Vorhängeschloß sicherte ihn.

Der Posten, ein dünner Mangatijunge mit knochigem Gesicht, kam heraus, nahm mich in Augenschein und grinste. Er war ein typischer Mann aus dem Landesinnern, ein Satz wild aussehender Vorderzähne, eine breite Stirn, eine Ziernarbe an der Seite des Kopfes. Er war von dunkler, tiefschwarzer Hautfarbe. Ich grinste arglos zurück.

Da ließ er einen Schrei los und krümmte sich fast vor Zorn und Schmerz: "Shuka-shuka-shuka – komm da runter! Für wen hältst du dich? Bist du ein Minister? Glaubst du, du bist ein Botschafter, ein balozi? Die Königin von England...?"

In aller Gemütsruhe, meiner selbst völlig sicher, sprang ich elegant von der Pritsche und zog den Koffer hinter mir her. Ich nahm ihn auf die Schulter, hielt und stützte ihn mit der einen Hand und ließ den anderen Arm locker baumeln, als wollte ich sagen: "Melde mich zum Dienst! Uhuru na kazi!"

Die Reifen des wegfahrenden Landrovers spuckten Staub und Kiesel; ich war meinem Schicksal überlassen.

Der Posten schaute mich mit blutunterlaufenen Augen an. Seine Khakiuniform stand von allein vor Stärke und seine Stiefel glänzten. Nur sein Gesicht machte einen noch etwas unausgeschlafenen Eindruck.

"Ich", er tippte sich an die Brust und trat nah an mich heran, "ich bin Mitglied der MPB: Militärpolizeibehörde – verstanden? Sprich mir nach: Militärpolizeibehörde."

"Militärpolizeibehörde."

“Wenn du ungebührlich handelst, wirst du mir zur Bestrafung zugeführt. Hast du das kapiert?”

Ich stand vollkommen verdattert da.

“Sag, jawohl. Du!” brüllte er und stampfte mit dem Fuß auf.

“Jawohl!”

“‘Jawohl, Afande’, du Wasserkopf!”

“Jawohl, Afande.”

“Paß auf. Wenn du hierherkommst, dann läßt du deine Bücher und dein Wissen da draußen vor dem Tor.” Steif und zeremoniös stakte er zum Tor und tippte mit seinem Offiziersstöckchen an einen der Pfosten. “Hier. Hier läßt du Mutter und Vater, deine Onkels und Tanten zurück. Hier läßt du deine Brüder zurück. Deine Schwestern –”, er hielt einen Augenblick inne, um über den unzüchtigen Gedanken nachzusinnen. “Was hast du in der Kiste? Dal? Chevdo? Biriyani?”

Der Überseekoffer stand aufrecht neben mir wie ein guter Kamerad.

“Nein. Nein, Afande!”

“Nimm das Ding auf und lauf! Komm schon, lauf. Lauf-lauf-lauf!”

“Mit dem Koffer?” fragte ich ungläubig.

“Bagalas maguy! Du quatschst zu viel. Jetzt nimm das Ding auf den Kopf und renn los!”

Und ich lief den Hügel rauf und runter wie ein schwankender Esel, wie ein trächtiges Kamel. Die Augen fest auf den Boden geheftet, damit ich nicht stolperte und stürzte. Der schwere Überseekoffer drückte mich nieder und ohne mein Wissen war ich ein köstlicher Anblick für das ganze Ausbildungslager. Zweimal fiel er mir runter, der große schwarze Überseekoffer, krachte mir auf die Füße; zweimal hievte ich ihn wieder hoch, hob ihn mir auf den Kopf, dann auf die Schulter, wenn das Gewicht mir den Schädel zu spalten drohte. Und an meiner Seite das blindwütige Mitglied der MPB, das mich antrieb: “Rinks-lechts, rinks-lechts, heet-ha, heet-ha!” Mit seinem Stöckchen schlug er dabei neben mir auf den Boden, und jedesmal, wenn ich eine falsche Kehrtwendung machte, schrie er gequält auf, als hätte ich seine innersten Gefühle zutiefst verletzt. Oh, was habe ich euch verflucht, Nathoo, Bandali und Alu Poni, die ihr mir geraten hattet, dieses Monstrum von Überseekoffer mitzuschleppen, wo ich nichts anderes gebraucht hätte als einen kleinen Tornister!

Schließlich, so sagte man mir später, hatte einer der echten Afandes, ein richtiger Offizier, Mitleid mit mir und machte meiner Qual durch einen Befehl ein Ende.

“Wenn es eine Hölle auf Erden gibt”, schrieb ich an jenem Abend etwas überreizt im Lichte einer Kerosinlampe an Alu Poni, “wenn es eine Hölle auf Erden gibt, dann ist sie hier.” Und ein paar Wochen später, mit neu gewonnener Einsicht, bediente ich mich folgender Metapher: “Wir Inder haben uns mit unserem großen schwarzen Überseekoffer nach Afrika hineingedrängt, und jedesmal ist er uns im Weg. Brauchen wir ihn? Ich hätte mit einer kleinen Tasche kommen sollen, mit einem Rucksack. Stattdessen kam ich mit ladoos, jelebis, chevdo... Mit Toilettenpapier, einem Kammgarnanzug. Und den ganzen Kram habe ich auf meinem Kopf geschleppt wie ein Idiot!”

Aus: Moyez Vassanji, *Das Erbe der Muscheln*, aus dem Engl. von Inge Uffelmann, Kyrill & Method Verlag, München 1990

Giselher W. Hoffmann

Giselher W. Hoffmann, geboren 1958 in Windhoek/Namibia, ist Enkel deutscher Einwanderer. Er schreibt auf deutsch. „Die Erstgeborenen“ ist sein erstes in der Bundesrepublik publiziertes Buch, weitere Werke sind jedoch in Vorbereitung.

„Die Erstgeborenen“ ist wohl das erste größere Werk afrikanischer Literatur, welches in deutscher Sprache geschrieben und veröffentlicht wurde; ein Buch, das aus verschiedenen Gründen verblüfft: Es ist spannend, kenntnisreich im Hinblick auf die „Erstgeborenen“, die Buschmänner der Kalahari und sehr menschlich in seinem Anliegen. Ein versöhnliches Buch.

Die Hintergründe zu diesem Werk erwarb sich Hoffmann in einer Zeit, als er Berufsjäger in der Kalahari war. Einer seiner engsten Begleiter, ein Buschmann, weihte ihn bei nächtlichen Lagerfeuern in das Leben seines Volkes, seinen Alltag wie auch seine Kultur mit ihren Überlieferungen ein. Hoffmann hat aus diesen Erfahrungen sowie aus den Schicksalen ihm bekannter Personen einen spannenden Roman komponiert, der ein lebendiges Bild vom Leben in Namibia zu vermitteln vermag.

Giselher W. Hoffmann, *Die Erstgeborenen*, Peter Hammer Verlag, Wuppertal 1991

Die Spätgekommenen

Die Haushälterinnen, die zu Bankdirektor Gelder ins Büro kamen, waren alle an ihre harte Arbeit gewöhnt, doch sobald sie zu hören bekamen, daß sie nach Duineveld ziehen und in der Kalahari die Suppe für einen jungen Buren kochen sollten, traten sie eilends den Rückzug an. Selbst seine eigene Hausangestellte. Fräulein Bester, die sonst nie murrte, konnte er nicht dazu überreden, in die Wüste zu gehen. Dabei hatte sie es bei dem Bankdirektor weiß Gott nicht leicht. Er war ein überaus penibler Junggeselle und obendrein noch geizig. Was sie nicht wußte, war, daß er auch anders sein konnte. Im Club, zum Beispiel, hinter dichtgewebten Gardinen, da ließ er im Kreise seiner verschwiegenen Freunde gelegentlich die Puppen tanzen, aber Zuhause gab er sich gern als eingefleischter Weiberfeind, damit Fräulein Bester ihm keinen Heiratsantrag machte. Sie war nämlich bis über beide Ohren in ihn verliebt! Und knausrig war er nur aus geschäftlichen Gründen: Die Erfahrung hatte ihn gelehrt, daß die Kunden besser schliefen, wenn sie ihr Vermögen in den Händen eines Pfennigfuchsers wußten.

Aber Gelder war schon drauf und dran, sein Kleingeld für ein zweites Inserat zu opfern, so verzweifelt war er, da führte ihm seine Sekretärin zur Teezeit eine junge Frau in das Büro.

Sie blieb abwartend auf dem roten Teppich stehen und musterte die holzvertäfelten Wände, die drei Meter hoch in eine schneeweiße Zimmerdecke übergingen. An das getönte Fenster, gegenüber der Eingangstür, prallte die Vormittagssonne und tosender Straßenlärm. Im Büro war von all den Geräuschen nichts zu hören, nur die Ventilatoren surrten leise. Ihr Blick wanderte zu dem Schreibtisch zurück und blieb am Direktor haften. Gelder sah winzig hinter dem Aktenstapel aus, zumal er sich vorgebeugt hatte und konzentriert in einem Telefonbuch blätterte. Er trug einen metallisch schimmernden Einreiher von bester Qualität, der ihm allerdings ein paar Nummern zu groß war und somit einen Teil seiner beringten Hände und Lackschuhe verdeckte. Das angegraute Haar hatte Gelder sorgfältig nach vorn gekämmt und mit Hilfe von Brillantine auf der Glatze festgeklebt.

„Sie wünschen?“, fragte er, in das Buch vertieft, denn er hatte die

Telefonnummer der Lokalzeitung noch nicht gefunden. Es wäre ihm ein leichtes gewesen, seine Sekretärin mit dieser lästigen Arbeit zu beauftragen, doch einer seiner Grundsätze lautete: 'Die Angestellten haben sich während der Arbeitszeit ausschließlich um Bankangelegenheiten zu kümmern!' Da konnte er seine Sekretärin doch nicht bitten ...

„Ich heiße Syria Landtberg und suche einen Job, meneer Gelder", sagte die junge Frau auf holländisch, das dem Afrikaansen sehr ähnlich ist.

Gelder zumindest hatte es verstanden. Er blickte auf. Syria Landtberg sah keineswegs wie eine Haushälterin aus, doch sie gefiel ihm auf dem ersten Blick: Sie hatte – das stach dem Bankdirektor sofort ins Auge – keinen Ehering, dafür aber schwarze Hosen an, die eine Handbreit über den Knöcheln endeten und sich eng an ihre Waden schmiegte, dazu eine grüne, auf Taille geschnittene Bluse und gleichfarbige Riemenschuhe mit flachen Absätzen. Das weizengelbe Haar hatte sie zu einem Pferdeschwanz gebunden. Hin und wieder löste sich jedoch eine Strähne und fiel ihr in die Stirn und über das rechte Auge. Sie versuchte, das Haar dann mit der Hand hinter das Ohr zu streichen, aber es ließ sich nicht bändigen, und die mechanische Handbewegung begann Gelder allmählich zu irritieren.

Das würde die Kunden nervös machen, dachte er und sagte: „Tut mir leid, Fräulein, wir haben keinen ... Job." Seine Stimme klang hoch, wie der Schrei eines jungen Kampfadlers.

„Aber Tana hat mir doch eben gesagt ..."

„Tana?", unterbrach Gelder sie. „Tana ... wer?"

„Ihre Sekretärin!"

Für Gelder war Tana stets *mevrou* Coetzee gewesen, so wie er seine treue Haushälterin seit zwanzig Jahren nur *mejuffrou* Bester genannt hatte und es bis ans Ende ihrer Tage tun würde, denn er dachte nicht daran, sie jemals zu ehelichen. Selbst bei Ma Ecksteen hatte er keine Ausnahme gemacht, obwohl sie recht vermögend war. Er war schließlich der Direktor einer Bank, und die Leute blickten zu ihm herunter – doch nur, weil er von kleinem Wuchs war, sehr kleinem sogar, leider, aber wäre er größer gewesen, hätten die Leute zu ihm aufgeblickt, ganz bestimmt –, und jetzt kam diese Frau daher und warf in seinem Büro mit einem Vornamen um sich ...

Aber Gelder verbiß sich eine Bemerkung, er mochte Kämpfernaturen. Als er Syria aufs neue musterte, war er sich nicht sicher, ob sie je zu ihm aufgesehen hätte: Ihre Augen waren von einem dunklen, mit goldenen Pünktchen gesprenkelten Grün, und in ihrem Blick fehlte jener unterwürfige Ausdruck, mit dem die Menschen sonst um Gelders Gunst bettelten. Er entschloß sich, vor der Frau auf der Hut zu sein und forderte sie mit einer Handbewegung auf, Platz zu nehmen.

Während sie sich in einem schwarzen Lederfauteuil niederließ und eine Zigarettenschachtel aus ihrer Handtasche kramte, ohne ihn zu fragen, ob das Rauchen gestattet sei, stemmte sich der Bankdirektor aus dem Sessel. Ob sie wollte oder nicht: nun *mußte* sie zu ihm aufsehen!

„Würden Sie so freundlich sein, und mir Ihren Lebenslauf schildern", bat er. „Fassen Sie sich so kurz wie möglich, ja?"

„Ich wurde in Hamburg geboren und bin dort zur Schule gegangen. Danach habe ich den größten Teil meines Lebens in einer Kleidermanufaktur in Amsterdam verbracht."

Gelder fragte sich, welcher Beschäftigung sie dort wohl nachgegangen war. Ihr selbstbewußtes Auftreten ließ darauf schließen, daß sie einen verantwortungsvollen Posten gehabt hatte. Er öffnete den Mund.

„Ich habe dort in der Verkaufsabteilung gearbeitet", fuhr Syria in dem Moment fort. Der Bankdirektor preßte die Lippen zusammen und verschluckte die Frage, die ihm auf der Zunge gelegen hatte. „Und jetzt wollen Sie mit Sicherheit wissen, warum ich meine Stellung aufgegeben habe, nicht wahr?"

Gelder blieb nichts anderes übrig, als mit dem Kopf zu nicken. Huijuijui, dachte er, das ist ein Ding!

„Am Ende des Jahres wartet in Amsterdam eine Entscheidung auf mich. Aber ehe ich einen endgültigen Entschluß fasse, möchte ich erst ein bißchen Abstand gewinnen, verstehen Sie?"

Gelder verstand sie nicht nur, er glaubte, es ganz genau zu wissen: Sie ist ihrem Arbeitgeber einmal zu oft auf den Schoß gehüpft, kombinierte er, jetzt erwartet sie ein Kind. Und als sie von ihm verlangte, daß er sich scheiden ließe, da hat er sie ins Ausland geschickt, damit sie wieder zur Vernunft käme. Ja, so wird es gewesen sein! Er lächelte. „Sie müssen sich aber ordentlich angestrengt haben ... *sooo* einen langen Urlaub."

Syria verzog die dünnen, rot geschminkten Lippen. Einen Augenblick sah es so aus, als wollte sie etwas erwidern oder sich verteidigen, aber sie schenkte Gelder nur ein nichtssagendes Lächeln.

„Können Sie kochen?", fragte er schließlich, um die Stille zu unterbrechen.

„Mein Hobby."
„So?"
„Ja."
„Sie reden wohl nicht viel, was?"
„Nein", sagte sie und strich die widerspenstige Haarsträhne zurück, die ihr über das Auge gefallen war.

Gelder gab es auf. Je schneller er mit ihr fertig wurde, desto eher konnte er sich nach einer anderen Hilfskraft umsehen, aber er war sich nicht sicher, ob er das wollte. „Na schön, dann will ich Ihnen kurz erklären, um was es geht", sagte er und stützte sich mit abgespreizten Armen auf die Schreibtischplatte. „Wir suchen eine Haushälterin, das heißt, Ma ... ich meine, Frau Ecksteen, sucht eine Person, die ..., na, wie soll ich das sagen?"

Syria seufzte.

„Ho ho ho!" So war noch niemand mit Gelder umgesprungen, und es tat ihm gut. Er genoß einen Moment das seltene Glück, dann fuhr er mit ernster Stimme fort: „Wir suchen also eine Person, die gewillt wäre, nein, die bereit ist, auf einer Farm zu arbeiten."

„O!"

„Das paßt Ihnen wohl nicht, wie?"

„Warten wir's ab", sagte Syria. „Wo liegt denn die Farm?"

„Bitte ..." Gelder wandte sich zur Landkarte um, die hinter seinem Schreibtisch an der Wand hing, und tippte auf einen roten Fleck in der Mitte. „Hier, die Hauptstadt Windhoek", sagte er. Dann wanderte sein Zeigefinger abwärts, strich über Rehoboth und glitt in Sekundenschnelle einhundertfünfundsiebzig Kilometer nach Südosten, bog bei Mariental in Richtung auf Gochas ab und verharrte etwa zwanzig Kilometer südwestlich vom Länderdreieck auf einer weißen, unbefristeten Stelle der Karte. „Und dort, zwischen dem Nossob und Auob, das sind Trockenflüsse, liegt Duineveld."

„Mitten in der Wildnis?"

Gelder kam nicht auf den Gedanken, daß sie diese Tatsache erfreuen könnte, denn er haßte die Wüste, die sich in seinen Augen aus nichts anderem als Sand, Hitze und Durst zusammensetzte. „Sagen Sie das nicht", warf er deshalb ein. „Duineveld ist im Begriff, die größte Schaffarm im südlichen Afrika zu werden. Wir haben vor, in Kürze das Farmhaus umzubauen und Nebengebäude zu errichten. Aber sowas geht nicht von heute auf morgen, das müssen Sie verstehen." Daß er

Ma überredet hatte, zwei Zimmer anzubauen und die Nebengebäude zu errichten, um den Marktwert der Farm zu steigern, brauchte er dem Fräulein ja nicht unbedingt unter die Nase zu reiben. „Die Person wird also vorerst unter etwas schwierigen Umständen arbeiten müssen."

„Gut, ich nehme den Job, meneer Gelder."

„Ho ho ho!" Sie hatte ihn nicht gefragt, ob sie diese Stelle haben dürfe, sondern ihm sozusagen befohlen, sie ihr zu geben! Am liebsten hätte er sie umarmt, spontan, versteht sich, und dann schweren Herzens gebeten, sein Büro zu verlassen, und den Rest des Tages mit Warten verbracht, in der Hoffnung, daß eine andere Dame an die Tür klopfen möge, eine, die etwas älter wäre und weniger aufsässig, doch er wußte, daß er in ganz Windhoek keine Frau finden würde, die sich so problemlos in die Kalahari hinausbugsieren ließe wie die verrückte Deutsche. Auf der anderen Seite war ihm klar: Syria Landtberg war nicht die Küchenfee, mit der Ma Ecksteen sich ohne weiteres zufrieden geben würde.

„Nun?"

Er entschloß sich, das Risiko einzugehen: „Mevrou Ecksteen wird leider erst in ein paar Tagen nach Windhoek kommen. Bis dahin müssen Sie sich gedulden, aber ich werden Ihnen dann sofort Bescheid geben."

„Danke."

„Bitte warten Sie noch einen Moment." Gelder atmete tief ein, so als koste es ihn einige Überwindung, ihr die folgenden Worte zusagen: „Ich möchte offen mit Ihnen sprechen, Fräulein Landtberg."

„Das höre ich gern."

„Mevrou Ecksteens Mann hat vor kurzem unter schrecklichen Umständen das Zeitliche gesegnet", begann er. „Das ist der armen Frau so an die Nieren gegangen, daß sie nun aus gesundheitlichen Gründen in die Stadt ziehen muß; sie braucht ständig einen Arzt um sich, müssen Sie wissen. Stellen Sie sich mal vor, was da für Unkosten auf Ma ... ich meine, auf die bedauernswerte Frau zukommen. Bisher hat sich mevrou Ecksteen um die Farm und ihren Sohn gekümmert, ein netter Junge, wirklich, aber", Gelder schlug die Hände zusammen, „es geht einfach nicht mehr. Die Alte ... die gute Frau, meine ich, kippt mir da draußen irgendwann um."

„Wenn sie mich einstellt, wird's nicht passieren."

„Ich möchte Sie bitten, Ihre Arbeit als eine seriöse Aufgabe anzusehen, Fräulein Landtberg!"

„Machen Sie sich darüber keine Sorgen.“

„Noch etwas.“ Gelder schüttelte die gefalteten Hände. „Erwarten Sie um Himmels willen kein fürstliches Gehalt. Mevrou Ecksteen ist im Moment einfach nicht in der Lage dazu. Und außerdem, wie Sie bereits erwähnten, wollen Sie nur zeitweilig bei uns bleiben, so daß ich mich gezwungen sehe, Ihnen eine Assistentin mitzugeben, die das Haus dann später weiterführen kann. Also, ich sag's Ihnen noch einmal, das Gehalt ist dementsprechend ...“

„Schon gut, ich verstehe“, sagte Syria und glitt aus dem Sessel.

„Fräulein Landtberg!“

„Ja?“

„Ist da irgend etwas, was ich vielleicht doch besser wissen sollte?“

„Nein!“

Gelder nahm allen Mut zusammen: „Warum tun Sie das? Ich meine, warum will sich eine so ... bemerkenswerte Frau wie Sie in der Kalahari verstecken?“

„Ganz einfach.“ Syria lächelte. „Ich möchte eine Weile in Südwestafrika bleiben, aber um eine Aufenthaltsgenehmigung zu bekommen, muß ich eine Arbeitsstelle vorweisen können.“

„Natürlich!“ Gelder war erleichtert. Mit kriminellen Elementen wollte der Bankdirektor nämlich nichts zu tun haben. Daß ihr Arbeitgeber eine Schweinerei mit ihr angefangen hatte, nun, das konnte er verstehen: Im Club war er selbst schon einmal abgestürzt ... „Wo kann ich Sie erreichen, Fräulein Landtberg?“

Syria nannte ihm den Namen eines Hotels.

Hui, ein teurer Kasten, dachte er. Aber es war ihm egal. Er hatte für Ma ein hübsches Häuschen in Klein-Windhoek gefunden, fünf Minuten von dem seinen entfernt, und nun endlich auch die erwünschte Haushälterin. Zwar nicht so eine vielversprechende wie mejuffrou Bester, aber immerhin ... Ja, er glaubte, damit alle Probleme aus dem Weg geschafft zu haben. In Wirklichkeit hatte er soeben den größten Fehler seines Lebens gemacht: Er hatte Syria Landtberg, trotz aller Vorsicht, unterschätzt!

Die Erstgeborenen

Als sich der Himmel im Osten rötete, schlug Hagao die Lider auf, um den neuen Tag zu begrüßen. Die Luft war von dem Duft der taunassen Gräser und dem Geruch kräuselnden Rauches geschwängert. Ein paar Frauen hockten bereits am Herdfeuer und fütterten die Glut mit Zweigen, während andere noch schliefen oder im Gebüsch kauerten und sich die Hände mit Urin wuschen. Hier und dort erhob sich ein Kind vom Graslager und suchte die Nähe seiner Mutter, und Hagao schlurfte gähnend zu dem gespaltenen Kameldornbaum hinüber, um die Zeit bis zum Essen mit einem Schwatz zu vertreiben.

Es war ein Morgen wie jeder andere, doch das Murmeln der schlaftrunkenen Stimmen klang heute heiterer, die Lippen waren schneller zu einem Lächeln bereit, und die Arbeit ging allen leichter von der Hand als an den Tagen der endlosen Wanderung.

Die Gwi verschlangen die Überreste des Abendbrots, dann nahmen die Frauen ihre Grabstöcke und zogen mit den Kleinkindern auf dem Rücken und den jungen Mädchen an der Seite los. Die Kinder, die noch zu schwach waren, um weite Strecken zu gehen, blieben unter dem strengen Blick einer alten Gwi zurück. Sie taten es, ohne zu murren, denn der Alten fielen immer wieder neue, bedeutungsvolle Spiele und Geschichten ein, mit denen sie die Aufmerksamkeit der Jungen und Mädchen zu fesseln wußte, und brachte ihnen so auf ungezwungene Weise den Unterschied zwischen Gut und Böse bei.

Die Jäger hatten unterdessen ihre Jagdbeutel geschultert und waren den Spähern in die Steppe gefolgt. Hagao führte die sich durch das Gras windende Menschenschlange an. Er trug ebenfalls seine Waffen, darauf hoffend, daß er die Jäger begleiten durfte, die das Gebiet auskundschaften würden, derweil sich die Jungen, die heute zum ersten Mal dem wachsamen Auge der alten Gwi entronnen waren, um die Wasserstelle kümmerten. Seit er den Löwen getötet und kurz darauf seinen Bruder Katuma verloren hatte, war ihm Xei näher gekommen denn je. Allerdings kam er sich im Kreis der Jäger wie ein Außenseiter vor, denn ihre Zungen kannten die Weisheiten des Lebens, die ihm noch fremd waren.

Das Wasserloch entpuppte sich als eine Kalkpfanne, die von einem niedrigen Dünenkranz umgeben wurde. In der Regenzeit hatte sich hier das Wasser gesammelt. Es war mit der Zeit auf den undurchlässigen Grund gesickert, und die Sonne hatte die Flüssigkeit aus dem Schlamm gesaugt, bis die fingerdicke Kruste steinhart geworden und aufgesprungen war. An der tiefsten Stelle hatten die Oryxantilopen auf der Suche nach Wasser mit ihren Hufen die hartgebackene Erde aufgewühlt.

Hagao stieg hinab und steckte seine Hand in eines der knietiefen Löcher. Der Schlamm umschloß seine Faust kühl und weich, und als er sie herauszog, glänzte sie vor Feuchtigkeit bis zum Handgelenk hinauf im Sonnenlicht.

„Man sollte das Loch vertiefen“, sagte Xei.

„Vielleicht sollte man es dann mit Zweigen abdecken, damit die Hitze das Wasser nicht trinkt“, fügte der gutmütigste aller Schwiegerväter hinzu.

Die Vorschläge waren indirekt an Hagao gerichtet, der aufgestanden war und die Arbeit schon unter den Jungen aufteilen wollte, als ihn Xeis tadelnder Blick traf. Im gleichen Moment wurde ihm bewußt, daß er dabei war, einen törichten Fehler zu begehen: Er hatte die Wasserstelle gefunden und damit den größten Teil zur Erhaltung der Sippe beigetragen. Ihm gebührte die Ehre, das Loch zu vergrößern. Es wäre unsinnig gewesen, jetzt fortzugehen und die Wasserstelle in junge, unbedachtsame Hände zu geben, denn welcher Jäger würde seine Beute schon von einem unerfahrenen Kind verteilen lassen?

Während die Erwachsenen davonzogen, machten sich die Jungjäger mit ihren Händen und Grabstöcken an die Arbeit. Es blieb nicht aus, daß Hagao und seine Kameraden die Kleinen mehr mit Ratschlägen als mit Kräften unterstützten, aber auch sie verwandelten sich im Nu in schlammüberkrustete Gestalten. Als die Sonne hoch über ihnen stand, gruppierten sich alle erschöpft, doch zufrieden plaudernd um das Loch und starrten erwartungsvoll in den zwei Meter tiefen Brunnen. Die fettiggrauen Wände begannen zu schwitzen, und allmählich sammelte sich das Sickerwasser auf dem Grund.

Hagao kletterte hinab, warf ein Grasbüschel auf das Wasser, beugte sich darüber und saugte die Flüssigkeit mit gespitzten Lippen durch die Halme. Es war kühl und schmeckte leicht brackig, aber es war genießbar. Hagao schob das Wasser bedächtig mit der Zunge im Mund umher. Im selben Augenblick vernahm er Frauenstimmen.

Die Männer, die sich auf ihren Jagdzügen nur mit Handzeichen verständigten, sah man erst, ehe man sie hörte. Bei den Frauen war es umgekehrt. Sie hatten sich längs der Fährten, die sich wie eine Riesenschlange durch das Gras wanden, schwatzend und nach *Veldkost* suchend der Wasserstelle genähert. Als sie die lehmbespritzten Jungjäger hinter dem kniehohen Dünenkranz entdeckten, brachen sie in Gelächter aus, teils aus Belustigung, teils aber auch aus Freude, daß die Wasserstelle das hergab, was sie versprochen hatte.

Hagao warf einen Blick über die Schulter und sah Xamnoas feixendes Gesicht über dem Loch auftauchen.

„Hau, was sehen meine Augen?", fragte sie kichernd. „Suhlt sich dort unten ein Warzenschwein?"

Ehe Hagao etwas erwidern konnte, schwang Xamnoa die Beine über den Rand und ließ sich fallen. Er fing sie instinktiv auf. Ihre Haut fühlte sich glatt und warm an. Hagao stellte das Mädchen verwirrt auf dem Grund ab, denn es war das erste Mal, daß er Xamnoa berührt hatte.

„Meine Lippen sind durstig", sagte sie.

Er wies auf das im Wasser treibende Grasbüschel. „Trink", sagte er und wandte dann beschämt den Blick ab, denn sie beugte sich vor und reckte ihm das Gesäß entgegen.

„Es geht nicht", behauptete sie. „Du mußt mich festhalten, sonst wühle ich mit meinen Händen und Füßen den Schlamm auf."

Hagao packte sie an den Hüften, und wieder wallte das Blut in ihm hoch. Er versuchte, sich nichts anmerken zu lassen, da sich die anderen Frauen inzwischen um das Loch versammelt hatten und zu ihnen herunterstarrten. Hagao war froh, als Xamnoa ihren Durst gestillt hatte und Nakesi ihm das erste Straußenei reichte.

Nakesi lächelte. Ihm schien, als wollte auch sie ihn in eine verlockende Welt entführen, vor der er plötzlich Angst hatte – die Frauen waren ihm von einem Tag auf den anderen fremd geworden.

Schweigend füllte er an Xamnoas Seite die Straußeneier auf. Wann immer sie sich bewegte, strich ihm ihre Hüfte über das Bein. Und nachdem sie sich einige Male an ihn gelehnt hatte, wagte er nicht aufzusehen, aus Furcht, jedermann könnte den eigentümlichen Blick in seinen Augen bemerken.

Er wartete ungeduldig, bis das letzte Ei gefüllt war und Xamnoa sich erhoben hatte, ehe er selbst hochfederte und dem Mädchen unter die Arme griff, um ihm aus dem Brunnen zu helfen. Danach ließ er sich von seinen Kameraden emporziehen, deckte die Wasserstelle mit Zweigen ab und sorgte dafür, daß er einen Schattenplatz abseits von den Frauen erwischte. Aber er fand keine Ruhe. Immer wieder wanderte sein Blick zu der ausgelassen plaudernden Mädchengruppe. Schließlich kehrte er ihnen ostentativ den Rücken zu, und da sah er, daß einige Jungjäger die Mädchen ebenfalls aus sonderbaren Augen beobachteten. Er war nicht der einzige, der das Tor zur Erwachsenenwelt suchte.

Als Xei zurückkehrte und sich, ohne die Wasserstelle und die Veldkost zu beachten, in den Schatten hockte, bat ihn Hagao, beim nächsten Initiationsritual teilnehmen zu dürfen.

Xei starrte ihn verblüfft an. Er hatte erwartet, daß sein Sohn auf die Initiation verzichten würde, wie es bereits viele, zu viele taten, und er wäre ihm nicht einmal böse gewesen, aber daß Hagao noch nach dem alten Brauch in die neue Welt überwechseln wollte, erfüllte ihn mit Stolz und Freude.

„Wir haben keine Fußspuren von Fremden gesehen, mit denen wir Handel treiben könnten, doch deine Augen verraten mir, daß die Wasserstelle gut ist und die Tragetaschen der Frauen voller Knollen sind." Sein Lächeln wurde breiter. „Nodima hat unsere Füße weise gelenkt. Möge er deine Schritte in den Kreis der Jäger führen."

Seine Worte rüttelten die Gwi aus dem Mittagsschlaf, denn jeder wußte, daß ein Initiationsritual nur dann durchführbar war, wenn die Wanderung ein Ende gefunden hatte. Bald erhob sich ein Gwi nach dem anderen und schlug die Richtung zum Lager ein, um dort seinen Windschatten zu errichten. Dazu wurden junge Grewiastämme im Halbkreis in die Erde gesteckt, dünne, lange Hölzer mit Rindenfasern quer an den Stützpfeilern befestigt und die Lücken mit Gras ausgestopft. In dieser Nacht schliefen die Gwi zum ersten Mal seit Monaten wieder unter einem Dach.

Giselher W. Hoffmann, *Die Erstgeborenen*, Peter Hammer Verlag, Wuppertal 1991

Nuruddin Farah

Nuruddin Farah läßt sich schwer einordnen. Ein Somalier, der auf Englisch schreibt; ein kompromißloser Kritiker ungerechter Regime jeglicher Couleur, ein Afrikaner im afrikanischen Exil.

1945 in Baidoa, Somalien, geboren, wuchs er in seinem Heimatland und in Äthiopien auf. Er studierte in Indien Philosophie und Literatur und kehrte als Lehrer nach Mogadischu zurück. 1976 zog er nach Rom und befindet sich seitdem im Exil: in Nigeria und als Gastprofessor in Bayreuth, in Gambia und in Sudan.

Als 1970 sein erster Roman „Aus einer Rippe gebaut" veröffentlicht wurde, erweckte seine sensible Schilderung einer Frau große Aufmerksamkeit. Farah meint: „Ich bin mir der Rolle, die Frauen in der Gesellschaft spielen sollten, sehr bewußt".

Seitdem hat er eine Reihe von Romanen geschrieben, die alle von den Menschen Somaliens handeln, einem Thema, von dem er sich trotz (oder wegen) seines Exils nicht lösen kann und will. Nach dem Sturz von Siad Barre steht ihm vielleicht die Rückkehr in sein Heimatland wieder offen – als er das letzte Mal zurückkehren wollte, erfuhr er kurz vor dem Abflug, daß 30 Jahre Gefängnis zu Hause auf ihn warten.

Nuruddin Farah, *Aus einer Rippe gebaut*, aus dem Engl. von Gunter Böhnke, Reclam Verlag, Leipzig 1984 und Lamuv Verlag, Bornheim-Merten, 1986
– *Wie eine nackte Nadel*, aus dem Engl. von Barbara Hillgen, Otto Lembeck Verlag, Frankfurt/M. 1983

Aus einer Rippe gebaut

Die Arbeit des vergangenen Tages saß ihr noch in den Gliedern. Sie wurde sich dessen erst bewußt, als sie aufbrechen wollte. „Ein Tag schwere Arbeit hat bei mir schon immer seine Wirkung gezeigt, weshalb sollte ich mir also Sorgen machen", sagte sie sich.

Es war vier Uhr morgens, ein Dienstag – für sie ein Tag wie alle anderen, nicht einmal der Freitag machte eine Ausnahme. Vielleicht für die Männer, weil sie alle zu einem Betplatz oder in die Moschee gingen. Für die Frauen bedeutete der Freitag nur noch mehr Arbeit, mehr Wäschewaschen und Kochen.

Sie hatte nichts mitzunehmen. Sie hatte nie viel besessen. Nur ein zweites Kleid zum Wechseln, und das war alt. Der Muezzin hatte das Morgengebet noch nicht angekündigt. Noch war der erste Ruf nicht zu vernehmen. Und man hörte die Kamele noch nicht trinken. Sie blieb stehen, als wollte sie noch etwas mitnehmen, aber es war nur wegen der Schmerzen. Sie bewegte die Zehen mit der Hand und hörte die Gelenke knacken. Die Hütte war ziemlich dunkel. Es gab keine Streichhölzer. Das einzige Feuer, das einen schwachen Schein verbreitete, war ausgelöscht worden, bevor Ebla und ihre Freundin eingeschlafen waren. Eblas Freundin schnarchte noch immer wie ein Bär. Ebla streckte den Arm aus und ergriff die Schuhe und das Kleid, die sie am Abend zurechtgelegt hatte, und verließ damit die Hütte. Sie hatte einen Fuß schon draußen, den anderen noch drin, als sie bewegungslos stehenblieb. Einen Augenblick zögerte sie, nicht, um ihre Entscheidung in Frage zu stellen – die war nun endgültig gefallen –, sondern weil sie überlegte, ob sie der Freundin sagen sollte, wohin sie ging.

Sie zog den Fuß zurück und stand jetzt direkt hinter der Tür. Sie fühlte den warmen Luftzug, drehte sich um und ging wieder hinein. Neben der schnarchenden Freundin blieb sie stehen. Sie wollte sie wecken und ihr anvertrauen, daß sie sich entschlossen hatte wegzugehen. Sie öffnete den Mund, aber bevor sie etwas sagen konnte, hörte sie einen Schlag gegen die Außenwand der Hütte. Sie hielt inne, wollte herausfinden, woher das Geräusch kam, nachsehen, ob jemand draußen war, und wieder zu sich selbst finden, denn sie war für Sekundenbruchteile völlig aus dem Gleichgewicht geraten. Das Geräusch hatte sich nicht wiederholt, und Ebla war entschlossen, hinauszugehen und die Freundin nicht zu wecken. „Es ist besser so“, dachte sie.

Sie schwankte, als sei sie betrunken.

Ringsum war es still. Kein Laut war zu hören. Die unverheirateten Männer schliefen vor den Hütten und zwischen den Bäumen. Sie hatten sich mit weißen Tüchern zugedeckt. Ebla ging lautlos an ihnen vorüber. Sie ging barfuß, hatte ihr Kleid um die Schuhe gewickelt und das Bündel unter den Arm geklemmt. Sie lief auf Zehenspitzen wie ein Dieb, der einen Bekannten bestohlen hat. Die Augen hatte sie gesenkt. Endlich erreichte sie den Dorfausgang. Es war eine frisch gebaute Umzäunung aus Dornengestrüpp. Ein waagrecht angebrachter Stock diente als Tor. Sollte sie darunter hindurchkriechen oder den Stock hochheben? Sie blieb stehen und bückte sich, um zu sehen, ob sie unten durchpaßte. Da das nicht ging, hob sie den Stock hoch. Das Tor knarrte. Die Dornen ragten in die Höhe, und der Stock hatte ein paar berührt, als sie ihn hochhob. Das Herz schlug ihr bis zum Halse. Sie dachte, sie hätte ein lautes Geräusch gemacht. Sie blickte sich um, aber nichts passierte, niemand kam, nicht eine Menschenseele. Der Hahn krähte, dann war es wieder still. Sie legte den Stock schnell wieder an seinen Platz und stand außerhalb der Dorfgrenze.

„Mein Gott, ich bin draußen“, sagte sie.

Sie wandte sich nach Westen, wo der Zug nach Belet Wen auftauchen würde, und versteckte sich unter einem großen Baum.

„*Alhamdulillah, Istagfurullah, Subhanallah.*“ Sie wiederholte diese Worte immer wieder, die aber einer Frau mit ihrer Bildung nicht viel sagten. Sie wußte, daß es arabische Wörter waren, die von Gott kamen und als heilig galten. Sie zählte sie an den Fingern ab, wie sie es von anderen gesehen hatte. Dabei ließ sie den Daumen über die Finger gleiten. So zählte sie im Rhythmus und manchmal falsch, sprach jedes Wort dreimal, bis sie alle Wörter neunundneunzigmal gesagt hatte. Diese Zahl stand für Gottes Namen.

Schicksal im Glauben. Ebla legte ihren Glauben und auch ihr Schicksal in Gottes Hand. „Und ich bin sicher, daß Gott mich verstehen wird. Und er wird mich bestimmt nicht im Stich lassen.“

„Wenn mich die Leute von der Karawane fragen, wohin ich will, was soll ich sagen? Ich denke, ich muß ihnen die Wahrheit gestehen. Aber was ist Wahrheit? Das, was unseren Vorstellungen entspricht, oder das, was mit unserem Handeln übereinstimmt? Warum denken wir anders, als wir handeln? Wenn ich die Wahrheit sage, dann bringt mich das mit Sicherheit nicht weiter. Wenn ich zugebe, daß ich weggelaufen bin, weil mein Großvater beschlossen hat, meine Hand einem Mann zu geben? Einem alten Mann muß ich sagen, um klarzumachen, daß ich weglaufen mußte. Aber was ist schlecht daran, einen Mann zu heiraten – ob alt oder jung? Das Alter ist doch nicht entscheidend für den Wert einer Heirat. Es gibt alte Männer, die viel liebenswertere Ehemänner sind als junge. Die Menschen sind spitzfindig. Und sicher werden sie diese Frage stellen ...

„Notlügen sind erlaubt", sagt der Prophet Mohammed. Das ist es, was unser Prophet gesagt hat, und alles, was er gesagt hat, ist zu befolgen. Aber sind diese Umstände hier eine Notlage? Jede Situation hat ihre Schwierigkeit. Ist das jetzt die größte Schwierigkeit oder werden noch viele folgen?

Ebla war noch nicht zu einer Entscheidung gelangt, als sie hörte, daß sich die Karawane näherte. Die Dinge schienen sie zu überrollen.

Die Leute von der Karawane sahen ihre schlanke Figur, durch die die Morgendämmerung reizvoller zu werden schien. Ebla war die Natur. Die Natur wurde durch sie personifiziert. Die Bäume, die Erde, der Lärm, die Unterhaltung der Männer in der Karawane, auch das war Teil der Natur. Der Morgenwind streichelte die Wangen der Menschen. Die Vögel zwitscherten. Die Sterne zogen sich in ihre winzigen Löcher im Himmel zurück, vielleicht um sich auszuruhen und sich gleichzeitig für die Nacht aufzuladen, die auf sie wartete. Der Mond verblaßte und verlor sich im Blau des Himmels. Stille. Stimmen tot. Füßescharren. Die noch unverbrauchte Energie der Bauern, aus denen die Karawane bestand, zeigte sich in ihrem kraftvollen Ausschreiten – jeder Schritt auf besondere Art. Die Milch, die sie vor dem Aufbruch getrunken hatten, schwappte in ihren Bäuchen. Die Kamele stolzierten, als sei das, was sie transportierten, ihr Eigentum und als ob die Bauern, die mit einem Stock in der Hand hinter ihnen gingen, nur dazu da wären, das Eigentum zu schützen. Der Meister selbst hielt sich für den Sklaven. Bündel um Bündel von Kuhhäuten, von Ziegenhäuten, Weihrauch und anderen Artikeln wanderten zum Verkauf auf den Altar der Stadt.

Der junge Mann, der das erste Kamel am Zügel führte, riß die Augen auf, als müsse er sich vergewissern, was er gesehen hatte. Als er seinen ersten Eindruck bestätigt fand, fragte er: „Was machst du denn hier, meine Cousine Ebla?"

Obgleich sie nicht seine Cousine war, wurde sie so angesprochen. Das war in dieser Gegend die höfliche Anrede, mit der man sogar einen Fremden zu begrüßen pflegte.

„Ich bin krank", antwortete Ebla. Sie meinte, das erkläre alles.

„Und was machst du dann hier? Gerade wenn du krank bist?" wunderte sich der junge Mann, der ebenso groß war wie Ebla. Er hatte vergessen, daß er die Karawane führte. Das erste Kamel hatte die anderen vom Wege weggeführt. So mußte er Ebla stehenlassen, um wieder seinen Pflichten nachzukommen. Die anderen von der Karawane waren inzwischen herangekommen. Einer nach dem anderen Fragte sie, was Ebla in der Stadt wolle.

Sie gab Auskunft, weshalb sie hier war: „Ich bin krank und brauche ein paar Spritzen. Und ich will mir Sachen kaufen."

„Für die Hochzeit?" hatten einige gefragt.

„Ja", sagte sie und nickte.

Und sie lächelte voll Ironie.

„Ich versteh mich selbst nicht", reflektierte Ebla. „Ich verstehe mich einfach nicht. Die Propheten verkünden, daß jedermanns Schicksal auf Gottes Tafel steht. Alles wird dort oben registriert – oder wird das Register hier unten angelegt? Gibt es Engel, die auf deinen Schultern ruhen und deine Taten aufzeichnen? Auf der Mondoberfläche ist ein großer Baum, und jedes Blatt davon stellt einen Menschen dar. Man stirbt, wenn das Blatt vom Baume auf dem Mond herunterfällt. Das Blatt welkt, wenn jemand schon lange krank ist. Aber ich achte Gott, und Er weiß das, und ich verspreche, daß ich immer fünfmal am Tag beten werde, wenn mein Wunsch erfüllt wird.

Aber was will ich denn? Ich wünschte, ich wüßte es. Ich bin jetzt eine Frau, und meine Schwierigkeiten machen offenbar, daß ich nur eine Frau bin. Männer haben Probleme mit Frauen, aber es regt sie nicht so auf. Ich bin eine Frau, und weil mein Blutgeld nur die Hälfte von dem eines Mannes beträgt, ist klar, daß ich als Mensch weniger wert bin als er. Wir können nicht behaupten, daß Gott etwas falsch gemacht hat. Er, der Allmächtige Gott, hat alles festgelegt. Er ließ mich halb soviel kosten wie einen Mann, und Er muß seinen guten Grund dafür gehabt haben, warum sollte Er mir sonst so etwas angetan haben? Ich bin eine Frau, und weil die Versuchungen für mich größer sind, kommt meine

Schwachheit leichter ans Licht als bei einem Mann. Ich sehe einen Mann an und komme in Versuchung. Wenn ich dieser Versuchung nachgebe, sind die Folgen so bitter, daß ich dadurch mein Leben verlieren kann.

O mein Gott, wenn die Männer nur wüßten, wie die Frauen in Versuchung kommen! Wir mögen nein sagen, uns mit Leichtigkeit verweigern, im Innern begehren wir den Mann doch mehr als er uns. Arrawello, die klügste Somalifrau, die je gelebt hat, gab den anderen Frauen ihres Volkes einige Ratschläge, bevor sie starb. Sie forderte: „Ihr Frauen, sagt *nein*, selbst wenn ihr es später bedauert. Seid widerspenstig und laßt keinen Mann eure weibliche Entschlossenheit erschüttern. Und seid voller Achtung und auch zurückhaltend". Vielleicht war sie klüger als die Männer, die doch höher angesehen waren.

Und warum habe ich zu Awill nicht *nein* gesagt? Vielleicht hätte er mich dann gar nicht unbedingt heiraten wollen! Aber schließlich hätte ich doch mein Ja gegeben.

Wenn ich auf dem Land geblieben wäre und den alten Mann geheiratet hätte, wie es der Großvater wollte, dann wären mir vielleicht all diese Schwierigkeiten erspart geblieben", dachte Ebla. „Ich habe noch nie in meinem Leben bereut, was ich gemacht habe. Warum auch? Ich bin schwach, weil ich mir von Älteren alles vorschreiben lasse. Aber ich will keinem schaden. Ich möchte aus dem, was ich habe, das Beste machen, aber im Augenblick habe ich nur Probleme und Kopfschmerzen. Wenn ich etwas bedauere, dreht sich mir der Magen um. Das ist nicht gut. Es hilft für nichts. Was ich mache, entspricht alles meiner Natur, die ich nicht ändern kann. Das einzige wäre vielleicht, ein Messer zu nehmen und mir die Kehle durchzuschneiden, aber ich bin eine Frau und kann das nicht – mir fehlt der Mut.

Ich sehe so niedergeschlagen aus wie ein Kamel, das sein einziges Junges verloren hat. Das einzige, was ich dem Kamel voraushabe, ist, daß ich mit mir selbst ins Gericht gehen und es aussprechen kann. Aber mit wem kann ich sprechen? Vielleicht mit Gott, zu dem ich so lange nicht gebetet habe, daß ich mich an das letzte Mal gar nicht mehr erinnern kann? Ich verliere meine Bekannten einen nach dem anderen, sogar meine Verwandten. Ich habe das Vertrauen meines einzigen Bruders verloren. Er wird nie wiederkommen. Dasselbe gilt für meinen Cousin und seine Frau. Sie würden mich am liebsten bei lebendigem Leibe rösten. Asha braucht meine Freundschaft nicht mehr, und sonst kenne ich hier keinen. Zwischen Ehemann und Ehefrau gibt es keine

Freundschaft; er ist ein Mann, und sie ist eine Frau, und sie haben einen unterschiedlichen Wert. Menschen müssen gleichberechtigt sein, wenn sie Freunde werden wollen. Wenn du jemand verachtest oder auf ihn herabsiehst, kann er nicht dein Freund sein, und du kannst nicht sein Freund sein.

Morgen früh werde ich als erste Guaven kaufen", beschloß sie. „Der Prophet sagt, wenn man Guaven ißt und innerhalb von vierzig Tagen stirbt, kommt man mit Sicherheit in den Himmel. Ich werde Asha bitten, mir welche zu kaufen. Aber sie darf nicht wissen, wozu ich sie haben will, denn sie wird mir nicht gönnen, daß ich in den Himmel komme, und mir etwas anderes kaufen. Ich bin gespannt, wie eine Guave schmeckt. Sie muß bitter sein, vermute ich, oder vielleicht auch sauer. Egal, wie sie schmeckt, ich werde sie essen. Ob sie hier in der Nähe des Meeres Guaven anbauen? Wie mag das Meer wohl aussehen? Ein riesiges blaues Wasser, haben sie es mir beschrieben. Guaven sind wahrscheinlich auch so blau wie das Meer. Und schmecken sie auch salzig? Meerwasser ist salzig, hat Asha gesagt, und alles, was an der Küste wächst, muß salzig sein. Weit draußen auf dem Land leiden wir unter Mangel an Wasser, aber die Städter haben davon mehr als genug – Flüsse, Seen und das Meer. Unsere Tiere auf dem Lande verdursten, aber hier haben sie nicht so viele Tiere, und außerdem gibt es diesen riesigen Wasserüberschuß. So ist das Leben: Wenn du etwas brauchst, bekommst du es nicht, und wenn du etwas nicht brauchst, gibt es genug. Ich frage mich, ob es einmal möglich sein wird, daß man so viel hat, wie man möchte."

Jemand pfiff eine Melodie, die Ebla nicht kannte. Das Geräusch kam von draußen, obwohl sie einen Moment lang annahm, es wäre im Zimmer. Sie wollte am liebsten hinausgehen und dem Pfeifer sagen, er solle aufhören, weil das Pfeifen nachts die Geister anlockt. Dann erhalten entweder die Pfeifer Ohrfeigen oder die Leute ihrer Umgebung, die ihnen das Pfeifen hätten verbieten sollen. Warum muß man denn pfeifen? Aber warum denn eigentlich nicht?

Ebla ging hinaus, um mit dem Betreffenden zu sprechen. Und gerade als sie an die Tür kam, wo sie sich nach einem kleinen Schwächeanfall an die Wand lehnte, sah sie eine Sternschnuppe. Ganz unbewußt rief sie: „Stürze! Stürze herab! Stürze herab auf die Ungläubigen. Stürze auf sie nieder."

Dann biß sie sich auf den kleinen Finger. Sie blickte sich um und sah dunkle Gestalten vor den anderen Zimmern sitzen. Sie war enttäuscht, daß sie sich nicht das gleiche wünschten. „Vielleicht hassen sie die Ungläubigen nicht so wie ich", überlegte sie.

Sie ging wieder hinein. Es pfiff niemand mehr. Ebla streckte sich wieder auf dem Bett aus und gab sich wieder ihren Gedanken hin.

„Ich bin gewiß ziemlich durcheinander, aber – auch wenn der Schöpfer für sein Geschöpf verantwortlich ist, bin ich doch verantwortlich für meine Handlungen. Betrachte ich mir einmal meine Männer: Vielleicht sollte ich den ersten, dem ich entkommen bin, hier gar nicht mitrechnen. Wegen ihm bin ich zwar davongelaufen, und deswegen ist dann alles andere passiert, aber Giumaleh habe ich ja nicht gekannt. Ich habe ihn nie gesehen, und der Scheich hat unsere Verlobung nicht ausgesprochen. Es war nur zwischen ihm und dem Großvater mündlich abgemacht worden. Auf Dirir trifft das gleiche zu. Ich kannte ihn nicht persönlich, und ich habe nie ein Auge auf ihn geworfen. Er hat mit meinem Cousin einfach eine Abmachung getroffen.

Und Awill – ihn habe ich freiwillig geheiratet. Vielleicht hätte ich es nicht getan, wenn ich nicht vorher davongelaufen wäre. Ich hätte es mir überlegt. Aber er hat meine Situation ausgenutzt. Anfangs war er grob zu mir, aber dann wurde es anders. Wir haben nur zehn Tage zusammen verbracht, aber seine Geschichte mit dieser Frau auf dem Foto hat mir natürlich das Herz gebrochen. In tausend Stücke ist es zersprungen. Ach, wenn er das nur wüßte – entweder würde er mich verlassen oder mir näherkommen, das Unerwartete tun und bei mir liegen und wieder mein Mann sein. Und was ist, wenn er von Tiffo erfährt? Nur mal angenommen. Was würde dann passieren?

Über Tiffo ist nicht viel zu sagen. Er ist ein Geldmann. Der reichste, den ich kenne. Aber ich kenne ja nicht viele. Wenn ich auf Geld und Reichtum aus wäre, hätte ich auf dem Land bleiben und den Mann heiraten sollen, dem der Großvater meine Hand gegeben hatte. Er war so alt wie Tiffo und wahrscheinlich auch so dick.

Ich bin verantwortlich für den Tod meines Großvaters", dachte sie noch. Damit beendete sie das Selbstgespräch.

„Vielleicht wird mit der Sonne morgen das Glück für mich aufgehen", sagte sie laut. Und dann schlief sie ein, ohne Abendbrot gegessen zu haben.

Aus: Nuruddin Farah, *Aus einer Rippe gebaut*, aus dem Engl. von Gunter Böhnke, Reclam Verlag, Leipzig 1984 und Lamuv Verlag, Bornheim-Merten, 1986

Chenjerai Hove

Chenjerai Hove ist ein außergewöhnlich humorvoller, geistreicher und lebenslustiger Mann. Sein Charme weiß stets die Besucher seiner Lesungen zu betören. Er meidet es geschickt, sich zu ernst zu nehmen, und sein Spott, mit dem er die Unsinnigkeiten und Perversionen der Machthaber und ihrer Diener in Afrika und anderswo geißelt, läßt einen immer wieder befreit auflachen. Er liebt die südamerikanische Literatur, vor allem den „Alten Gringo" von Carlos Fuentes. Er ist verheiratet und hat vier Kinder. Er war jahrelang Lehrer und arbeitet heute als Journalist.

Chenjerai Hove schreibt sehr ernsthafte Gedichte und Bücher. Er widmet sie den Opfern, den Machtlosen, den Schwächsten unter den Schwachen. In seinem ersten Prosawerk auf Englisch „Knochen" erzählt er in losen Sequenzen von dem Leben und dem Traum der Farmarbeiterin Marita, die ihren Sohn an den Krieg verliert. Erfolglos sucht sie ihn, doch ihr Mut bleibt ungebrochen. Die rhythmisch-gleichnishafte Sprache Hoves durchläuft die Kreisläufe des Lebens: das erste Verlieben, das Verhältnis von Herr und Knecht, Verrat und Niedertracht, Hilfsbereitschaft und Unnachgiebigkeit, Ehe und Freundschaft. So findet sich der Leser irgendwann in der allgemein-menschlichen Suche nach der eigenen Würde wieder.

Chenjerai Hove, *Knochen*, aus dem Engl. von Ilija Trojanow, Kyrill & Method Verlag, München 1990

Marita

Marita, ich rieche deinen Körper meinen ganzen Schlaf hindurch. Ich kann nichts tun, ohne daß dein Name sich meinen Lippen aufdrängt? Laß mich das machen, was du von mir verlangt hast, und ich werde sehen, ob deine Worte Gewicht haben. Worte wiegen, Marita. Worte aus dem Mund eines Kindes sind wie Federn, wirkliche Federn. Sie fallen auf die Lippen und werden vom Wind fortgeweht. Worte mit Kraft erleiden nicht den nächtlichen Tau. Sie bleiben auf ihren Beinen selbst nach dem Sturm. Laß deine Worte wie die Berge sein, die ich fand, als ich geboren wurde, und die still voller Kraft sind; stets am selben Platz, tun sie stets dasselbe. So müssen Worte sein, aufrecht wie das Ding des Jungen beim Aufwachen, mit dem Versprechen an die Mädchen, daß gewisse Sachen mit ihnen passieren werden, wenn sie aufwachsen, die jetzt gemacht werden. Darum geht es bei starken Worten, Marita. Ein Strom fließt nicht ewig, aber der Strom bleibt bestehen. Er mag austrocknen, aber er bleibt bestehen, wie die Hügel, die ich als kleiner Junge sah. All diese Felsen, große Blöcke und Gestein. Ich kletterte über sie, rannte hoch und runter ins Wasser, das meine nackten Sohlen leckte. Dann sprang ich in die Tümpel, nackt wie ein Baby, um die Kühle zu spüren, die über meinen ganzen Körper floß. Dann lag ich auf dem weißen Fels, der sich vor mir ausstreckte wie eine harte Matte, und fühlte die prickelnden Stiche der Sonne durch meine leuchtende Haut dringen. Ich war der Häuptling, der die Muße des eigenen Landes genießt. Dann jagte ich hinter den Eidechsen her, schnitt ihnen die Schwänze mit einer Peitsche ab. Aber stets wuchsen ihnen neue Schwänze nach, wie kleine Pflanzen, die geschnitten werden, während sie noch danach streben, Blüten zu treiben. Ja, ihnen wuchsen in kürzester Zeit neue Schwänze nach. Und wie ich daran dachte, daß, wenn jemand mir Beine oder Hände abschlagen würde, diese wie die Schwänze der Eidechsen nachwachsen würden. Es war eine große Freude, aber schon bald mußte ich in den Wald gehen, um die Rinder und Ziegen zu hüten, hinter den dampfenden Spuren des Kuhmists in der Ebene herlaufen oder im Wasser, das ich auch zum Waschen benutze. Marita, das Knurren des Bauches des Bullen bedeutete mir etwas. Ich beobachtete die Rinder, wie sie gemütlich im Schatten der Musuma-Bäume kauten, so kauten, als wollten sie mir zeigen, daß mir nicht vergönnt war, etwas zu genießen, was sie genossen. Und der Geruch des zerkauten Grases, er sagte mir, wer ich war. Und der Geruch der Milch vom Euter der Kühe war so eine Freude. Manchmal wünschte ich, ein Kalb zu sein, aber dann wurde ich wütend, wenn ich daran dachte, daß meine Milch meiner Mutter weggenommen wird, um an die Kinder von jenen, die auf zwei Beinen gehen, weggegeben zu werden. Stell dir vor, die Milch einem kleinen Kalb wegzunehmen und sie den eigenen Kindern geben. Die Milch ist gut für die Kinder, die sie erhalten, aber die Kälber, denen die Milch weggenommen wurde, haben wirklich Schmerzen im Herz. Es ist nicht gut. Marita, diese Hügel, diese Erinnerungen bleiben ewig. Deine Worte müssen so beständig bleiben wie die Felsen und Hügel, wie der Geruch von Kuhmist oder das Knurren des Bauches des Bullen. So muß es sein. Wörter müssen weiterhin die Fußsohlen meiner Erinnerung lecken, damit ich ohne schlechtes Gewissen das tun kann, was ich will. Wie kann ein Mann ablehnen, was ihm angeboten wurde? Lehne nicht ab, was dir angeboten wird, es sei denn, du bist sicher, daß du nie etwas Gutes von dem, der anbietet, erhalten wirst. Selbst wenn man dir eine Schlange gibt, nimm sie an und werfe sie später weg, wenn du allein bist. Ein Geschenk sollte man nie abweisen. Nimm es, untersuche es, überlege dann, ob du es gebrauchen kannst. Wenn du es nicht brauchen kannst, wirf es weg, wenn der Geber wieder fortgegangen ist, so daß er glaubt, du seist weiterer Geschenke würdig. Aber ich wäre ein Narr, yxmich zu weigern, mein Blut mit dir zu teilen. Ich habe mich immer danach gesehnt, aber es gibt Sachen, die eine lange Zeit brauchen, um gesagt zu werden, weil sie nicht auf zu viele Ohren fallen sollten. Sie sollten nur auf die Ohren fallen, die sie hören sollen. Eine solche Sache, Marita, ist etwas, das man nicht in alle Ohren der Farm schreien sollte. Es ist nicht gut. Es ist nicht gut, weil dein Ehemann mich fressen wird wie ein Löwe eine kleine Ziege. Es hilft nichts, sich zu wehren, wenn man weiß, wie sehr man die Schläge verdient. Die Sache wird schwer auf meinem Herzen lasten, bis ich eines schlechten Todes in hohem Alter sterbe. Sagt man nicht, daß diejenigen, die schlechte Sachen der Reue getan haben, nicht früh sterben? Sie leben lange, damit sie ihren Kindern und Kindeskindern erzählen können, wie sehr sie sich schämen. Es ist sehr schmerzhaft, die verblassende Stimme eines alten Mannes zu hören, der unentwegt poltert, wie er dieses oder jenes tat, ohne zu wissen, daß es schlecht war und daß es seinem Leben eine dunkle Wolke bringen könnte ... du siehst jene jungen Blätter in Farbe und Wohlgeruch sprießen, du siehst die jungen Ziegen zwischen den Felsen umherstreifen und große Kürbismengen Milch von den Brüsten ihrer Mütter saugen. So war ich auch, bis eines Tages die Erde mir den Rücken kehrte. Dann verschüttete ich das Ahnenbier in den Dorfbrunnen und beendete die ganze Arbeit, indem ich in den Brunnen schiß, von dem alle ihr Wasser schöpften. Dann lachte ich, als alte Männer und Frauen sich übergaben, nachdem sie die schlechten Sachen getrunken hatten, die aus dem Körper eines Menschen kamen ... dies hörten meine Ohren in ihrer Jugend, aus dem Mund eines alten Mannes, der in Felle eingehüllt war, denn die Erde hatte ihm den Rücken gekehrt ... Erde, Himmel, ich schau euch an und stelle mir vor, was ihr alles gesehen habt. Ihr habt viele Sachen gesehen, aber ihr schweigt weiterhin, als hättet ihr nichts gesehen. Die Sachen in der Brust können einen zu Tode brennen. Sie sind schwer die meiste Zeit, Marita. Manyepo ist kein schlechter Mann, Marita. Wenn du einen Baum besteigst, darfst du ihm nicht sagen, daß seine Äste schlecht sind, während du dort oben bist. Er wird dich wieder zu Boden fallen lassen wie einen Stein. Dann werden dir alle Knochen brechen, wie Feuerholz, das wir brechen, um unser Essen zu kochen. Der Baum wird deinen Tod belächeln, während man dich zwischen den Fingern des Baumes begräbt, welche Nahrung für ihre Blätter einnehmen. Dann werden die Blätter grün sein – sogar in der Trockenzeit – mit dem Fett eines Körpers, der dort begraben liegt. Manyepo nimmt uns auf wie Kinder ohne ein eigenes Zuhause, weil wir herkamen, ihn auf seiner Farm aufsuchten. Erinnerst du dich nicht, wie das ganze Muramba Dorf auf Arbeitssuche hierher kam, als es hörte, daß ein neuer Farmer eine neue Farm aufbauen will? Manche kamen mit ihren Kindern, ihren Hunden und Katzen und allem, was sie tragen konnten. Manyepo war hier, wütete, als hätten die Dorfbewohner ihn verärgert, als sie ihren Schweiß anboten. Er brüllte wie ein Löwe mit Kleinen ... Nun, was sucht ihr, Narren? Hat jemand erzählt, ich würde ein Flüchtlingslager aufmachen? Schaut euch an, mit Kindern, Hunden und Katzen. Ich brauche Arbeiter, und keine Flüchtlinge. Die Leute müssen arbeiten lernen und nicht umherstreunen, als würden sie auf etwas vom Himmel warten. Ich will starke Männer und Frauen, keine Kinder, verdammte Kinder ohne eine Ahnung, daß es so etwas wie Arbeit gibt ... Dann untersuchte er uns wie ein Polizeioffizier, prüfte die Stärke unserer Muskeln, um zu sehen, wer voller Knochen und wer voller weicher Muskeln war ... Du kannst dich meinen Arbeitern anschließen, du nicht. Du bist in Ordnung, aber ich werde dich testen müssen. Alle Frauen werden zwei Monate lang Unkraut jäten, ehe ich zufrieden gestellt bin. Dann werde ich euch sagen, wer bleibt und wer geht. Das ist meine Art, die Sachen zu erledigen. Ich will keine Faulpelze auf dieser Farm. Ich bin fertig ... Dann arbeiteten wir alle monatelang umsonst, um Manyepos Wort zu erhalten. Marita, du hast wie ein Esel geschuftet, deinen ganzen Schlaf verloren, um weiterhin hier bleiben zu dürfen. Dann ging alles gut, und du durftest bleiben. Pech für deinen Ehemann. Er war von Krankheit geschwächt, aber Manyepo meinte, er würde nur vorgeben, krank zu sein, damit er ohne Arbeit auf der Farm bleiben kann. Du hast Manyepo angebettelt, vor ihm gekniet, als wäre er dein Ehemann, bis Manyepo ja sagte. So sollte es sein. Dann sah ich, daß Manyepo kein schlechter Mensch war. Er hat Gutes und Schlechtes in sich wie wir alle. Aber dies ist sein eigenes Land. Wir sind wie die Kinder auf dem Baum. Wir können nicht dem Baum seine krummen Äste vorwerfen. Der Baum ist so, wie er sein soll, und wir müssen hochklettern, wenn wir die Früchte wollen.

Die unbekannte Frau

Ein Samen schläft nicht ewig im Boden.
Und wenn, dann ist ein ganzes Volk verdammt
wie die Sonne, die sich weigert aufzugehen.

Eine Frau, alt und gebrechlich, geht durch die schwere Tür des Krankenhauses, barfuß, unsicher, mit Augen, die zwischen dem blitzblanken Boden und der Decke umherwandern. Sie geht zu dem Mann, der hinter einem Schreibtisch sitzt, Kugelschreiber in der Hand. Er kaut am hinteren Ende seines Kugelschreibers, oder vielmehr lutscht er daran, denn ihm sind die meisten seiner Zähne ausgefallen. Er guckt überrascht, mit Augen, die die Frau eines Überfalls zu beschuldigen scheinen. Es ist, als sei eine Leiche eingetreten, direkt vor ihm, bei Tageslicht.

"Ich bin gekommen, um den Körper der Frau mitzunehmen, dessen Heim niemand kennt", sagt sie, ständig zögerlich. Ihre trockenen Lippen beben, ehe sie in auferlegter Selbstsicherheit ruhig werden.

"Was?"

"Der Körper der Frau, die niemand kennt", wiederholt sie mit sanfter Bitte. Ihre andere Hand deutet dem Mann, daß sie es nicht eilig hat, aber gerne schnell den Stand der Dinge erfahren würde.

"Ich verstehe nicht. Kennst du sie denn?" sagt er und läßt den Kugelschreiber auf den Tisch fallen.

"Ich kenne sie nicht, aber jemand sollte sie kennen. Wie kann niemand sie kennen, in einer so großen Stadt wie dieser?"

"Wer hat dir überhaupt gesagt, daß sie hier ist? Ich meine, wie hast du überhaupt erfahren, daß sie hier im Leichenschauhaus ist?"

"Man sagt, das Radio hat es gesagt. Dann sah ich es in der Zeitung, mit einem großen Bild", sagt die gebrechliche Frau mit mehr Zuversicht.

"Dann kennst du sie oder jemanden, der sie kennen könnte", versucht der Mann zu folgern.

"Nein, ich kenne sie kaum, aber ich weiß, woher sie wahrscheinlich kommt."

"Woher weißt du das? Die Frau hatte keine Papiere oder sonst etwas, das sie identifizieren könnte", sagt der Mann resignierend.

"Ihr Name ist Marita; diejenige, die gekommen ist, um ihren aus dem Krieg zurückkehrenden Sohn zu finden. Sie ist es."

"Woher weißt du das? Kommt ihr aus demselben Ort, oder was?"

"Wir haben denselben Bus in die Stadt hinein bestiegen, als sie herkam. Wir haben viel im Bus geredet und sie hat mir alles erzählt."

"Aber du kannst den Körper mit dieser Begründung nicht mitnehmen. Wir brauchen einen Verwandten mit Beweisen, mit etwas zum Herzeigen." Der Mann spürt eine Hitze in sich aufsteigen.

"Wenn niemand den Körper mit Beweisen beansprucht, was wird dann mit dem Körper passieren?" fragt sie mit einer ruhigen Geste der Arme und des Kopfes.

"Dann wird die Regierung den Körper nehmen und begraben."

"Kann ich dann die Regierung bitten, mir den Körper zu geben, damit ich ihn selbst beerdige?" drängt die Frau.

"Die Regierung macht es nicht auf diese Art." Der Mann knabbert an den Fingern seiner linken Hand.

"Wo wohnt die Regierung, so daß ich sie besuchen und um den Körper bitten kann. Ich will nur den Körper, sonst nichts. Ich will nur den Körper mitnehmen und richtig beerdigen." Sie zuckt zusammen, so wie im Schmerz.

"Mutter, ich finde dies geht nun zu weit. Siehst du nicht, daß ich die Geduld mit deiner dummen Bitte verliere? Wie kannst du nur erwarten, jemanden zu begraben, den du gerade im Bus kennengelernt hast? Glaubst du, man begräbt einen Menschen so wie einen Esel oder eine Kuh? Sei vernünftig!" Er spuckt zwischen den Wörtern, Wutschauer brechen durch seine Zähne.

"Wenn du mich schelten willst, ich werde deine Schelte nicht erwidern", murmelt sie sanft.

"Hör zu. Ich werde nicht zulassen, daß eine einfache Hexe wie du in ein so großes Krankenhaus kommt, nur um Ärger zu bereiten. Geh und tob dein Verrücktsein anderswo aus oder ich rufe die Polizei."

"Du kannst so sprechen, wenn du keine Mutter hast, wenn du nicht aus dem Schoß einer Mutter wie ich gekommen bist. Du kannst heiße Worte aus deinem Mund schütten, aber ihr habt einen Körper hier, den niemand beerdigen will. Ich will ihn beerdigen, weil ich die Frau gesehen habe, als sie noch am Leben war." Sie nähert sich dem Mann, wie im Gebet.

"Es tut mir leid, Mutter, aber sage mir, was läßt dich glauben, du könntest jemanden begraben, den du im Bus kennengelernt hast? Erkläre es mir." Der Mann lehnt sich zurück und hört zu wie ein Lehrer, der die Bitte eines Kindes abwartet.

Marita ist nicht nur jemand, den ich im Bus kennengelernt habe. Sie ist mehr als das. Stell dir nur vor, eine Frau gibt mir so viel von dem, was in ihrem Herzen ist, ohne zu weinen. Auf unserer Fahrt nahm sie mich mit zum Brunnen, dann in den Wald, um Feuerholz zu sammeln. Es passiert nicht jeden Tag, daß jemand, den du kennenlernst, dir den Schmerz in seinem Herzen zeigt, die Sorgen in seinem Geist. Der Geist ist eine geheime Sache. Das Herz ist auch eine geheime Sache. Sagt man nicht, der Mund ist eine kleine Hölle, mit der man die Sachen des Inneren versteckt. Viele lastvolle Sachen wiegen schwer in der Brust eines Menschen. Marita zeigte mir die ganze Last, die ich in mir trage, und sie tat es, ohne auch nur eine kleine Träne zu weinen oder Mitleid in mir zu erwecken.

Von der Zeit an, da Marita sich im Bus neben mich setzte, fühlte ich ihre Wärme in mich hineinsickern, mein Herz kitzelnd, mit einer gewissen Freude da drin. Sie sagte einfach ... wie hoch oben wird die Sonne sein, wenn wir die große Stadt erreichen? Ich mache mir Sorgen ... Sie blickte auf die Landschaft, die am Busfenster vorbeirauschte, Bäume in ihrem Grün und Felsen in den verschiedenen Mustern ihrer Geburt, das Gras grün mit kleinen Flecken nackter Erde, dort wo Kinder gespielt hatten. Aber es gab keine Kinder. Dies waren riesige, brachliegende Farmgebiete, mit Besitzern, die wüten und bösartig werden, wenn sie jemanden durch die unberührten Wälder ihrer Farmen laufen sehen. Aber es gibt weder Busse noch Autos, mit denen der Arbeiter die Farmen verlassen konnten. Also weiß man nicht, wie man die Bushaltestelle erreichen soll. Sie ist sehr weit von der Farm entfernt, wo ich arbeite, sagt sie so dahin, ohne bitter zu sein. Aber als wir durch die Zuckerplantagen fahren, schweigt sie, als hätte sie nichts zu sagen.

Aber dann erzählt sie, daß ihr eigener Bruder einst dort auf den Zuckerrohrfeldern gearbeitet hat ... Er kehrte nicht zurück. Man sagte, er sei an einer unbekannten Krankheit gestorben, also konnten sie uns nicht erlauben, den Leichnam zum Begräbnis mit nach Hause zu nehmen, so wie unsere Vorfahren es uns gelehrt haben. Die Häuser auf den Plantagen sind nicht gut für die Menschen, die so hart arbeiten. Du solltest sehen wie die Rohrschneider früh am Morgen, vor dem ersten Wachen, aufstehen und sie dann am Nachmittag zurückkehren. Sie sind verkohlte Bäume mit Beinen und Augen. Weißt du, sie brennen das Rohr ab, bevor sie es schneiden, um die großen Schlangen zu verseuchen. Aber es läßt die Körper der Arbeiter kohlrabenschwarz werden. Wenn du den Sohn deiner Mutter so geschwärzt siehst, weinst du. Du weinst einfach so. Tränen kommen dir einfach aus den Augen und dein Herz blutet. Dann weißt du, daß sie Zuflucht zum Bier nehmen werden, um ihren Schmerz zu vergessen, bis sie schließlich leere Lieder darüber singen, wie morgen alles besser sein wird.

Glaubst du, es wird ein Morgen geben für jemanden, der heute schon tot ist? Glaubst du, die schwarze Asche tut den Lungen von irgendeinem Menschen gut? Ich glaube nicht. Deshalb starb mein Bruder einen schlechten Tod. Man sagt, er war geschickt mit der Machete, als er noch bei Kräften war. Er arbeitete mit einem weißen Mann namens Baas MacDhogo, aber man sagt, der weiße Mann war launisch und mißmutig, weil er alt zu werden begann, ohne viel Geld gemacht zu haben. Also hatten er und mein Bruder viele Kämpfe, bis es eines Tages passierte. Dann kamen sie zu uns, sagten, er ist an etwas Schlechtem gestorben, das uns alle töten wird, wenn wir ihn begraben – denn wir wissen nicht, wie man die Krankheit daran hindert in die Lungen derjenigen zu dringen, die ihr nahekommen. Er wird von jenen beerdigt werden, die mit der Krankheit umzugehen wissen. Wir schwiegen und sagten uns, eines Tages wird die Sonne für alle sichtbar aufgehen.

Marita, sie erzählt Geschichten so leicht, wie sie atmet. Einfach so. Schau dir diese Felsen an, meine Schwester, sagt Marita. Die Geschichte, wie sie dazu kamen, so dazustehen, ist sehr interessant.

Dein Vater muß dir die Geschichte erzählt haben, als du noch sehr jung warst. Aber die Art, wie die Felsen mit der drohenden Gebärde von Bullen dastehen, ist sehr erschreckend. Man sagt, die weißen Leute nehmen sich Zeit zum Spielen, klettern auf Felsen und geben sich gegenseitig Preise dafür. Solche Sachen sollten nicht gegen Belohnung getan werden. Wie können wir sonst denjenigen belohnen, dem wir es verdanken, daß die Felsen so sind? Wie kannst du denjenigen belohnen, der die Axt schwingt, anstatt denjenigen, der sie gemacht hat? Die weißen Leute tun seltsame Sachen. Sie sind in vielerlei Hinsicht wie Kinder.

Weißt du, daß Manyepo sein Gewehr ergreift und in den Wald zum Jagen geht, wann immer sein Kopf ihn schickt? Was tut er? Er tötet viele Tiere und läßt sie im Wald zurück, der Fäulnis überlassen. Du könntest sagen, er läßt das Fleisch für die Schakale zurück, aber was hat er mit den Schakalen gemein? Und alles liegen zu lassen? Es ist sehr seltsam, was Manyepo manchmal macht. Er bringt nicht einmal den Arbeitern Fleisch, nein. Er tötet einfach viele Tiere und schießt einige Fotos, wie sie sterben. Chisaga, der Koch,sagt, es hängen viele Bilder von Elefanten und Kudus an den Wänden in Manyepos Haus. Wenn ich ein Vorfahre wäre, Schwester, würde ich ihn zwingen, sich eines Tages selbst zu erschießen, damit er erfährt, wie schmerzhaft der Tod ist. Die Vorfahren bestrafen diejenigen, die töten, was sie nicht essen können. Weißt du nicht, daß die Schlange sich selbst beißt, wenn sie eine kleine Wunde bekommen hat, da sie die Gewohnheit hat, zu beißen, was sie nicht ißt?

Hinter diesen Hügeln, sagt Marita, wurde die Erde rot, so daß die Menschen überall Blut zu sehen begannen. Sogar die Bäume trugen rote, blutverschmierte Blätter. Das ist das Land des Häuptlings, der bereit ist, etwas von den Resten vom Tisch des weißen Mannes zu essen. Der Häuptling war viele Jahre lang so, bis die Kämpfer zu ihm kamen und ihn fragten, ob er denn selbst ein Essensrest wäre. Der Häuptling sagte: Nein, wie kann ich ein Essensrest sein, da ich ein Häuptling bin? Sie sagten: du müßtest wissen, daß nur ein Essensrest Essensreste ißt. Wenn du kein Essensrest bist, wieso ißt du dann die Essensreste derer, die, wie jedermann weiß, im Unrecht sind? Haben die weißen Leute der Regierung nicht gesagt, daß die Leute aus den Dörfern nicht tausend Jahre lang regieren werden? Nun Häuptling, was läßt dich glauben, daß du nicht aus den Dörfern stammst? Da du ein Häuptling bist, ist es nicht wahr, daß du der Führer der Dorfbewohner bist? Der Häuptling gerät in Panik, als er die Waffe im weiten Mantel, den die Kämpfer tragen, sieht. Er bittet sie: Meine Kinder, bringt mich nicht um. Ich werde es nie wieder tun. Ich esse, was ich kann, ehe ich sterbe. Wenn ich sterbe, ohne alles gegessen zu haben, werde ich nicht mit den Vorfahren meines Volkes zusammenkommen. Laßt es mich noch einmal versuchen, denn wenn ich versage, werde ich von alleine zu euch kommen und euch bitten, mich zu töten, wie immer ihr wollt. Bitte schneidet mir noch nicht den Kopf ab. Ich bin ein gesunder Mann und gesunde Leute dürfen nicht sterben.

Während Marita mir diese Sachen erzählt, zuckt ihr Gesicht, ihr Auge flattert wie eine kleine Flamme. Sie erzählt mir diese Sachen, weil sie sagt, "Ihr Stadtmenschen wißt, um was es beim Krieg überhaupt ging. Die Stadtmenschen sind verwöhnt mit leichter Nahrung, so daß sie meinen, das Leben ist leicht. Stadtmenschen schauen auf die Uhr und verlassen ihre Arbeit, ohne die Aufgabe zu erledigen. Das ist nicht so bei den Menschen auf den Farmen und in den Dörfern. Sie arbeiten, bis sie dieses oder jenes erledigt haben, ehe sie die nächste Mahlzeit zu sich nehmen. Für die Leute im Dorf ist Essen die Suche nach Leben, aber für die Stadtmenschen ist Essen die Suche nach etwas zu tun. Die Stadt ist ein wilder Ort, wo viele Sachen ihren Sinn verlieren", sagt mir Marita mit einer Strenge, die aussagt, ich bin ein Teil von ihr, ohne jedoch zu wissen, worum es im Leben geht. Weißt du, Marita hat harte Handflächen, die nicht leicht aufplatzen. Ihr Leben war hart. Sie schämt sich nicht mehr, ihre Schuhe im Bus auszuziehen. Wenn die Füße schmerzen, müssen die Schuhe abgenommen werden. Das muß niemandem gegenüber erklärt werden. Aber die Stadtmenschen erzählen zuerst jedem, daß es sie an den Zehen sticht und ob sie ihre Schuhe ausziehen können, ohne Anstoß zu erregen? "Kannst du es dir vorstellen, Schwester?" fragt Marita. "Die Stadtmenschen sind seltsam. Ihnen ist viel in den Kopf gestiegen. Es ist ihnen soviel in den Kopf gestiegen, daß es sehr schwer ist, diesen zu säubern. Sehr schwer für jeden."

Dann, als wir die Stadt erreichten, verstummte Marita, einfach so. Sie schaute nur die hohen Gebäude an und rang um Atem, als mache sie sich Sorgen, wie sie ihren Sohn finden sollte. Sie sagte nur, "Ich werde ihn finden", und schloß ihren Mund, als sei alles verloren worden. Sie schloß ihren Mund, bis sie ging, wo immer sie ging, ohne mir ein Wort zu sagen. Dann sah ich, was sie in ihrer Brust hatte. Die Sachen des Inneren, des Herzens können nicht von zu vielen Menschen gelesen werden. Sie brennen wie ein großes Feuer, das die Menschen nicht zu löschen wissen.

Wenn die Vögel und Insekten sich weigern würden zu singen, was wäre der Wald dann?

“Kann ich den Körper jetzt mitnehmen? Ich habe dir gesagt, was keiner sonst weiß, kann ich den Körper der Frau mitnehmen, die niemand sonst kannte? Den Körper der Frau, die niemand kennt. Es ist schlecht, von niemandem in dieser großen Stadt gekannt zu werden.”

“Mutter, ich weiß nicht, wie ich dir helfen kann. Ich weiß es ehrlich nicht.”

Der junge Mann wischt sich die Tränen von den Augen und schaut in die andere Richtung, als hätte ein böser Wind sein Gesicht getroffen. Sein großer Kopf ist jetzt düster, aber die Sonne scheint sowohl auf ihn als auch auf die zerbrechliche alte Frau, die dasitzt und ihn anfleht. Sie blickt nicht zur Sonne oder zur Uhr an der Wand, so wie er es tut. Sie sitzt einfach da, als würde sie ewig dasitzen und nie aufstehen. Er murmelt etwas, das sie nicht richtig hören kann, aber sie weiß, daß Reden nicht viel hilft. Sie weiß, daß sie die Stufe des Redens und Streitens hinter sich gelassen hat, aber sie wird auf die Antwort warten, wegen der sie hergekommen ist, aus dem Ort, wo die Kämpfer vom Angesicht der Erde ausradiert wurden, weil ihr Ehemann sie verraten hatte. Unschuldige Kämpfer, aber sie hatte erst erfahren, daß es ihr Ehemann war, lange nachdem sie gestorben waren, lange nachdem man auch ihn begraben hatte.

Da ist eine Frau, sie sitzt geduldig vor der Tür des Hauses, wo man tote Körper aufbewahrt, damit ihnen keine Würmer wachsen. Schlechte Gerüche strömen heraus, jedesmal wenn sie eine neue Leiche hinaustragen oder hineinbringen. Schlechte Gerüche, die ins Gesicht hauen wie der Schlag eines Verrückten. Aber die Frau sitzt da, harrt aus. Sie wartet auf die Leiche, um die niemand trauert. Die Unbeklagte. Nicht die, welche jemand kennt. Nein. Das sind gute Leichen, dessen Tod von jemandem beobachtet wurde, dessen Ohr den letzten Worten horchte, von diesen sterbenden, unbewegten Lippen, die selbst von den Fliegen gemieden werden. Sie wartet auf die Unbeklagte in dem Haus, wo sie Leichen aufbewahren, damit ihnen keine Würmer wachsen. Würmer sind schlechte Dinger. Sie kommen von nirgendwo und fressen alles einfach so. Sogar im Grab sollen sie die Leiche besuchen und sie fressen, ehe sie sehen, daß sie nirgendwo hingehen können. Würmer sind schlechte Dinger, aber es gibt einige gute, die gute Nahrung hergeben, wenn du weißt, wie man sie zubereitet.

Ein Lastwagen voller Männer in faden, einfarbigen Uniformen hält nahe der Tür des Hauses, wo sie Leichen aufbewahren, damit ihnen keine Würmer wachsen. Ein Lastwagen glattrasierter Männer, deren Köpfe rund wie Bohnen sind. Sehr runde Köpfe. Sie sagen schlechte Sachen über die Toten, ohne daß jemand sie gekannt hätte. Sie fluchen und spucken, aber ihre vulgären Worte entgehen nicht den Ohren der Frau. Sie nimmt sie auf, wie sie es stets getan hat, ohne Finger oder Augenbraue zu heben. Es ist, wie es sein sollte. Wenn ein Löwe brüllt, ignoriere ihn und er wird dich nicht reißen. Laufe weg und er wird deine Innereien fressen, ehe die Nachbarn zu deiner Rettung kommen können. Laß sie sagen, was in ihnen ist, ohne Scham. Wenn ein Mund zuviel tanzt, wisse, daß nicht viel da ist. Sie blickt sie an, als seien sie Schatten von Leuten aus einem bösen Traum. Die Fliegen an der Tür des Hauses, wo sie Leichen aufbewahren, bewegen sich. Sie wissen, daß sie eine weitere Chance erhalten, zu tun, was sie schon zuvor getan haben. Der Mann mit den Schlüsseln zum Haus kommt heran, geht unachtsam hinein, ohne Respekt für die Körper dort drinnen. Er sagt einige unanständige Worte, seine Augen haben weder Scham noch Respekt für die Toten.

"Diese Frau ist wie eine Leiche, außer daß sie noch nicht kalt ist", sagt er und zeigt auf die Frau, die vor dem Haus der Leichen sitzt.

"Was will sie?" fragt der Führer der Männer, die aus dem Lastwagen mit vergitterten Fenstern herausgekommen sind.

"Sie sagt, sie will den Körper, den niemand kennt, stell dir das vor. Sie beansprucht ihr Recht auf den Körper", er gluckst, während er die Geschichte voller Fröhlichkeit herauskotzt.

"Bald wird es keinen Körper mehr geben, denn wir sind gekommen, die Frau mitzunehmen, deren Körper niemand kennt. Wir haben Befehl von wichtigen Leuten, den Körper mitzunehmen und zu begraben. Wir machen es schnell, weil wir keine Zeit haben. Das Grab ist schon fertig und wir möchten, daß die Jungs den Körper nehmen, in unsere Decke einwickeln und gleich begraben. Wir sind eh schon spät dran."

"Die Frau sagt, ihr könnt den Körper nicht nehmen, da sie die einzige ist, die ihn kennt. Sie sagt, sie will zur Regierung gehen, ihnen sagen, daß sie den Körper kennt, ob sie ihr die Erlaubnis geben, ihn zu nehmen und richtig zu begraben – was immer das heißt; ich behaupte nicht, es zu wissen. Aber sie hat hier geschlafen und den ganzen Tag hier verbracht. Wir wissen nicht, was wir mit ihr anstellen sollen. Als die Polizei kam und versuchte, sie wegzuführen, drohte sie, sich nackt auszuziehen. Also ließ man sie in Ruhe. Sie sagten, sie sei keine gewalttätige Frau, also kein Grund sie zu verhaften. Eines Tages wird sie erkennen, daß sich ihre Sturheit nicht auszahlt. Aber weißt du, daß einige Leute, die Fotos machen, herkamen und Bilder von ihr schossen. Ich weiß nicht, was sie sagen werden, weil sie nicht viel gesagt hat. Sie sagte einfach, sie wolle den Körper der Frau, die niemand zu kennen behauptet, mitnehmen, um ihn richtig zu begraben, denn sie ist die einzige, die die tote Frau kennt. Es ist seltsam, wozu diese unsere Unabhängigkeit in den Köpfen mancher Leute geführt hat. Dieser Starrsinn wäre in der Zeit der Herrschaft des weißen Mannes undenkbar gewesen; die Frau würde inzwischen im Gefängnis sitzen, auf den morgigen Tag warten. Aber jetzt kann jeder aufstehen und sagen, er regiere über das Stück Land, auf dem er steht. Scheiße. Manchen dieser Leute müßte der Kopf abgeschlagen werden, damit sie wissen, daß die Regierung kein durchnäßtes Huhn ist, welches sie auf den Arm nehmen und am Feuer wärmen können."

"Dein Mund sagt wenig, was nicht wahr ist. Nur, frag meine Jungs dort. Selbst unsere Regierung läßt dich Sachen essen, die niemand dich zu essen zwingen würde. Frag meine Jungs dort. Sie haben erkannt, wenn die Regierung sagt, stiehl nicht, töte nicht, dann soll es so sein", sagt er, während er die vergitterte Hintertür des Lastwagens aufschließt.

Als die Männer mit dem Körper herauskommen, stehen einige Leute draußen wie Zuschauer bei einer Tanzshow. Sie zeigen mit den Fingern auf die Frau, die aufgestanden ist, ihren gebrechlichen Körper zu entblößen. Ihre Brüste sind nicht mehr fest. Sie geht zum Lastwagen und klettert rein, läßt sich dort nieder, als sei alles mit ihr in Ordnung. Einige Leute fangen an zu reden, über den Wahnsinn, den sie in ihrem kurzen Leben schon gesehen haben. Die Arten von Wahnsinn sind unendlich, besonders nachdem dieser Krieg sich in das Leben aller hineingefressen hat ... Es ist schrecklich zu sehen, wie einige verrückte Leute in der Straßenmitte stehen und Zeitungen essen, als wären es herrliche Speisen. Hast du gesehen, wie ein anderer Verrückter an der Ecke jener Straße in der Stadt Schuhe ißt? Nein, das ist zuviel. Und wenn man bedenkt, daß unsere Regierung einfach dasteht und zusieht, wie diese Leute die Stadt durcheinanderbringen, das ist sehr schlecht.

Wenn ich die Polizei wäre, würde ich sie alle verhaften und einsperren oder aufhängen, damit die Stadt nicht besudelt wird. Wir sind zivilisierte Menschen in diesem Land. Was sagen Leute aus anderen Ländern, wenn sie all diese Zerlumpten auf unseren Straßen sehen? In der Nähe des Bahnhofs ist es am schlimmsten. Du könntest den Eindruck bekommen, die Stadt sei das Hauptquartier der Verrückten aus allen Ländern der Welt ... der Mann fährt fort, da er glaubt, alle hörten seiner schnellen Zunge zu, die alle anderen Zungen im Wettbewerb geschlagen hat. Er sieht nicht, daß einige Leute von ihm wegrücken, auf seinen Kopf zeigen und Kreise in der Luft andeuten.

Dort, im Lastwagen, versucht der Führer der Leute, die gekommen sind, Marita zu begraben, die Frau zu überreden, herauszukommen, damit sie tun können, was wichtige Leute angeordnet haben. Die Frau droht, einen Höllenlärm zu schlagen, ehe sie sich vor allen nackt auszieht. Aber der Führer der Uniformierten betont, daß er diese Art von Benehmen nicht dulden wird, nein, nicht einmal von einigen dieser dickköpfigen Leute, die er hinter Zäunen im Gefängnis hält. Aber als er auf seine Uhr blickt, entsichert er sein Gewehr und bedroht die Frau im Lastwagen. Sie entblößt ihre Brust und sagt ihm, er soll es schnell machen, damit sie in einem Grab mit Marita begraben werden kann. Der Mann schämt sich, sie einfach so zu erschießen, also schlägt er ihr ins Gesicht. Das hält sie nicht davon ab, dem Mann ins Gesicht zu spucken. Die Wut schwillt in ihm an, er atmet wie ein Frosch, der in der Sonne ausgesetzt wurde. Er ruft seinen Männern zu, die lachen, als hätten sie das Lachen selbst erfunden. Sie lachen und machen sich über ihn lustig, während sein Gewehr in Verzweiflung baumelt. Er befiehlt ihnen einzusteigen ... damit wir diese Prostituierte lebendig mit den Leichen begraben können.

Während der Lastwagen davonbraust, machen einige Leute Bilder und einige schreiben eilig etwas in ihre kleinen Bücher, als hätte die Zeit sie zurückgelassen. Die Wolken am Himmel rasen auch, gegen Westen, folgen der Macht der langsam untergehenden Sonne. Dunkle Wolken drohen schweren Regen an und einige Todesopfer durch Blitz. Aber die Blätter der neuen Bäume der Stadt schwanken nicht so wild wie die Bäume der Wälder auf dem Land. Die aufgeplatzte Erde durstet nach mehr Blut von den Leichen aus dem Haus, wo sie aufbewahrt werden. Sogar die wenigen Vögel, die über die Stadt fliegen, wissen daß der Regen kommen wird, aber noch scheint sie nichts zu erschrecken. Sie singen, weil die Sachen in ihrem Inneren ihnen zu singen befehlen. Sie öffnen ihren Schnabel, wenn der Schnabel sagt, daß er geöffnet werden will, vielleicht um ein kleines Insekt zu schlucken, das versuchte, seine Freunde am anderen Ende der Hügel nahe der Stadt zu besuchen.

Aus: Chenjerai Hove, *Knochen*, aus dem Engl. von Ilija Trojanow, Kyrill & Method Verlag, München 1990

Meja Mwangi

Meja Mwangi, neben Ngugi der wichtigste Autor Kenyas, schreibt seit zwanzig Jahren engagierte, spannende Romane, die oft Thrillern ähneln. Viele seiner Bücher waren Vorstufe oder Ausbeute von Drehbüchern. So sind seine Geschichten oft rasant wie Actionfilme: Jäger und Gejagte, Polizisten und Kriminelle, Gebildete und Analphabeten, Wachstum und Zerfall prallen brutal aufeinander. Der Widerspruch, der Konflikt, erzeugt eine Spannung, die zur Entschärfung oder Explosion führen muß. Gleichzeitig sitzt Meja Mwangi oft der Schalck im Nacken und seine lebendigen Schilderungen von Betrunkenenen, Hochstaplern, Verlierern und Gewinnern geben den Lesern unmittelbaren Zugang zu seinen Figuren.

So gehört Meja Mwangi zu den afrikanischen Autoren, die am ehesten Leser im eigenen Land finden. Er ist optimistisch, daß seine grellrealistische Art zu schreiben, mehr Menschen in Ostafrika erreichen und bewegen kann. Vor diesem Hintergrund erscheinen die Bedenken der Literaturkritiker über die literarische Qualität seiner Werke wenig bedeutsam.

Meja Mwangi, *Nairobi, River Road*, aus dem Engl. von Carola Böhnk, Peter Hammer Verlag, Wuppertal 2. Aufl. 1986
– *Wie ein Aas für Hunde*, aus dem Engl. von Gunter Böhnke, Lamuv Verlag, Bornheim-Merten 1987

Am Ende der River Road

Plötzlich wird die dunkle Nacht in Bens Kopf von einem gewaltigen Donnern unterbrochen. Sein Kopf fühlt sich kochend heiß an und wie vollgestopft mit spitzen, rostigen Nägeln. Er dreht sich langsam um und öffnet die Augen. Das Licht der Morgendämmerung schlüpft schüchtern in die Hütte. Ocholla schimpft im Halbdunkel auf seinem Lager, murmelt etwas darüber, daß er die verdammte Tür einreißen und dem Sack draußen den Hals brechen will. Der Krach vor der Tür erreicht seinen Höhepunkt und wird begleitet von einem Hintergrunddonner wie von einem weit entfernten Gewitter. Das gesamte Tal ist auf den Beinen. Die Tür explodiert wieder. Ben nimmt seinen Kopf in die Hände und vergräbt ihn in den Säcken. Ocholla flucht, robbt zur Tür und tastet nach dem Riegel.

„Hurensöhne", flucht er. Die Tür geht quietschend auf. Er blickt nach draußen und alles, was Ben für einen Moment hören kann, ist heftiges Atmen. Schließlich räuspert sich Ocholla.

„Ihr ... schon wieder", stöhnt er.

„Ja, wir sind's wieder."

Eine zögernde Pause.

„Was wollt ihr dieses Mal?", fragt Ocholla unwirsch.

„Dasselbe wie letztes Mal", antwortete eine harte, brüske Stimme.

Ocholla scheint eine Zeitlang nachzudenken. Dann:

„Haut ab", seine Stimme ist rauh und gebrochen: „Wir schlafen noch fest."

Er versucht die Tür zu schließen. Einer der Eindringlinge zwängt seinen Fuß zwischen die sich schließende Tür. Mehrere dunkle Gestalten erscheinen auf der Bildfläche. Jemand beginnt, schnell und laut zu sprechen, zu laut für Bens durcheinanderwirbelnde Gedanken. Er schüttelt den Kopf.

„Was zum Teufel ist los", seine Stimme krächzt entsetzlich.

„Es sind ein paar Bullen", antwortet Ocholla.

„Was wollen sie? Sag' ihnen, sie sollen zum Teufel gehen."

„Sie können nicht", antwortet Ocholla traurig. „Sie wollen die Hütte niederbrennen."

„Was wollen sie?"

„Die verdammte Hütte abreißen", antwortet Ocholla. „Frag' sie selbst."

Ben kriecht aus dem Bett heraus zur Tür hin. Voller Resignation sieht er die hier versammelte Armee der öffentlichen Gesundheit. Er will sie gerade Arschlöcher nennen, bekommt jedoch nur ein „Hallo" heraus.

„Beeilt euch", antwortet der Leiter des Trupps ungeduldig. „Wir haben unsere Arbeit zu erledigen."

Der Rest der Gesundheits-Vollzugstruppe hängt nur herum und blickt unfreundlich drein. Ben beschließt, das Reden Ocholla zu überlassen. Der hat mehr Erfahrung im Umgang mit solchen Notfällen, wenn Typen morgens um 5.30 Uhr seine Hütte niederbrennen wollen.

„Wann werdet ihr Kerle es jemals aufgeben?", ist alles, was Ocholla zu sagen fertigbringt.

„Wir haben unsere Arbeit zu erledigen", antwortet einer der zwielichtigen Gestalten.

Ocholla steht da und atmet wie ein Rhinozeros, so wütend, als wolle er aus der Haut fahren.

„Nun ... sag' doch irgend etwas, Ben", sagte er, ohne sich umzudrehen.

Ben sucht nach Worten: „Es ist zu früh", sagt er, dann wartet er auf eine Reaktion.

Kein Wort.

„Nun ... ja, da ist Baby, der immer noch schläft. Er ist ein kleiner Junge ... ein Kind. Man kann ihn doch nicht einfach aufwecken ... nur um eine kleine Hütte niederzubrennen. Er ist klein, wissen Sie. Ein Waise, ja ein Waisenkind, mutterlos und ..."

Er blickt sich um. Keine Reaktion von dem zwielichtigen, feindseligen Publikum.

Ocholla kratzt sich verzweifelt im Haar. „Ist das alles, was du zu sagen hast, Ben?"

Ben räuspert sich: „Wir können es uns nicht leisten, euch Kerlen Schmiergelder zu zahlen", fährt er fort. „Wir Kerle sind arm und ..."

„Verflixt, irgend etwas anderes, Ben", seufzt Ocholla. „Das kennen sie schon längst ... oh Scheiße."

Er dreht sich abrupt um und stürmt zurück in die Hütte. Ben zuckt die Achseln und folgt ihm. Ocholla bündelt sein Bettzeug und wirft es nach draußen. Ben weckt Baby auf und schiebt das schläfrige Waisenkind raus, damit die Männer es sehen können. Sie bleiben unbeeindruckt. Er geht wieder in die Hütte zurück. Die beiden Männer bergen ihr Eigentum: Aluminiumbecher, Geschirr, Kisten, Papier, Lumpen. Das ganze Nairobi-Tal ist wach und im Chaos. Rauf und runter, entlang des stinkenden, trüben Flusses züngeln Feuer, große Zungen roten, heißen Feuers zerstören merkwürdige Gebilde aus Pappe und Holz, und schicken kraftlosen, schwarzen Rauch in den dunklen Himmel. Hüttenbewohner irren umher, um zu retten, was noch zu retten ist. Keiner weint, nicht einmal die Säuglinge. Sie sind alle Profis in diesem Spiel. Das Spiel heißt Überleben. Die ganze Familie spielt einfach ihre Rolle. Die Rolle bedeutet, daß sie ruhig bleiben, geduldig, und sobald die öffentliche Gesundheitsarmee verschwunden ist, wieder aufbauen, mit der gleichen ruhigen Geduld und Bestimmtheit.

Ochollas Hütte brennt schnell, so als habe sie wie die anderen im Niederbrennen Erfahrung.

Ihre Bewohner stehen ein bißchen abseits und sehen zu. Ben raucht ruhig, sein Kopf dreht sich, wegen des Katers; er bezieht etwas Selbstsicherheit aus Ochollas entspannter Haltung. Ocholla hätte mehr sagen sollen, als er getan hat. Die Friedensgespräche waren vorrangig für ihn und die Stadtverwaltung; es ist seine Hütte, die auf ihrem Land steht.

„Du hast auch nicht gerade viel gesagt“, meint Ben zu Ocholla.

Ocholla dreht sich um und mustert ihn, als ob er ihn zum ersten Mal gesehen hätte.

„Vier Jahre habe ich diesen Affen alles mögliche erzählt“, sagt er schleppend. „Vier Jahre. Ich habe sie Bruderherz und Mitbürger genannt. Und jedesmal haben sie die verdammte Hütte eingerissen, ganz egal. Immer dieselbe alte Geschichte. ‘Müssen unsere Arbeit machen’. Ein Mann wird es müde, ewig zu betteln. Und ich habe ihnen alles erzählt, was ich weiß. Ich dachte, du würdest mit etwas kommen, was sie gerne hören würden, irgendetwas Neuem.“

Ben zuckt die Achseln und weiß nicht, ob er sich entschuldigen oder fluchen soll.

Baby sitzt auf einer der Kisten und ist in eine Decke eingewickelt, wegen der beißenden Kälte. Die großen Baby-Augen sehen von der brennenden Hütte zu Ben und dem nachdenklichen Ocholla. Auch er weiß instinktiv, welche Rolle er zu spielen hat. Was immer in seinem unschuldigen Kopf vorgeht, was er auch denkt, er muß es für sich behalten. Sein passives, kindliches Gesicht zeigt keine Erregung.

Schließlich nimmt Ocholla seine Mütze herunter, kratzt sich nachdenklich und setzt sie wieder auf. „Absolute Vollidioten", murmelt er.

Ben sieht ihn an und wirft seine Kippe in den schlammigen Fluß. Jetzt fällt es ihm wieder ein. Letzte Nacht haben sie die Extra-Flasche *Changaa* und noch eine von Yussufs Flaschen ausgetrunken. Der Vorarbeiter wird sicher eine Erklärung verlangen.

Ein sanfter Wind streichelt den harten, unebenen Rücken der River-Road. Papier, Abfall und Staub tanzen einen leichtfüßigen Tango im Wind, der sie die fast völlig verlassene Straße hinunter treibt. Straßenlaternen schimmern pflichtbewußt, aber auf verlorenem Posten und verteilen ihr kaltes orangefarbenes Licht auf den Abfall, die Walzer tanzenden leeren Zigarettenschachteln und ein paar menschliche Wesen auf der River-Road. Ben torkelt aus einer nach Urin stinkenden Gasse heraus und schwankt die Straße hoch. Ein lebhaftes Summen aus dem 'Karara-Center' ruft, die Musik aus der Musikbox schreit seinen Namen. Die kalte, staubige Neon-Reklame zwinkert ihm zu. Ein zerlumpter Betrunkener bricht aus der schmierigen Schwingtür heraus, hält an, um sich zurechtzufinden, wirbelt an Ben vorbei, murmelt etwas vor sich hin und flucht lang anhaltend. Ben geht nur in die Bar hinein, um die Bude zu bewundern. Das müde Lächeln eines Betrunkenen gleitet über sein Gesicht mit dem rauhen Bart. Hier sind wenigstens Menschen, Menschen, die er versteht. Menschen, die Menschen sind, menschliche Wesen. Kämpfende, arbeitende, trinkende, essende, hungernde, lebende Männer. Die ganze Bar ist in Bewegung, eine nicht organisierte Form der Bewegung, wie die Oberfläche einer von Böen durchkämmten See. In einer Ecke macht eine ganze Familie von Betrunkenen lärmenden Streit, während eine andere Gruppe dösend oder schlafend in der gegenüberliegenden Ecke sitzt. Die stämmigen Barmädchen, einige haben den doppelten Umfang eines durchschnittlichen Gastes, versuchen sich als Taschendiebinnen oder fälschen die Rechnung. Die Musikbox kann sich kaum verständlich machen in diesem heillosen Durcheinander.

Ben arbeitet sich zur Theke vor, quetscht sich zwischen einem Betrunkenen und einer dickarschigen Hure hindurch auf einen Stuhl.

„Ein Bier", ruft er dem Ober zu.

„Kalt oder warm?"

„Kaltes Pils!"

Der Bierverschluß wird geschäftig und mit einem Knall aufgemacht. Das Bier landet schäumend auf der überfüllten Theke. Kurz darauf bekommt er ein Glas.

„Geld bitte", sagt der Barmann.

„Was für Geld?"

„Für das Bier!"

„Ich hab das Zeug ja noch gar nicht probiert."

Ein Ober quetscht sich in den nicht vorhandenen Zwischenraum zwischen ihm und der Dickarschigen und schreit dem Barkeeper die Bestellungen der Gäste zu. Ben nippt an dem lauwarmen Bier. „Nennst du das kalt?", fragt er den Barmann.

„Geld bitte!"

Angewidert langt Ben in die Tasche und knallt eine Pfundnote auf den Tisch. Der Barmann mustert den Schein sorgfältig, bevor er ihn in die Kasse knüllt und das Wechselgeld herausgibt. Ben zählt zweimal nach, nickt und steckt es in die Tasche. Keiner traut hier dem anderen. Warum, zum Teufel, sollten sie es auch. Es ist nur *Karara*, was sie zusammenbringt. Dickarsch lächelt Ben erwartungsvoll an. Die Frauen sehen heute nicht allzugut aus. Aber nirgends findet man gutaussehende Nutten am Ende eines Monats. Sie sind alle müde und überarbeitet von der letzten Nacht und der Nacht davor. Sie sehen auch hungrig aus und versuchen verzweifelt, an noch mehr Geld heranzukommen. Ben zuckt die Achseln. In zwei Wochen wird die Bar leer, kalt und friedlich sein, nur die Ober und ihre Fliegen und die Nutten zu Schleuderpreisen werden da sein. Sie werden mit dem Schild „Heruntergesetzt" an ihren Röcken herumlaufen, bis zum Ende des Monats. Er schiebt das Geld für ein weiteres Bier über die Theke. Der Barmann macht es auf, schiebt es ihm zu. Die Flasche ist naß von dem Kaltwasser-Kühlschrank. Das Etikett ist abgefallen. Er gießt ein. Ohne Etikett und ohne Verschluß könnte das Bier alles mögliche sein. Es schmeckt auch nach allem möglichen.

Die Luft wird schwerer vom Rauch, heißer und lauter. Die Musikbox gibt es auf, sich verständlich machen zu wollen, sie tanzt auf einem Fleck und gräbt Furchen in die Hits vom letzten Jahr. Es ändert sich nicht viel im 'Karara-Center'. Sie werden ein bißchen zu alt; die

Musikbox ist altersschwach, fast kahlköpfig und mit einem langen Bart, die zerbrochenen Möbel sind schief von den Typen, die manchmal nachtein, nachtaus darinhängen. Und der Besitzer, vermutet Ben, hat keine blasse Ahnung, wie man Hits in einer verwitterten Maschine auswechselt. Die Schrauben sind wahrscheinlich schon weggerostet. Das Glas löst sich aus seinem Griff, rollt über die Theke, wäscht die Ellbogen anderer Gäste mit Bier, bevor es auf der anderen Seite abtaucht. Der Barmann wirft ihm einen bösen Blick zu und kickt das zerbrochene Glas unter die Theke. Die Gäste murren. Ben beschimpft sie als Arschlöcher. Danach keine Klagen mehr. Nur die dickarschige Frau ist nicht ganz zufrieden. Barfrauen sind wirkliche Schnorrer. Sie hassen Männer, die sie ignorieren.

„Du bist besoffen, geh schlafen“, sagt sie.

„Was?“

„Warum verschüttest du dein Bier?“, fragt sie herausfordernd.

„Es ist immer noch mein Bier.“

„So, meinst du ...“ Sie klickt mit ihrer Zunge in der rüden Sprache, die nur Huren verstehen.

Ben gleitet von seinem Stuhl herunter, langsam, vorsichtig, um nicht zu taumeln. Keiner nimmt von ihm Kenntnis. Die Frau starrt ihn frech an, ihr Gesicht vor Abscheu verzogen. Seine Hand schlägt, greift und reißt mit einem Ruck. Büstenhalter und Bluse zerreißen. Die Brüste quellen hervor und es sieht aus, als würden sie auf den Boden überlaufen. Die Stimme des Betrunkenen juchzt, als die Frau ohne Erfolg versucht, ihre großen Brüste mit nur halb so großen Händen zu verdecken. Sie spuckt ihn an. Er reißt an ihrem Rock. Das verdammte Biest hat nichts darunter an, überhaupt nichts. Ihre Bauchrollen schlottern locker über der Taille. Sie stößt einen Schrei aus, um jedermanns Aufmerksamkeit auf sich zu lenken, heulend und vor Wut schnaubend greift sie ihn an. Er tritt zurück, um den Schlag abzufangen, stolpert und fällt über einen Tisch. Sie verfehlt ihn und kracht in einen anderen Tisch, zerschlägt dabei eins der Tischbeine, die Gläser und Getränke. Sie liegt ganz still in dem Durcheinander, ihr fetter, nackter Körper so ruhig wie der eines sonnenbadenden Nilpferdes. Als Ben aufsteht, beginnt sie sich zu erbrechen in gewaltvollen, würgenden Bewegungen. Die Leute beginnen zu lachen. Ben lacht nicht. So betrunken er ist, so sehr spürt er die Gefahr. Wenn ein Polizist heute abend zufällig im 'Karara-Center' wäre, er fände sie auch nicht komisch. Er geht zur Bar zurück, gießt das Bier hinunter und macht sich auf den Weg. Die beiden Betrunkenen in der Ecke streiten sich noch immer und beschimpfen sich.

„Wenn ihr aufeinander einschlagen wollt, tut es doch endlich", rät Ben, „sonst haltet euren Mund und geht nach Hause. Ihr haltet all die Idioten hier in Ungewißheit."

Bevor sie sich auf ihn stürzen können, schwankt er hinaus in die Nacht. Die kalte Luft trifft ihn hart. Die River-Road ist wie immer leer, ohne Fußgänger. Man trifft hier kaum auf welche, die zu Fuß gehen. Die Leute sind entweder in der Bar oder weit entfernt davon. Keiner weiß, wohin sie kriechen, wenn sie die Kneipe verlassen. Er hält an, um darüber nachzudenken und an eine Parkuhr zu pinkeln. Ein kalter staubiger Wind rollt besoffen die Hasrat-Street hinunter. Ein Taxi ist froh, aus dem Dreck der Grogan-Road herauszukommen, man kann es fast aufatmen hören.

Ben ist hungrig. In diesen Tagen ist er fast immer hungrig. Wenn er einige Bier durch die Bodenluke heruntergelassen hat, muß er den begeisterten Schlangen da unten irgend etwas vorwerfen, um sie davon abzuhalten, sein Inneres aufzufressen. Es müssen immer noch einige Lokale entlang der River-Road aufhaben und er hat noch ein Pfund oder vielleicht sogar mehr. Er zündet sich eine Zigarette an und torkelt über die Straße und schwankt die gegenüberliegende Straßenseite hinunter. Das arabische Lokal spielt so laut östliche Musik, daß sie ihn abschreckt. Entlang der Reata-Road sind zwei Polizisten und ein Hund so ins Gespräch mit einer Nutte vertieft, daß sie ihn nicht wahrnehmen. Das Mädchen amüsiert sich, wie das Geschäft auch aussehen mag, das sie aus ihr herausquetschen wollen. Sie kichert und ihr fester, elektrischer Hintern wackelt dabei. Der dicke, haarige Polizeiköter ist so fasziniert, daß er seine Augen nicht einmal von ihrem Hintern abwendet, um Ben anzuknurren.

Er stürmt ins Maharaj, unten an der Straße. Das Restaurant stinkt nach Knoblauch. Davon verbrauchen sie sicher mehr als in einigen Restaurants in Bombay. Er ist heute nicht in der Stimmung, irgend jemanden zu mögen. Nicht mit einem so dicken Kopf und einem Magen voller Würmer. Er fällt auf einen Stuhl in der Nähe der Tür, nahe einer Familie, die eifrig die übergroße Speisekarte studiert. Der Inhaber mustert ihn eingehend. Die Ober beobachten ihn gleichfalls. Sie beobachten ihn eine ganze Zeitlang. Der Asiate streichelt seinen Schnäuzer. Einer der kleinen Ober klimpert mit den Münzen in seiner schmutzigen blauen Jacke.

Ben wirft seine Zigarette in das schmutzige, halbvolle Glas mit Passionsfrucht-Saft, in dem schon einige Fliegen ersoffen sind. Er zündet sich noch eine an, und es wird ihm warm von einer sich langsam aufbauenden Frustration.

„Sieh nach, was er will", sagt der Mann an der Kasse zu einem der Ober. Der kleine Ober mit so viel Trinkgeld in seiner Jacke, daß er damit klimpern kann, stapft zu seinem Tisch herüber.

„Na?"

„Was na?", knurrt Ben.

„Was wollen Sie, Mann", er fischt unachtsam nach dem Glas, daß der Saft überschwappt. „Das ist gar nicht gut", er holt die Zigarettenkippe aus dem Glas und wirft sie auf den Tisch.

„Ich dachte, es sei der Aschenbecher."

Der Mann holt aus seiner Arbeitsjacke einen schmutzigen Lappen heraus, wischt den ausgegossenen Saft angeekelt und wütend auf und blickt dann hoch.

„Was wollen Sie?"

„Essen!"

„Was?"

„Essen?"

„Was für ein Essen, Mann?"

„Bring mir die Karte!"

„Sagen Sie, was Sie wollen, Mann. Entweder wir haben es oder nicht."

„Haben Sie eine Karte?"

„Nein."

„Ist das der Koran, den die da lesen?", er zeigt auf den Nachbartisch.

„Kamau", ruft der Inder an der Kasse.

Der kleine Ober schnappt sich das Glas und geht. Der Chef weist auf die Familie. Er nimmt die Bestellung auf und verschwindet in das Hintere des Restaurants.

„Verdammt!" Bens Faust schlägt hart auf den Tisch. Er steht langsam auf und geht zur Kasse. Die beiden starren sich für einen Moment an, dann dreht sich Ben herum und lehnt sich an die Theke.

„Ich war vor denen da!"

Der Mann an der Kasse zieht die Kassenschublade auf. Er beginnt für einen Kunden Wechselgeld abzuzählen. Dann blickt er Ben an, schlendert ans andere Ende der Theke und verschränkt seine Arme vor der Brust. Kamau erscheint wieder, beladen mit Schüsseln mit irgendwelchen Currygerichten und serviert. Ben sieht von ihm zum Chef, in seinem Kopf erhitzt sich etwas zu unkontrollierter Wut. Er folgt dem Asiaten zum Ende der Theke. Sie starren sich über den Tisch hin an, eine kurze Zeit, die angefüllt mit wortlosem Haß ist.

„Hast du gehört, was ich gesagt habe?"

Der Boß schüttelt den Kopf.

„Ich war vor denen da", er zeigt mit seinem Dauen über die Schulter.

„So?"

„Zum Teufel, so", schreit er. „Ich war vor denen da, deshalb!"

„Du bist betrunken!" sagt der Besitzer kühl.

„Das geht dich gar nichts an."

Der Inder schiebt ein paar grüne Blätter in seinen roten Mund und kaut sie voller Genuß. Mit einer Ruhe, die einen verrückt machen kann.

„Wir bedienen keine Betrunkenen. Dieses Lokal hat einen moslemischen Besitzer."

„Es ist nicht dein verdammtes Haus und auch keine Moschee", knurrt Ben, „es ist ein öffentliches Lokal. Ich bin die Öffentlichkeit. Es ist nicht deine stinkende Bude, verstehst du mich?"

„Es ist öffentlich, das ist richtig", stimmt der andere zu. „Lies mal", und zeigt auf etwas. Ben dreht sich um. Er studiert das graue vergilbte Schild in der Nähe der Tür. *Der Inhaber behält sich das Recht auf Bedienung vor.*

Er wirbelt herum. „Ihr Schweine habt also ..."

Der Besitzer geht hinüber, um Wechselgeld herauszugeben. Bens Kopf schwitzt in roter, heißer Wut. Eine Dampfmaschine fängt in seiner Brust zu arbeiten an und klopft gefährlich laut. Er beginnt über die Theke zu klettern und fällt vom Stuhl herunter. Er brüllt vor Ärger. Der Maharaj beobachtet ihn. Kamau lächelt. Sein Boß greift nach dem Telephonhörer. Ben schreckt zurück und kühlt schnell ab. Nicht weit von hier sind zwei Polizisten mit einem Hund. Die haben eine noch größere Abneigung gegen Betrunkene als der Maharaj. Er zwingt sich zur Tür, um aus dem Restaurant zu gehen. Er ist benommen und nicht länger hungrig. Er will jetzt nicht mehr essen. Was er will, ist ein Maschinengewehr. Ein leichtes Maschinengewehr. Einen Korb voll Granaten, die er in alle von Asiaten und Europäern geführten Restaurants werfen würde; in alle. Diese Säcke!

Ben lehnt sich über das Geländer des 24. Stockwerks. Von hier erscheinen die Arbeiter winzig und schwerfällig in ihren Bewegungen. Sie haben guten Grund dafür. Alle haben einen Mordshunger. Keiner hatte heute ein Mittagessen. 'Treebottoms' und 'Special' und die ganzen Arbeiterkioske existieren nicht mehr. Dieses Mal endgültig. Gestern nachmittag wurden sie abgerissen, um Platz zu machen für etwas für die nationale Wirtschaft Nützlicheres; ein neues Touristenhotel, ein Wolkenkratzer. Ohne jegliche Warnung, einfach so, sind die Arbeiter-Kioske verschwunden. Die Arbeiter sind hungrig und wütend. Die alten Kioskbesitzer treiben sich immer noch auf der Baustelle herum, um ihren Schuldnern aufzulauern. Jeder in Sichtweite schuldet ihnen Geld. Aber niemand kann vor dem Monatsende bezahlen. Die Kioskbesitzer sind nicht bereit, so lange zu warten. Einer hat angedroht, er werde die Polizei rufen. Keiner kümmert sich darum. Die Arbeiter sind hungrig.

Ben wirft einen Kieselstein hinunter. Er kann ihn schon bald nicht mehr sehen, auf seinem Weg nach unten. Sein Blick schweift über die Stadt, die in dem klaren warmen Wetter daliegt, bis hin zur Industriezone. Ein Flugzeug landet in Embakasi, Meilen entfernt auf der Hochebene. Es bringt wahrscheinlich noch mehr ausländische Touristen von Übersee zur Stadt in der Sonne. Die Luft ist angenehm und frisch. Ein kühler Wind zerrt verspielt am Kragen seines verschlissenen weißen Hemdes.

„Was meinst du, Ben?"

Ben dreht sich auf dem Balkon um.

„Du hast recht", sagt er zur Hyäne. „Bhai hat auch recht. So wie Yussuf. Jeder hat recht."

„Was für ein Unsinn ist das?", beschwert sich die Hyäne.

„Die verdammten Inder haben alle unrecht!"

„Ich bin kein verdammter Inder", protestiert Kanji Bhai.

Ben dreht sich wieder um und wirft einen Kieselstein nach unten. Hinter ihm streiten sich die beiden Arbeitskumpel, die aus Berufung zusammen sind, wie immer heftig. Die Hyäne sitzt mit dem Rücken zur Wand und bestreitet den größten Teil des Gesprächs, während Bhai arbeitet.

„Ich werde nie lernen, Inder zu mögen", sagt die Hyäne. „Was hat Yussuf damit erreichen wollen, als er Ben zum Vorarbeiter machte? Dich, Bhai, kann ich verstehen. Oder die nutzlosen Banianis. Aber Ben!"

„Gut ist er", sagt Bhai.

„Natürlich ist er gut“, wirft die Hyäne ein. „Glaubst du, ich hätte dich oder Yussuf gewählt. Ich hätte mich für Ben entschieden.“

Bhai streichelt seinen grauen Lippenbart: „Afrikaner!“, murmelt er verwirrt.

„Afrikaner betrügen Afrikaner. Afrikaner schlagen Afrikaner. Inder hilft Inder. Pakistani helfen Pakistani. Was du sagen, Ben?“

„Sicher Bhai“, antwortet Ben, ohne sich umzudrehen.

„Ich spreche Wahrheit, nicht?“

„Ja.“

Drüben auf der Haile-Selassie-Avenue ist der Vortrupp schon dabei, die neue Baustelle einzuzäunen. Ein Schild ist bereits aufgestellt.

GEPLANTE BAUSTELLE
FÜR SUNSHINE HOTELS LTD
800 BETTEN DER TOURISTENKLASSE
ARCHITEKTEN: J.S. HAMILTON, P.P. BHUT
BAUUNTERNEHMER: PATEL UND
CHAKUR BAUUNTERNEHMUNGEN
ELEKTROARBEITEN: D.O. PATEL
AUSFÜHRUNG: S.N. PATEL

Das sollten eigentlich gute Neuigkeiten für die Arbeiter des Development-House sein. Die verdammten Bauunternehmer haben es geschafft, sich einen Eintrag ins Firmenregister und einen Auftrag zu beschaffen. Gleich nebenan wartet ein neuer Zement- und Kies-Job. Vom Development-House werden die Arbeiter zur Sunshine-Baustelle herübergeschafft. Aber die Arbeiter kümmern sich nicht darum. Sie sind hungrig.

Der Inhaber des ‘Treebottom’-Kiosk hat den ganzen Morgen auf der Baustelle verbracht und nach Yussuf gesucht. Irgendjemand hat ihm den Tip gegeben, daß Yussuf seinen eigenen Kiosk auf dem Gelände des ‘Treebottom’ bauen will. Alles, aber doch keinen Kiosk! Er wollte Yussuf umbringen. Die Arbeiter mußten schließlich dazwischenfahren, und den alten Mann eigenhändig von der Baustelle herunterwerfen und die Hyäne, der unausstehlichste Arbeiter, mußte aufmarschieren, um die Tore zu bewachen.

Die Versammlung um die Mittagszeit war die stürmischste, die Machore je geleitet hatte. Alle waren da: Ben, Ocholla und sogar die kartenspielenden *Banianis* nahmen teil. Sie hatten alle etwas zu sagen. Einige wollten, daß Machore ihnen erklärte, warum der Preis für Zucker so in die Höhe gegangen war. Andere wollten seinen Rat haben für die kommenden allgemeinen Wahlen. Die *Banianis* wollten wissen, warum Ben zum Vorarbeiter gemacht wurde, während es viel erfahrenere Arbeiter hier gäbe. Keiner konnte das beantworten. Yussuf war in seinem Versteck im 20. Stock und rauchte *Bhang*.

Kanji Bhai sagte zu dem Tagesordnungspunkt zur Verteidigung von Ben: „Wann ich kommen von India", sagte er. „Ich bekommen zehn Schillinge für Monat. Ihr folgen? Ich arbeiten, arbeiten, ihr nicht folgen? Ich bekommen zwanzig Schillinge für Monat. Folgen oder nicht?"

„Nicht folgen", schrie ihn ein ungeduldiger Arbeiter an. „Halt den Mund und setz dich hin!"

Machore erhob sich, um zur Ordnung zu rufen und Bhais Redefreiheit zu verteidigen. Es brauchte viel Schweiß, die unzufriedene Versammlung zu beruhigen. Bhai mußte schließlich auf seine Redefreiheit verzichten, weil er dem Meer von hungrigen, feindseligen, wütenden, schwarzen Gesichtern unterlegen war. Machore kam dann zum nächsten Punkt der ungeschriebenen Tagesordnung, den Parlamentswahlen. Er erklärte, dies sei die einzige Chance der Arbeiter zu sagen, von wem sie regiert werden sollen. Sie müßten sich entscheiden und klug entscheiden. Gebt eure Stimme dem richtigen Mann. Nehmt jemanden, der für euch spricht und das so laut, daß er gehört wird.

Bhai erhob sich zu diesem Tagesordnungspunkt. „Warum du nicht aufstellen lassen zur Wahl, Machore?"

Machore fluchte über ihn und herrschte ihn an, sich hinzusetzen. Bhai setzte sich wieder zwischen Ben und Ocholla. Er drehte sich zu Ocholla und fragte ihn: „Warum er nicht für Wahl aufstellen lassen?"

„Weil er ein verdammter Affenarsch ist", sagte Ocholla.

„Und warum er mich nicht sprechen lassen?"

„Weil du ein verfluchter Inder bist."

„Was, verfluchter Inder?"

„Ein indischer Arsch mit Ohren!"

Bhai drehte sich zu Ben um, um Unterstützung zu bekommen.

„Ich glaube, Ocholla hat recht, Bhai", antwortet Ben.

Der Inder mit dem verwitterten Gesicht versuche auf seine Beine zu kommen.

„Ich kein verdammter Inder!", schrie er Machore an. „Ihr verrückten Scheißer, ich kein verdammter Inder." Er fluchte nachhaltig in *Gujarati*, drehte sich um, und humpelte zur Latrine. Die Zurückgebliebenen kugelten sich vor Lachen. Machore vertagte den Antrag.

Ben dreht sich vom Geländer weg, läßt die Hyäne und Bahi allein, die sich weiterstreiten und geht auf die Suche nach Ocholla. Sein Kumpel Ocholla hat eine Wette verloren. Vor einigen Monaten hat er gewettet, seinen Arsch hat er gewettet, daß der Bauunternehmer es niemals schaffen würde, einen anderen Auftrag in diesem Land zu bekommen. Ben findet ihn völlig mit der Kontrolle des Krans beschäftigt, seine Mütze ist auf die Seite gerutscht, was ihm den Ausdruck eines Profis gibt.

Ben schlendert hinüber: „Nun", sagt er.

Ocholla blickt ihn kurz an, und sieht dann wieder auf die Kontrollknöpfe.

„Nun was?"

„Nun, wie findest du das?"

Ocholla fährt sich mit der Zunge über die dicken Lippen und dreht an ein paar Knöpfen. Schließlich schaltet er den Kran aus und lehnt sich zurück. Er nimmt seine Mütze herunter und holt sich eine Zigarette hinter dem rechten Ohr hervor. „Wie finde ich was, Ben?"

„Nun dies ... alles." Ben zuckt die Achseln. „Den neuen Job auf der anderen Straßenseite ..."

Ocholla seufzt.

„Ich ziehe das 'Treebottom' vor, Ben", sagt er und zündet sich die Zigarette an. „Diese Planer sind richtige Blödmänner. Wir sind hier mit dem ganzen Schlamassel noch nicht fertig, und schon fangen sie mit dem nächsten nebenan an. Das bedeutet, daß dies hier mit leerem Magen vollendet wird. Verdammt, Ben!"

Ben schüttelt den Kopf. Man könnte meinen, es gibt genügend Touristenhotels in der Stadt. 'Sunshine-Hotel', verdammt; was wirklich gebraucht wird, ist eine Einrichtung, die groß genug ist, um für die sehr einfachen Bedürfnisse der Bauarbeiter zu sorgen. Und ... wenn man sich vorstellt, daß sie drei Kioske abgerissen haben, drei, um ein einziges verdammtes Touristenhotel zu bauen. Der Teufel soll sie holen. Ben zuckt die Achseln und spuckt Staub aus. „Ich vermute, daß es für euch Spezialisten in Ordnung ist", sagt er, „und du bist nun, wie Yussuf sagt, ein unentbehrlicher Entbehrlicher. Er wird wahrscheinlich anfangen, dich hochzustufen."

„Hat er schon getan, Ben“, sagt Ocholla traurig. „Er sagte mir, daß ich jetzt Kranführer in der vierten Lohnstufe bin. Zehn Schilling mehr Lohn. Das ist alles!“

„Das ist immerhin etwas“, läßt Ben verlauten.

„Etwas!“, schreit Ocholla. „Mit den ganzen Frauen, die ich habe und ihrer Brut. Nein, Ben. Das ist nicht genug. Ein Hunderter würde kaum reichen.“ Ben sieht zur neuen Baustelle hinüber, unter ihnen auf der anderen Straßenseite. Zwei riesige Bulldozer sind schon damit beschäftigt, das Fundament zu graben.

„Ist es wahr, was ich gehört habe, Ben?“

Er dreht sich um. „Was?“

„Daß du jetzt Vorarbeiter bist?“

Ben verzieht das Gesicht und zuckt gleichgültig die Schultern: „Nicht bevor der neue Bau anfängt.“

„Das ist in Ordnung, Ben“, meint Ocholla. „Der Posten ist einiges wert. Wieviel zahlen sie dir, wenn wir anfangen?“

„Fünfzig.“

„Nicht schlecht, Ben, nicht schlecht.“

Ben spricht weiter, ohne ihn anzusehen: „Da ist Babys Schulgeld, das ich bezahlen muß“, murmelt er. „Der Rotzjunge verbraucht all mein Geld als Schulgeld.“

„Ist schon gut, Ben, laß den Jungen zur Schule gehen!“

Ben reibt sich unruhig den Nacken: „Der ‘Treebottom’-Inhaber wartet immer noch unten“, informiert er seinen Kumpel.

„Er soll von der Bildfläche verschwinden“, sagt Ocholla. „Ich habe kein Geld. Der Saukerl soll die Kurve kratzen und am Ende des Monats wiederkommen. Ich hab’ kein Geld.“ Er fügt nach einer Pause hinzu: „Und wenn der Scheißkerl seinen Kiosk nicht zugemacht hätte, hätte ich auch jetzt nicht solchen Hunger.“

„Es ist nicht seine Schuld“, sagt Ben. „Dem armen Mann hat man gedroht, alles anzuzünden. Die wollten sein lausiges Restaurant niederbrennen.“

Ocholla nimmt die Mütze herunter und mißhandelt wieder einmal sein Haar. „Nun, ich hab’ kein Geld, Ben. Er soll abschieben und ... sich auf der neuen Baustelle austoben.“

Ben richtet sich auf: „Bis später, Kumpel, sagt er. „Ich will sehen, ob Yussuf mir was vorstrecken kann. Dann können wir uns einen genehmigen und versuchen den ganzen Mist zu vergessen. Bis dann.“

Er geht.
„Ben."
Er bleibt stehen und sieht zurück.
„Wenn dieser Sohn eines Zementmischers nichts herausrücken will, erinnere ihn daran, daß du der neue Vorarbeiter bist", ruft Ocholla ihm nach. „Sag ihm noch, sonst würdest du das Angebot abschlagen."
Ben lächelt bitter: „Glaubst du, der kümmert sich einen Scheißdreck darum?" Ocholla zwinkert ihm zu: „Soll er; keiner hier ist blöde genug, um den Vorarbeiter zu machen. Abgesehen davon, wir Kerle wüßten nicht, wo wir für ihn das verdammte *Bhang* herkriegen sollen, wenn er dich rausschmeißt. Der Junge respektiert dich. Sei klug. Nutz' die Gelegenheit. Sei keine Arschgeige, Kumpel!"
Ben geht und fährt mit dem erst kürzlich installierten Lift hinunter. Der entführt ihn nach unten, schnell durch eine Atmosphäre von kaltem Zement, frisch verlegtem Holz und frischer Farbe. Yussuf kann überall auf dieser Erde sein. Während des ganzen Morgens mußte er sein eingepacktes Mittagessen mit sich herumtragen, sogar auf die Toilette. Er wußte, daß die Arbeiter ausgehungert waren. Sie hätten den Plastikbecher gegessen, wenn er sie gelassen hätte. Kanji Bahi ist auf dem Weg zu einem seiner ständigen Latrinenbesuche und hält Ben an.
„Warum dieser Machore mich nennen verfluchten Inder, Ben?"
„Ich weiß es nicht, frag' ihn selbst", antwortet Ben.
Bhai kratzt sein staubiges, graues Haar und zieht seine Hose bis zur dünnen Taille hoch.
„Warum er sich nicht für die Wahlen aufstellen lassen? Er gut reden, großer Kopf, *Mingi akali*. Warum er sich nicht wählen lassen?"
„Warum du nicht selber fragen?", fragt Ben.
Bhai zuckt die Achseln und wirft seine Arme verzweifelt in die Luft.
„Ich fragen, Ben!"
„Was hat er gesagt?"
„Er sagt, ich noch einmal fragen, er mich umbringen."
„Nun", Ben zieht die Schultern hoch. „Da hast du deine Antwort."
Bhai flucht und geht O-beinig weg, dabei hält er den Gürtel seiner viel zu großen Hose fest. Ben weiß, daß es viele Dinge gibt, die Bhai nie verstehen wird. Machore wird nie das Geld zusammenbekommen, das er braucht, um es hinterlegen zu können. Das ist die Voraussetzung, sich als Kandidat aufstellen zu lassen. Und selbst wenn er es aufbringen könnte, muß er einen Wahlkreis finden, um dort antreten und seine

Wähler überzeugen zu können, ihn zu wählen. Und wer wird ihm zuhören? Nur die Arbeiter und nur zur Mittagszeit, wenn nichts anderes zu tun ist. Und das würde ihm immer noch eine ganze Menge Ärger einbringen. Die Arbeiter sind müde, hungrige Leute. Sie glauben an niemanden und nichts mehr. Und sie glauben noch nicht einmal mehr an den Bus. Sie wissen Bescheid. So wie jemand einem den Rücken zukehrt, wird ein Gebäude fertig und macht dich arbeitslos. Die Arbeiter glauben an nichts mehr. Wenn er ihnen ein Bier ausgibt, kann Machore die Arbeiter vielleicht von seinen guten Vorhaben überzeugen. Aber sie würden ihn immer noch nicht wählen, wenn sie am Morgen des Wahltages mit einem schrecklichen Kater aufwachen, oder das Wetter mies ist, oder die Schlange vor dem Wahllokal zu lang ist, oder sonst etwas. Für die Arbeiter ist das kaum ein Unterschied: wieder ein anderer Name in der Zeitung, ein anderes Gesicht unter der Schlagzeile, eine Stimme im Radio, noch mehr Versprechungen ...

Die Arbeiter könnten jeden wählen. Nur, daß sie an nichts mehr glauben. Und der alte, gebeugte Bhai kann das nicht verstehen.

Aus: Meja Mwangi, *Nairobi, River Road*, aus dem Engl. von Carola Böhnk, Peter Hammer Verlag, Wuppertal 2. Aufl. 1986

Timothy Wangusa

Timothy Wangusa hat viele Jahre lang an seinem ersten Roman „Der Berg am Rande des Himmels" geschrieben. Wie die meisten seiner Kolleginnen und Kollegen hat er sich viel Zeit gelassen. Da man in Afrika mit Schreiben kaum Geld verdienen kann, wird nicht gedrängt, jährlich ein Werk zu veröffentlichen. Wangusas Buch ist eine reife Frucht der langen Arbeit – eine 120-Seiten umfassende Jugenderinnerung, die vor Lebenslust nur so sprüht. Die Märchen, Gesänge und Legenden seiner Heimat läßt er virtuos in die Handlung einfließen. Erzählt wird vom Heranwachsen eines Jungen in einer aus dem Gleichgewicht geratenen Welt – Uganda in den vierziger Jahren.

Geboren wurde Timothy Wangusa 1942 in Bugisu, Uganda. Nach seinem Literaturstudium in Kampala und Leeds wurde er Professor an der vor den Schreckensherrschaften Obotes und Amins berühmten Makarere-Universität. Heute ist er auch im Bildungsministerium tätig.

Außer diesem Roman hat Wangusa Gedichte geschrieben, die in vielen Anthologien aufgenommen worden sind. Wer weiß, wann er wieder einen Roman schreibt.

Timothy Wangusa, *Der Berg am Rande des Himmels*, aus dem Engl. von Ilija Trojanow, Kyrill & Method Verlag, München 1989

Der Tanz mit Schenkelglocken

Endlich war das erklärte Jahr da. Kangala und Wabwire sollten im August während der Landsaison und Mwambu im Dezember während der Schulsaison fallen. Kangala und Wabwire erklärten deshalb ihre Kandidatur früher im Jahr. Sie taten dies während der Aprilferien, so daß Mwambu glücklicherweise seine zwei Freunde bei ihrer Übung des Sammelns von Insignien begleiten konnte.

Da sie den *imbalu* der Schenkelglocken tanzen würden, brauchten sie verschiedene Gegenstände. Einen nach dem anderen sammelten sie von ehemaligen Kandidaten, die nun Männer waren: Schenkelglocken, Kopfschmuck aus den Häuten weißer Affen, Pfeifen, Büffelhörner; und von den Frauen sammelten sie Perlen ein. Die Perlen kamen allerdings ziemlich langsam zusammen.

„Warum", fragte Wabwire, „kann man nicht mit den Perlen der eigenen Mutter tanzen?"

„Yii, Wabwire", antwortete Kangala. „Wie kannst du mit etwas von der Taille deiner Mutter tanzen? Warum sonst schwören Männer, nicht mit ihren Müttern zu schlafen?"

„Oh, ich habe nur gescherzt", sagte Wabwire beim Versuch, die Auswirkungen seiner kindischen Frage einzudämmen.

„Auf jeden Fall gibt es genug Schwestern und Schwiegerschwestern, die Perlen spenden", warf Mwambu ein.

„Und Freundinnen!" prahlte Kangala. „Manche wetteifern sogar untereinander. Jede denkt, daß sie als erste von unserer Männlichkeit profitieren wird, wenn sie die meisten Perlen gibt. Ich bin sicher, wir werden schließlich mehr Perlen haben, als wir brauchen können.

Aber die Wahrheit war, daß Wabwire beschämend wenige Perlen auf seinen Schultern trug und dies zeigte, wie wenige enthusiastische weibliche Gönnerinen er wohl hatte.

Alle drei Jugendlichen besuchten eines Tages Kulobas Haus, um einige Perlen von Mayuba zu erbitten. Aber sie wies sie mit gewohnter Unverschämheit und Heiterkeit ab.

„Ich spare mir alle meine Perlen für meinen Ehemann dort im Dezember auf", sagte sie. Mwambu war geschmeichelt wie auch verlegen. „Wieso überhaupt bittet ihr eine glücklich schwangere Frau um Perlen?"

„Bitte gib mir nur ein paar", bettelte Wabwire.

„Was Dich betrifft", spottete sie, „ich kann dir keine einzige geben. Du verschwendest deine Zeit dieses Jahr. Du machst keinen seriösen Eindruck. Besser du wartest und tanzt erst beim nächsten Mal."

Aber es war nicht so, daß es Wabwire nicht ernst war. Sein Problem war, daß er einen schlanken, weiblich schönen Körper entwickelt hatte, wogegen Kangala stämmig und ungeschliffen war.

An jenem Abend kam eine kleine Gruppe zur Unterstützung von Kangala und Wabwire zusammen und die beiden begannen mit ihrem Männlichkeitstanz. Als Auftakt tanzten sie jeweils kurz in ihren beiden Häusern. In den folgenden Nächten tanzten sie auf dem freien Dorfplatz. Sie gewannen einen bekannten Sänger, der sie begleitete. Sie komponierten auch einige Lieder zu ihrer eigenen Lobpreisung und sangen diese. In den nachfolgenden Wochen, wenn Mwambu in der Schule war, tanzten Kangala und Wabwire so lange, bis sie zu ausgezeichneten Tänzern wurden. Sie tanzten hoch, sie tanzten niedrig, sie tanzten schräg, sie tanzten gerade, sie tanzten in allen Arten.

Und dann kam der entscheidende Monat August. Mwambu hatte Ferien und war froh, bei seinen Alterskameraden in ihrem entscheidenden Monat zu sein. Das Tanzen wurde allmählich intensiver und die unterstützende Gruppe wurde jede Nacht zahlreicher. Hin und wieder löste sich ein Älterer von der Menge und führte sein Ohr zur Erde, um die Qualität und Kraft des rhythmischen Stampfens der Kandidaten hören und beurteilen zu können. Dann nickte er zustimmend mit dem Kopf oder schüttelte ihn unzufrieden.

Kangala zeichnete sich als der bessere Tänzer aus. Er war energischer und eleganter. Und so bekam Wabwire von den Älteren oft auferlegt, eine Tanzfolge zu wiederholen oder stärker auf den Boden zu stampfen. Aber beide Kandidaten überzeugten die Ranghöchsten, daß sie die Beschneidung wirklich wünschten und ihren Mann stehen würden.

Tag für Tag machten sie sich nach Sonnenaufgang auf den Weg, allen Verwandten nah und fern mitzuteilen, daß dies das Jahr des Fallens waren. Sie schnürten ein buntes, rötliches Tuch um einen langen Stab und ließen es wehen, als Banner ihres beabsichtigten Mutes. Es wurde stets von jemandem in der Vorhut der schlendernden Truppe hochgehalten.

Und es war wirklich ein Schlendern. Gehen-laufen, tanzen-laufen, in Elgongala ursprünglich als *khusanda* bekannt. Deshalb nennen sich bamakooki, Männer die im selben Jahr fallen, mit Vorliebe *sande imbalu yange* - du meine Beschneidung, der du so innig neben mir geschlendert, so eifrig neben mir zum Imbalutanz gegangen bist.

Die Kangala-Wabwire Truppe schlenderte vergnügt durch die Gegend. Sie stiegen über Hügelketten und durchquerten Ebenen. Sie kamen bis nach Webuye in Kenya, damit die Verwandten in der großen Verstreuung des Bergvolkes erfuhren, daß dies ein einmaliges Jahr war. Schlenderten Tag und Nacht, Nacht und Tag. Durch dichten Dschungel und an winddurchzogenen Fernstraßen entlang.

Sehr oft schlachteten die Verwandten eine Ziege und selbst bei den ganz Armen langte es noch für einen Hahn oder zwei Hühner, während die nahen Tanten und Onkel eine Kuh oder einen Bullen töteten. So kehrten die Kandidaten heim mit dem Segen gehackten Fleisches von der Kuh oder der Ziege und mit Hirsehefe-Brei auf ihren Augenbrauen und auf ihrer Brust. In Bududa wurde im Hause von Kangalas ältestem Onkel mütterlicherseits ein Ochse geschlachtet. In Buschika wurde im Hause von Wabwires Onkel, der den ganzen Brautreichtum von Wabwires Mutter gegessen hatte, eine sehr fette Kuh, die seit Jahren kein Kalb mehr geboren hatte, geschlachtet. In beiden Fällen spuckte der Onkel etwas unfermentiertes Hirsegebräu auf seinen Neffen und sagte: „Geh und steh aufrecht, wie wir es taten. In diesem Klan fürchten wir den *imbalu* nie."

Die Kandidaten verließen Bududa und Bushika geehrt und voller Freude, mit Bündeln von Tierkadavern und den Euter der Kuh und den Hoden des Ochsen auf zwei rivalisierenden Stöcken neben dem Stoffbanner gesteckt. Glücklich feiernd und ihrer Sache zugetan, wechselten sich Wabwire und Kangala beim Komponieren und Singen von Liedern ab. Einmal komponierten sie abwechselnd die Zeilen eines Liedes:

Nama i bumayi
(Ich komme vom Klan meiner Mutter)
Ho!

Nama i luteka
(Ich komme von Bambusland)
Ho!

Nama khu mesa
(Ich komme vom Tischberg)
Ho!

Nekha i mayo
(Ich steige in die Ebene hinab)
Ho!

Ise nakhesa Manafwa
(Ich grüße Manafwa Fluß)
Ho!

Ise nanina ingo
(Ich steige heimwärts hoch)
Ho!

Yino imbalu yange
(Dies ist meine Beschneidungszeit)
Ho!

Wo——————————o
Ho!

Wo——————————o
Ho!

Das schnelle und angenehme wa-wa-wa-wa-wa-wa-wa der Schenkelglocken, vermischt mit Trommeln und Rasseln, lieferte einen Laufen-Gehen-Rhythmus, der Hügel und Täler ohne Einhalt aß. Von Zeit zu Zeit trat der Büffelhorn-Träger zur Seite und blies wichtigtuerisch die Nachricht des Bevorstehenden in alle vier Richtungen des Windes:

„Bv——u!
Bv——u!
Bv——u!
Bv——u-u-u-u!"

Wieder zuhause heulten Mütter und Tanten und Schwestern lautlang, als sie die Bündel von Fleisch erblickten. Den Kopf des Ochsen in Empfang nehmend, bemerkte Nabududa, „ja, mein Sohn hat einen wirklichen Onkel“. Und Nabushika sagte, als sie den Kopf der Kuh erhielt, „Es ist ein guter Bruder, der einen Teil des Brautreichtums einer Schwester über ihren Sohn zurückgibt“.

Dann kam der Tag des Brauens. Drei Tage bis zum Tag der Tage. Kangala und Wabwire trennten sich und ein jeder ging zum Hof seines Vaters, holte sich einen Wassertopf, setzte ihn auf den unbedeckten Kopf und rannte alleine, ganz alleine, zum Brunnen hinunter, schöpfte Wasser, rannte mit dem Topf auf dem Kopf zurück, goß das Wasser in einen anderen Topf um, der Hirse-*tsimuma* für das Brauen enthielt und tanzte, nun wieder in Gesellschaft einer Gruppe seiner Unterstützer, eifrig um den brodelnden Topf herum.

Kangala ging dann zu Wabwires Haus hinüber und die beiden tanzten so intensiv, wie sie nur konnten. Sie tanzten mit Körper und Seele. Tanzten sich in eine unwiderrufliche Entschlossenheit. Ein jeder versicherte der Erde und dem Himmel, daß er es tun müsse. Wie Vater es tat. Wie Vaters Vater es tat. Wie die ganze Linie der Vorväter es tat.

Plötzlich trat ein Mann, den Kangala nicht kannte, aus der Menge hervor, rieb seine Hände und gab ihm einen sehr geschickten Schlag auf seine rechte Schläfe. Er zuckte vor Schmerz zusammen, hielt jedoch stand und behielt seine äußere Gelassenheit.

„Hast du geglaubt“, sagte der Mann, „daß du auch ein Mann bist, als du vor fünf Ernten mir zugerufen hast, ich solle mich davonmachen und meine Mutter essen? Ee? Du dachtest, ich würde es vergessen. Aber es vergißt stets der, der auf dem Pfad scheißt; derjenige, der in die Scheiße tritt, vergißt nie.“

Er hielt ein und wandte sich dann der gegenwärtigen Angelegenheit zu.

„Schau mich an!“ rief er. „Steh gerade und schau mir in die Augen. Zucke mit keinem Muskel. Ich sehe, du schreist. Du schreist danach. Schreist danach, beschnitten zu werden und deinem Vater zu gleichen. Aber *imbalu* ist kein Witz! *Imbalu* ist ein Rasiermesser! Es ist Feuer! Es ist auf deinem Schädel! Es ist *pilo pilo pilo pilo pilo pilo...*“

In diesem Moment trat ein älterer Vetter Wabwires auf Wabwire zu und gab ihm einen harten Schlag auf beide Schläfen.

„Ich schlage dich mit gutem Grund", sagte der Vetter. „Um dich zu stärken, damit du dem Messer widerstehst. Ich habe eine gewisse Furcht in dir entdeckt, eine gewisse Unentschlossenheit. Aber scherze nicht mit *imbalu*, mein Bruder! *Imbalu* ist nicht gut! *Imbalu* ist Qual! Man hat es auf dem Hof, dann hat man es im Haus. Es ist Wochen voller Schmerz! *Inguwu* auf die Wunde schmieren, das Pulver des bittersten Heilkrauts auf der Welt! Du tust es auf die Wunde und es brennt, als ob diese Welt sich krümmt und aufbricht! Und du sorgst willentlich dafür, daß es brennt! Denn Mannsein ist Schmerz! Willentlicher Schmerz!...

„Sag mir", fuhr er fort, „bist du immer noch darauf erpicht, dem Messer entgegenzutreten? Wenn du entschlossen bist, mach weiter. Wenn du den leichtesten Zweifel hast, warte bis zum nächsten Mal. Gib mir deinen Kopfschmuck, entferne die Schenkelglocken und wirf sie ab und geh in das Haus deiner Mutter und setz dich hin!"

Die aufreizende Herausforderung wurde sowohl von Wabwire als auch von Kangala gehört.

Zum Haus der Mutter! Nein! Nie! Nie! Nie! Zu den Beleidigungen zurückzukehren?... *Ndi musinde wowo?* Bin ich dein unbeschnittener Junge? Rühr meinen Schlauch mit Hirsebier nicht an! Rühr meinen Kürbis, meinen Teller, nicht an! Ich kann nicht dieselbe Frau mit dir teilen! Faß mich nicht an, mit dem Schmutz unter deiner Vorhaut! ...

Der erste Tag. Der zweite Tag. Der dritte Tag! Hahnenschrei, Dämmerung und Sonnenaufgang!

Die zuvor festgelegte Stunde war, „wenn die Sonne am Himmel am höchsten ist".

Jeder Kandidat sollte im Hof seines Vaters stehen, zuerst Kangala, der Sohn des älteren Bruders.

Früh am Morgen wurde ein Ochse im Hause Wabwires geschlachtet und ein Bulle in Kangalas Haus. Die Kandidaten, die keinen Appetit hatten, wurden aufgefordert, sich den Magen gut zu füllen. Sie wurden zum letzten Mal mit der Hirsehefe-Paste auf der Stirn und der Brust gesegnet. Das Trankopfer wurde ausgeschüttet und die Ahnen wurden am Begräbnisort der Familie angerufen. Und dann wurde *ityang'i*, die stärkende geheime Wurzel, durch die Nase verabreicht. Wopata verabreichte eine besonders starke Portion an Wabwire wegen der furchterregenden Unsicherheit, die dieser seit dem vorhergehenden Abend entwickelt hatte. „Sei stark, Wabwire mein Sohn", sagte er. „Sei stark!" wiederholte er besorgt.

Dann rannten Kangala und Wabwire zum Fluß hinunter in Begleitung der Menge. Namweke Fluß. Dringliche Krone aus Schlamm auf ihrem Kopf. Und wenig später liefen sie zurück, die Menge folgte aufgeregt – rennend, fliegend, keuchend, stolpernd, aufstehend, rennend...

An der Kreuzung der Pfade zu den Häusern Wopatas und Mukimbas wurde Wabwire zwischenzeitig zurückgehalten und Kangala angespornt, weitergetrieben. Und dann fing der Singführer mit dem „Lied des Zuredens" an, sowoyo, sanft und schön trieb es Kangala voran, die eine Sache zu erfüllen, die zu unternehmen er sich selber so geschworen hatte, und um diesen bedeutsamen Tag zu vollenden. Der Singführer und die Menge sangen ihn voran, den Hügel hinauf und er traumschwebte vorne weg ...

Mwana we batayi syalero
(Kind der Ahnen heute)
Ho——o!

Syalero
(Heute)
Ho!

Syalero
(Heute)
Ho! Ho!

Bakeni bamakana bakharure
(Besucher unglaubliche werden auftauchen)
Ho——o!

Bakharure
(Werden auftauchen)
Ho!

Bakharure
(Werden auftauchen)
Ho! Ho!

Kumubano kumuakale kwakhulya
(Ein geschärftes Messer soll dich essen)
Ho——o!

Kwakhulya
(Soll dich essen)
Ho!

Kwakhulya
(Soll dich essen)
Ho! Ho!

Butoto wa Mutoto wakhwimakho
(Butoto wa Mutoto ist auf dir)
Ho——o!

Wakhwimakho
(Ist auf dir)
Ho!

Wakhwimakho
(Ist auf dir)
Ho! Ho!

Sie eilten an der *natooke shamba* von Kangalas Mutter vorbei. Durch das hohe Gras. All die Mahnungen der Vergangenheit zuckten durch sein Gehirn. *Imbalu* ist Feuer ... ist ein Rasiermesser ... ist auf dem Hof ... ist auf dem Kopf ... ist *pilo pilo pilo* ...

Sie stürzten wie wahnsinnig vorwärts. An der Küche seiner Mutter vorbei. Um das Haupthaus herum ...

„Und nun verlassen wir Euch! Wir stoßen Euch hin! Wir stoßen Euch in den Hof! *Wo——o!* ..."

Er trat in das Zelt voller trockener Bananenblätter. Vollführte drei Luftsprünge. Eins! Zwei! Drei! Setzte seine Füße fest auf dem Boden. Hände in die Seite gestemmt. Zum Berg hin. Und dann trat *Butoto wa Mutoto* mit dem Messer ein - und mit dem Messer tausend gespenstische Stimmen:

„Er hat dir geschnitten das oberste! ...
Er hat dich defloriert! ...
Er fängt an dich tief zu schneiden! ...
Er stutzt dich rundherum
Überlaß es Ihm, Ihm, Ihm! ...
Dort dort dort dort dort dort! ...
Sililililililililililili! ...
I!i!i!i!i!i!i!i!i!i!i!i!i!i! ...“

Hurra! Hurra! Die dreiminütige Ewigkeit war zu Ende! Die Ewigkeit der Messerklinge war zu Ende! Butoto hob sein Messer hoch über seinen Kopf, um zu signalisieren, daß er die Arbeit beendet hatte!

Hob sein Messer hoch, bückte sich, das Zelt zu verlassen, und rannte hinaus, aufgeregt triumphierend über diese ein weiteres Mal hervorragende Vollendung seiner Mannschöpfer-Kunst!

Hurra! Hurra! Im Haus hörte Kangalas Mutter alles. Sogleich nachdem Kangala den Hof betreten hatte, stürmte sie in das Haupthaus, kauerte an der Mittelsäule, umfaßte diese fest und fing an, die Windungen und Wehen seiner Geburt zu durchleben. Und nun war er geboren! Und nun trat sie aus dem Haus! Hurra für Kangala! Geheul und andere Geräusche des Glücks. Schreie und Sachen in der Luft! Steine auf das Haus ...! Denn gab es jemals eine glücklichere Mutter? Alle Frauen teilten ihr Frohlocken und kamen zu ihr mit wilder Freude.

Und Kangala, Grund und Objekt der Freude, fühlte den höchsten Triumph. Die feinste Erleichterung in dieser Welt des Schmerzes. Er vollführte drei abschließende Luftsprünge. Eins! Zwei! Drei! Nie mehr.

Dann trat jeder auf ihn zu mit Huldigungen und Glückwünschen.

„Glückwünsche, Kangala, mein Sohn.“

„Ja, Vater.“

„Glückwünsche, Kangala, mein tapferer Sohn.“

„Ja, Mutter.“

„Glückwünsche, Kangala. Du hast deine Schuld dem Berg gegenüber gut vollbracht.“

„Ja. Danke, Onkel.“

„Glückwünsche ... Glückwünsche ... Glückwünsche ...“

„Ja, Schwester ... Ja, Tante ... Ja, Bruder ...“

„Mit diesem einen Shilling ... Mit diesem kleinen Nichts von mir ... Mit diesem Huhn ...“

„Danke, Bruder ... Danke, Schwester ... Danke, Tante ..."

Mwambu drängelte sich hindurch, um seine Komplimente, so schnell er konnte, zu übergeben und dann zu Wabwires Haus zu laufen.

„Glückwünsche, mein lieber Freund!" sagte er. „Mir fehlen die Worte, dir zu sagen, wie großartig du gestanden bist, und was ich fühlte. Nimm diesen Umschlag als kleines Andenken von mir ..."

„Vielen, vielen Dank, Mwambu. Nun, du bist als nächster dran. Und ich werde dir beistehen, so wie du mir beigestanden hast!"

Seine Großmutter, die Mutter seiner Mutter, zog eine lebendige Ziege an einem Seil herbei.

„Du hast es geschafft, mein Ehemann!" sagte sie mit Bewunderung. „Du hast mich so glücklich gemacht. Dieses Tier ist für Dich und mich. Nimm es von mir an und ich werde es für uns beide hüten."

„Dank dir vielmals, meine eigene Frau", antwortete Kangala mit einem scherzenden Lächeln.

Und sein Großvater, der Vater seines Vaters, strahlte mit höchster Freude.

„Mein Ebenbürtiger!" sagte er, während er Kangalas Hand energisch schüttelte. „Mein *makooki*! Mein Kamerad im Fallen! Ich wußte, du würdest es schaffen. Oh, du standest so fest. Absolut fest. Kein Blinzeln, kein Muskelzucken. Genauso stehen wir in unserem Klan. Von Anfang an her. Wir stehen ganz still, während das Messer uns ißt. Ich sage dir, die Vögel erblickten deinen Mut und starben vor Schreck an diesem Morgen. Oh, ja, Vögel sterben an diesem Morgen."

Auf die Schreie der Vollendung von Mukimbas Hof her, entließ ein Älterer Wabwire nach Hause. Während Kangala in Reinheit beschnitten wurde, hatte Wabwire gezerrt und gezuckt wie ein wilder Hund, der gewaltsam von seiner Beute ferngehalten wird. Tränen rannten ihm die Wangen hinunter, krampfartig weiteten sich seine Nasenflügel aus und zogen sich zusammen und seine Füße waren so unruhig, als würde er auf glühende Asche treten. Und jetzt ließen die Halter den wilden Hund los und riefen anstachelnde Worte.

Die unterstützende Gruppe fing an zu laufen. Brandete den Hügel hoch. Durch Wopatas Kaffee-*shamba*. Und dann stimmte der Liedführer das „Lied des Zuredens" an.

Die Menge vor Mukimbas Haus kam angeflogen über die direkteste, die weglose Strecke: durch Busch, Dornen und Speergras. Bis Mwambu hinkam, sang die Menge schon die letzte Strophe des siwoyo, denn sie waren fast da:

Isolo isasake iyo yarura
(Sieh das befleckte Tier kommt näher)
Ho——o!

Yarura
(Kommt näher)
Ho!

Yarura
(Kommt näher)
Ho! Ho!

Sie umrundeten den Hirsespeicher und näherten sich dem Hof von der oberen Seite. Dann, als er den saubergekehrten Hof betrat ...

Wabwire fühlte plötzlich, wie das Innere seines Kopfes zu einem Schwamm wurde und zur Größe eines riesigen Termitenhügels anschwoll.

Seine Füße versteinerten zu schweren Klötzen. Der ganze Raum zwischen seinen Rippen wurde hohl ... Er wurde ein Geist, allein, isoliert und ausgesetzt in einer Wildnis von Dämonen ... Und trotz solch schwerer Klötze konnte er nicht anhalten. Er fand sich vorwärtsgetrieben von unzähligen, alptraumhaften Händen und Stimmen ...

„Und nun stoßen wir Dich zum Messer! Wir ziehen uns von Dir zurück! Wir werden Deine Feinde! Wir falten unsere Hände und schauen zu! *Wo——o!*

Am Eingang des Zeltes voller trockener Bananenblätter gab es eine unendlich kleine, fast unmerkliche Weigerung seiner Beinmuskel, weiterzuschreiten. Aber die festen Hände eines Älteren führten ihn von hinten geschickt an den Schultern durch den engen Eingang. Und eine schroffe Stimme sagte, „Kein Zögern! Du hast Tiere so vieler Menschen gegessen! Tritt unerschrocken ein!“

Und er trat ein.

Und hinter ihm trat ein das befleckte Tier: Butoto in seiner gefleckten Robe des Beschneiders aus Leopardenfell. Wabwire brauchte eine gewisse kurze Zeit, um seinen Vater direkt vor sich auszumachen, dessen Blick ausdruckslos über die weitentfernte Bergkette wanderte. Auch vergaß er, die drei anfänglichen Luftsprünge zu machen, doch erinnerte ihn niemand daran, aus Angst, daß es eine gegenteilige Wirkung auf ihn haben könnte. Er war sehr lebendig, bis seine Hose aufgeknöpft wurde. Dann, als Butotos Assistent die Vorhaut für den ersten Schnitt fest streckte, senkte Wabwire für einen Augenblick sein Auge und erhaschte einen flüchtigen Blick von der glitzernden Messerklinge, und donnernde Stimmen im Chor:

„Er hat Dich geschnitten zum Ersten ...!" Er schürzte seine Lippen und zog seine Augenbrauen zusammen, um den Schmerz aufzufangen. In dem Sekundenbruchteil vor dem nächsten Schnitt, geriet sein Vater in Panik. „Schau mich an, Wabwire!" schrie er. Und die Menge, die den schlechten Start erahnte, murmelte verschiedene mißbilligende Geräusche. Und dann kam ein bedrohliches, kehliges Bulldoggen-Knurren ...

„Er fängt an dich tief zu schneiden ...!" Es war unerträglich. Dies war *indula*, die Phase des Zuschneidens an der unteren Seite mit der Messerspitze beginnend, einem Stil, den Butoto wa Mutoto nun wählte, anstatt eine der zwei Klingenseiten zu benutzen. Dies war der Gipfel an Schmerz schlechthin. Oh, wie sollte er das sägeartige, schartige Knirschen der durchgeschnittenen Hautfasern aushalten ...?

„*Mayi koye!*" schrie er in unendlicher Qual. „Mutter liebe, ich sterbe!" Hob sein rechtes Bein, während er so schrie und verzog sein ganzes Gesicht. Dies hetzte einen Höllenlärm verschlingender Stimmen auf ...

„Er hat seine Mutter zerstört! ... Sie so anzurufen! ... Er hat laut aufgeschrien! ... hat den Hof geschändet! ... Runter mit deinem Bein! ... hefte es auf den Boden! ... Beiß die Zähne zusammen und entspanne deine Unterleibsmuskeln! ..."

Aber von da an, gab es kein gegenseitiges Verständnis, keinen Kompromiß mehr. Er wurde ein wilder und verrückter Bulle, verwundet und gejagt von fleischreißenden Kobolden. Bei der leichtesten Berührung der wunden Stelle mit dem Messer, heulte er wild und stieß Butoto mit beiden Händen weg. Und das war das Ende von Gutzureden und freundschaftlichen Warnungen. Vier Ältere versuchten ihn fest auf den Beinen zu halten, aber er wand und krümmte sich in Schmerz und Entsetzen.

In so einem Fall muß der Beschneider einen entscheidenden Schnitt tätigen. So gab Wopata das Wort für die verzweifelte Abhilfe.

„Haltet ihn auf dem Rücken fest! Ich gehe."

Er ging hinaus mit hagerem Gesichtsausdruck, durch die verärgerte Menge und ihm folgten alle Klanangehörigen. Nur diejenigen, die nicht vom Klan waren, blieben zurück, den Rest zu erleben.

In ihrem Haus brach Nabushika in die traurigsten Tränen enttäuschter Mutterschaft aus. Sie lockerte ihre Umarmung der mittleren Säule und weinte mit unvergleichbarer Hingabe, warf sich wiederholt auf den Boden und schlug darauf mit wahnsinnigen Händen. Die anderen Frauen gingen zu ihr, um sie zu trösten, doch sie sah sie nicht, noch hörte sie sie. Sie war jenseits von Trost; denn ihr erstes Baby, ihr erster Sohn war im Verlaufe seiner Geburt schrecklich verunstaltet worden ..."

Mwambu, der nicht vom Klan war, blieb bis zum Schluß.

Wenn er in den vielen Jahren danach an dieses Ereignis zurückdachte, blieb ihm eine einfache Tatsache klar in Erinnerung, durch die Erfahrung der Grausamkeit, so schien es ihm, die Grausamkeit des Knebelns, Schlagens, des straffen Streckens der Glieder durch zwei schwere Männer, die jedes Glied niedergepreßt hielten, um dem Beschneider zu helfen, seine Arbeit zu beenden. Die einfache Tatsache war, daß Mwambu weinte. Er weinte um seinen Freund wie um einen Toten und dann befand er sich auf dem Weg in dieselbe Richtung wie Wabwires Klanangehörige.

Als er an den Frauen vorbeiging, erblickte er Nerima, inzwischen eine ausgereifte Frau. Ihre Augen waren rot vom Weinen und es tat ihm so leid, daß diese Augen in die seinen schauten, genau in diesem einen Augenblick, von allen bösen Augenblicken im Leben.

„Ich wundere mich", sagte eine Frau gerade, „was es bewirkt haben kann. So ein wunderbarer Junge, so vergeudet!"

„Die ganze Zeit", sagte eine andere, „schien er so gut gekocht für *imbalu*. Er schrie danach so sehr die ganze Zeit. Ich frage mich, ob man ihm vielleicht nicht *ityang'i* gegeben hat oder ..."

„Meine Schwester", unterbrach Wabwires älteste Tante, „was nützt ityang'i,wo ein boshafter Mann seine böse Medizin in deinem Hof gepflanzt hat?"

„Ja", fügte eine weitere Frau hinzu, „es gibt so schlechte Menschen in dieser Welt. Sie können es nicht ertragen, schöne Kinder in einem anderen Hof zu sehen. Wie kann Wabwire *imbalu* gefürchtet haben?

Es kann nicht sein! Ich habe Mitleid mit meiner Schwester, seiner Mutter."

„Jedenfalls", sagte die Tante, „ist er besser als der ausgebrannte Kürbis. Wenn ihn nicht ein Ungeheuer entführt, laß ihn so sein. Er wird mit uns sein, nicht wie ein totes Kind, und wir werden zufrieden sein, ihm zuzusehen."

Wopata sah Mwambu mit den Klansmänner kommen.

„Raus aus meinem Hof!" brüllte er, sich aufrichtend, wie verrückt in seiner Wut. Er stürzte sich auf Mwambu mit mörderischen Händen. Mwambu ging schnell wieder hinaus, erstaunt und erschüttert, während mehrere Männer sofort Wopata den Weg versperrten und ihn festhielten.

„Geh mir aus den Augen", schrie er. Er kämpfte, loszukommen, aber die Männer hielten ihn fest. „Was! Masaabas Sohn schleicht herum und schreitet stolz in meinem Hof umher! Masaabas Sohn! Am Tage seines Vaters Hexerei in meinem Hof! ..."

Inzwischen hatte sich Mwambu einen Weg bis zu den Frauen vor dem Haupthaus gebahnt und fing an, nach Hause zu rennen. Er bekam nur Bruchstücke von Wopatas Tiraden mit, während er den Hügel hocheilte.

„... *Busungu bu ——bi!* Die Gesetze des roten Mannes sind so schlecht! ... Sie haben mich in eine Frau verwandelt ... Denn ich hätte heute jemanden getötet ... Masaaba schwor ... Mukimba, du warst dort ... Masaaba schwor, meinen Hof zu schänden ..."

Zum ersten Mal in zwei Wochen blieb Mwambu an diesem Abend seinen zwei lieben Dorfkameraden fern, an deren Entwicklung zum Mann er so sehr beteiligt war. Er verpaßte die Säuberungszeremonie bei Wopata, das Schlachten der schwarzen Ziege und das Sprenkeln deren Blutes auf Wabwire und den Hof, um die Schande wegzutreiben, daß er geschrien hatte und auf seinem Rücken gelegen war. Er verpaßte auch die Zeremonie des Händewaschens für beide Initiierten.

Kangala war betrübt, als er von Wabwires schrecklichem Unglück erfuhr. In seinem Innersten hatte er jedoch schon immer vermutet, daß Wabwire die Härte fehlte, die Qual des Messers auszuhalten. Er glaubte nicht, daß Masaaba Böses auf Wabwires Weg gepflanzt hatte. Und es tat ihm leid, daß Mwambu zu Unrecht angegriffen worden war, als Sohn seines Vaters.

Bei Sonnenuntergang erschien Butoto in Mukimbas Haus. Er hatte sich in Wopatas Haus verspätet, so daß Kangala, der immer noch ungereinigt war, sein Essen mit Stöcken zu sich nehmen mußte. Nun goß Butoto Hirsegebräu und Wasser über Kangalas Hände, damit dieser sich wasche und für immer rein werde. Bei jedem Gießen des Hirsegebräus und Wassers stimmte er die Worte des Segens über Kangala an:

„Heute Ich Butoto wa Mutoto
habe dich als meinen Sohn gezeugt
Kangala Kind von Mukimba
vom Klan der Regenmacher
Ich habe dich für ewig gekleidet
mit dem Gewand der Männlichkeit
Und geschmiedet für dich
des Züchters eiserne Hacke

Mögest du finden selbst eine ältere Frau
mag sie auch einäugig sein
Und der Vater werden
vieler Söhne und Töchter."

An diesem Abend konnte Mwambu nicht einschlafen. In seinem Kopf dröhnten endlos die glücklichen und schrecklichen Geräusche des Tages.

Als Masaaba hörte, daß Wopata ihn öffentlich mit seinem Vorwurf der Hexerei verleumdet hatte, kochte er sehr lange Zeit vor Wut. Wie konnte Wopata so dumm sein, fragte er sich, seinen Vorwurf auf alte, längst vergessene Worte zu gründen, geäußert in nacktem Zorn. Es war für beide Männer gut, daß Masaaba bei der Beschneidung des Sohnes eines makooki nicht anwesend sein durfte, denn sonst hätte es einen blutigen Krieg gegeben. So hatte sich Wopatas flammende Wut gegen Masaabas Sohn gerichtet.

„Was für ein schöner und schrecklicher Tag es war, oh Herr", quälte sich Mwambu in der Dunkelheit seiner kleinen Hütte. Er betete und betete. Er betete auf Knien und dann auf seinem Bett, auf dem Rücken liegend. Mit geschlossenen Augen und mit offenen Augen. Er betete um Ruhe in seinem Innersten und um Schlaf in seinen Augen. Aber die Ruhe kam nicht und erst kurz vor Morgengrauen, als die Vögel sich schon lärmend regten, ergatterte er etwas Schlaf.

Und dann, am späten Vormittag, hörte er das Schockecho der Ereignisse des vorangegangenen Tages.

Imbalu sollte an den kommenden Tagen fortgesetzt werden, Sonntag ausgenommen, in allen verbleibenden Bezirken des Distrikts. Zu dieser gegebenen Mittagsstunde bummelte eine Handglocken-Tanzgruppe durchs nächste Dorf Bukhontso und die Wörter ihres Liedes waren unmißverständlich:

Wabwire elotsa i bumawe
    O yaya!
Wabwire aterema imbalu
    O yaya!

Wabwire rief beim Klan seiner Mutter
    O weh!
Wabwire erzitterte vor dem Messer
    O weh!

„Oh, nein!“ schrie Mwambu, der auf dem Gras vor der Küche seiner Mutter erstarrte. Oder war es eine Ohrentrommel, eine Illusion? Nein, es war keine Täuschung. „Armer Wabwire!“ hauchte er. „Armer Wabwire! Wie grausam und wie bald schon!“

Und in diesem Augenblick fällte er eine schwerwiegende Entscheidung: „Kein *imbalu* für mich im Dezember!“ Vielleicht nach zwei Jahren, räumte er ein, oder nach vier Jahren. In der Zwischenzeit wollte er über seine innere Unruhe Klarheit gewinnen.

Aus: Timothy Wangusa, *Der Berg am Rande des Himmels*, aus dem Engl. von Ilija Trojanow, Kyrill & Method Verlag, München 1989

Mongo Beti

Foto: Walter Kranl

Als der Roman „Der arme Christ von Bomba" in Frankreich erschien, gab es Ärger: Verbote, Anschuldigungen, Verleumdungen. Die Zensur griff ein und setzte das Buch auf den Index verbotener stattsgefährdender Literatur. Der Autor aus Kamerun, am 30. Juni 1932 in der heutigen Hauptstadt Jaoundé geboren und mit dem Namen Alexandre Biyidi-Awala aufgewachsen, lebt seit vielen Jahren in Frankreich, als Lehrer und Schriftsteller.

Die Missionierung und Kolonialisierung Afrikas, die Mongo Beti in diesem Buch satirisch beschreibt, kennt er aus eigener Erfahrung. Die Grundschule besuchte er auf einer Missionstation. Dann wurde er Zögling eines kirchlichen Internates. Die Oberschulzeit schließlich verbrachte er an einem von Priestern geleiteten Gymnasium.

Obwohl er seit Jahrzehnten in Frankreich lebt, hat er nie aufgehört, sich für die Angelegenheiten seines Heimatlandes zu interessieren und Stellung zu beziehen, selbst wenn er, wie schon oft, auf große Ablehnung seitens der Staatsgewalten stößt.

Mongo Beti, *Der arme Christ von Bomba*, aus dem Franz. von Herta Meyer und Jochen Klicker, Peter Hammer Verlag, Wuppertal 1982
– *Sturz einer Marionette*, aus dem Franz. von Heidrun Becker-Beltz, Volk und Welt, Berlin 1982

Ndimi

Aber mein liebes Kind, eine Schönheit,
die zur Frau gereift ist, duftet wie ein Apfel.
Was ist daran so abscheulich?

F.M. Dostojewski
(Der Jüngling)

Montag, 10. Februar

Oh! Mutter, liebe Mutter ... Meine arme Mutter, die du nicht mehr bist! ... Ich fühle mich so allein! ... Warum habe ich keine Mutter mehr wie alle anderen Jungen in meinem Alter? ... Wenn ich auch eine Mutter hätte, wäre ich vielleicht nicht so unglücklich. Vielleicht würde ich ihr alles gestehen. Und was würde sie dann zu mir sagen? ... Oh! Sie würde nicht streng mit mir sprechen. Sie würde mich eher trösten. Dazu ist eine Mutter da: um ihr Kind zu trösten. Dafür muß sie da sein, eine Mutter! Ich bin so unglücklich! ... Ach, Mutter ... ich würde jetzt so gerne zum H.H.P.* laufen, ich würde so gerne beichten. Aber ich wage es nicht, ich habe Angst. Ich habe so große Angst! ... Schon heute morgen habe ich in der Messe in Ekokot ministriert, ohne zur Kommunion zu gehen. Was mag der H.H.P. denken? Und was würde er sagen, wenn ich beichte ...! Ich suchte im ganzen Dorf, um ein Kind zu finden, das vielleicht ministrieren wollte; aber ich fand keins.

Herr, was soll ich tun. Wie unglücklich ich doch bin! ... Und alles wegen dieser verfluchten Frau, dieser Unglücks-Catherine. Diese Frau ist wirklich der Satan in Person; sie ist schlimmer als Sanga Boto. Ich hätte mich vor ihr hüten müssen. Ja, mich vor ihr hüten, das hätte ich tun müssen. Aber wie? Konnte ich denn ahnen, daß sie Lust darauf hatte, so etwas mit mir zu tun.

Es war gestern abend, und ich dachte an nichts Böses. Ich war ganz einfach ins Bett gegangen und machte mir noch Sorgen um den H.H.P.,

* Hochwürdiger Herr Pater: im Original „R.P.S.", „Révérend Père Superieur".

der neununddreißig Fieber hatte, nach seinem Unfall auf dem Fluß. Ich dachte noch ganz verstört an das viele Wasser, das der H.H.P. am Ufer wieder von sich gegeben hatte. Ich dachte wirklich an nichts Böses, ich konnte ja nichts ahnen. Da klopfte sie an meine Tür. Ehe ich noch aufstehen konnte, um nachzusehen, wer klopft, hatte sie die Tür schon geöffnet. Der Riegel war nicht vorgeschoben. Ach, ich hätte mich vor ihr hüten müssen. Sie kam herein. Ich fand nicht einmal die Zeit, etwas zu sagen, da hatte sie schon ein Streichholz angezündet. Sie sagte zu mir:

„Du schläfst noch nicht? Habe ich dich erwischt, wie du von Frauen träumst, du kleiner Schlimmer? ..." Ich sagte keinen Ton, so verdattert war ich. Im Schein des Streichholzes sah ich kurz ihren weißen Unterrock, ihren nackten Hals, ihre Brüste, und da, wo die Träger ansetzten, sogar ihre Brustwarzen durch den Unterrock hindurch. Schon saß sie auf meinem Bettrand. Das Streichholz war wieder verloschen, es war wieder ganz dunkel in meinem Zimmer. Ich hatte mich halb auf meinen linken Ellbogen aufgerichtet. In der Kuhle zwischen meinem Bauch und meinen Beinen fühlte ich ihren verlängerten Rücken, der fast nackt war. Sie rieb sich leicht gegen meine Schenkel, indem sie die Hüften bewegte. Ich bewegte mich nicht, blieb auf meinem linken Ellbogen gestützt und sagte immer noch nichts, weil ich so überrascht war: ich war einer Frau noch nie so nahe gekommen. Ich bekam sogar Angst. Mein Herz schlug unerhört heftig, und mit jedem Herzschlag stieg mir das Blut zu Kopf, wie bei einem Fluß, wenn das Hochwasser steigt. In meinen Ohren dröhnten die Trommeln des Teufels und in meinem Kopf heulten die Sirenen. Es war mir, als brummte ein Flugzeug in meinem Innern. Einen Höllenspektakel hatte diese Frau in meinem Schädel entfacht. Warum hatte ich nicht rechtzeitig gemerkt, was los war, mein Gott? ... Ach, diese Frau ...! Ich hätte mich hüten müssen. Ich hätte besser daran getan, sofort aus dem Zimmer zu fliehen. Ich frage mich immer noch, was mich hielt.

Ihr nackter Hintern war immer noch in der Kuhle zwischen meinen Beinen und meinem Bauch; ihr verlängerter Rücken stieß jedesmal gegen mich, wenn sie ihre Hüften bewegte. Ich drückte mich gegen die Wand, um mich ihrer Berührung zu entziehen; aber sie rückte nach und drängte ihren nackten Hintern nur noch fester zwischen meine Beine. Ich spürte sie immer stärker. Sie sagte:

„Ich weiß nicht, was mit mir los ist, ich kann nicht einschlafen ... Du auch nicht, nicht wahr?"

Ich sagte nichts, und sie lachte ganz leise. Ich spürte die kleinen Stöße ihres Lachens, als sie noch sagte:

„Du bist mir vielleicht ein Priestersöhnchen! Wirst du dich wohl schämen? Ein hübscher netter junger Mann wie du spielt den Priester. Welch eine Idee! ..."

Ich antwortete nicht. Ich stützte mich immer noch auf meinen linken Ellbogen und saß halb aufgerichtet in meinem Bett. Sie drückte sich noch enger an mich, indem sie erneut ihre Hüften bewegte.

Ich hielt den ganzen Lärm in meinem Kopf nicht mehr aus; die Glocken, die mit allen Kräften läuteten wie zur Kirchweih; der Flugzeugmotor, der zum Abflug von ich weiß nicht wem brummte; die Sirenen, die zu ich weiß nicht welchem Fest im Chor heulten; und diese verteufelte Trommel. Jetzt mischten sich noch Xylophone darunter. Und diese Maschinerie ließ meinen Oberkörper erzittern, als wäre ich in der Eisenbahn oder auf der Ladefläche eines Lastwagens, der über die vom Regen ausgewaschenen Fahrspuren einer Landstraße fährt.

Ich hatte einen trockenen Hals. Sie redete weiter:

„Sagst du denn nie etwas? Das ist aber nicht nett von dir ..."

Dreimal mußte ich mir die Lippen anfeuchten, bevor ich schließlich herausbrachte:

„Hier ist mein Zimmer und nicht das von Zacharias. Ich bin umgezogen, weil es in der anderen Hütte zu naß ist; aber das ist mein Zimmer ..."

Ich merkte, daß meine Stimme zitterte wie die des neuen Vikars, wenn er die Messe singt.

Sie lachte nur und entgegnete:

„Glaubst du denn, daß ich dich fressen werde?"

Sie drehte mir den Rücken zu.

Ich fühlte, wie mir der Schweiß überall herunterlief: über die Schläfen, aus den Haaren, auf den Armen, auf dem Bauch, auf dem Rücken. Ich zitterte, so kalt war mir ... Nein, mir war nicht kalt; ganz sicher sogar war mir heiß, denn ich schwitzte ja ... Ist ja auch gleich! Ich weiß nicht mehr, ob mir kalt oder heiß war. Ich schwitzte aus allen Poren, und gleichzeitig zitterte ich vor Kälte, als hätte ich eine ganze Regennacht im Freien verbracht. Mir schnürte sich die Brust zusammen.

Mein Geschlecht tat mir weh, weil es sich aufrichten wollte, wie es das in der Morgendämmerung tut, wenn die Rebhühner schreien. Aber es war kein Platz, also konnte sich mein Geschlecht nicht aufrichten; denn diese Frau, Catherine, war mit ihrem Hintern zwischen meine Beine gerutscht und preßte sich ganz fest an mich.

Ich wäre gerne pissen gegangen! ... Ich war mir jetzt sicher: Wenn mein Geschlecht, das sich immer noch aufrichten wollte, weiter gegen den nackten Rücken dieser Frau gepreßt würde, müßte ich schließlich noch ins Bett machen. Dabei war ich doch vor dem Schlafengehen pissen gewesen.

Sie rieb ein Streichholz an und fragte:

„Aber warum hast du Angst?"

Ich schämte mich.

„Wer hat dir denn erzählt, daß ich Angst habe?" erwiderte ich nervös.

„Wer mir das erzählt hat? Aber das sieht man doch, du stirbst vor Angst!"

„Ich flehe dich an, geh in dein Zimmer. Um Gottes willen, geh raus! ..."

Sie lachte, dann sagte sie:

„Sprich nicht so laut, mein großes Dummerchen; dein Vater könnte dich hören. Stell dir vor, er findet dich mit einer Frau zusammen; bist du dir im klaren, was das bedeutet? ..."

Ich schwieg. Dann sagte ich:

„Was wird Zacharias denken, wenn er kommt. Nun geh schon ..."

„Schau, mein großes Dummerchen, Zacharias wird nicht mehr kommen; er verbringt die Nacht dort drüben. Und wenn er käme, würde ich ihm sagen, daß wir beide uns nur ein bißchen unterhalten. Siehst du, ich hatte schon Recht, als ich sagte, daß du Angst hast. Schämst du dich nicht?"

Ich konnte nichts dafür: ich vergaß mich. Danach fühlte ich mich ganz entspannt.

Ich drehte mich auf den Rücken, sie legte sich dicht neben mich. Sie drehte mir wieder den Rücken zu. Dann drehte sie sich plötzlich zu mir um, während ich mich nicht bewegte. Kaum war es vorüber, schon kam es wieder: Diese Lust zu pinkeln. Mein Geschlecht richtete sich schon wieder auf: dieses Mal unter der Bettdecke. Aber das störte mich kaum noch. Diese Stöße, die mich durchschüttelten wie einen Lastwagen auf einer vom Regen ausgewaschenen Straße. Einen Augenblick lang war mir, als ließe der Drang, nochmal zu pinkeln, nach; ich sagte zu ihr:

„Mal ehrlich, was machst du da eigentlich? Was willst du von mir?“

Im Innersten wünschte ich nichts sehnlicher, als daß sie nie mehr wegginge, ich war ganz einfach neugierig. Ihre geheimnisvollen, um nicht zu sagen schlüpfrigen Bewegungen gefielen mir besser als alles, was sie mir noch hätte erzählen können. Aber gleichzeitig schien es mir ratsam, sie anzufahren und in hochmütigem Ton mit ihr zu sprechen.

Aber plötzlich brach ich in Schluchzen aus; ich weiß gar nicht, warum. Ich weinte in kleinen erstickten Schluchzern. Mein Gott, Du bist Zeuge, daß ich geweint habe, daß ich so etwas nie tun wollte. Nur sie hat die Schuld, das weißt Du doch; ich kann überhaupt nichts dafür. Sie war es, die in mein Zimmer kam, als ich nichts anderes tat, als mich um den H.H.P. zu sorgen; ich dachte nicht an Frauen, das ist wahr. Mein Gott, sie ist es, sie allein hat Schuld. Du bist mein Zeuge.

Ich weinte; sie aber legte ihren Arm unter meinen Kopf und sagte:

„Du brauchst doch nicht zu weinen, mein hübscher junger Mann. Wenn man so ein hübscher junger Mann ist wie du, dann weint man nicht.“ Sie streichelte meine Wange und sagte:

„Ich bin doch deine liebe Freundin, nicht wahr? Also ...“

„Ich werde gleich losschreien!“ stieß ich hervor.

Ich hörte sie ganz leise lachen. Sie sagte, daß es dann sowohl für sie wie für mich unangenehm würde, wenn ich jetzt losschreie. Ich schwieg und hörte auf zu weinen. Ich wollte ihr so viele Fragen stellen: Wie lange sie schon mit Zacharias ging; wo sie herkam; warum es mir immer schien, daß ich sie schon irgendwo gesehen hatte. Ich weiß nicht, warum eine Art von Widerwillen mich daran hinderte, ihr alle diese Fragen zu stellen.

Ich wischte mir mit meiner rechten Hand über die Augen; dabei traf sich auf meiner Wange meine Hand mit ihrer. Unsere Hände schmiegten sich ineinander – Finger um Finger. Sie sagte:

„Du weinst nicht mehr, nicht wahr?“

Ich antwortete nicht.

Sie sagte, daß alles gut wäre; daß ich nicht mehr zu weinen brauchte. Weil ein hübscher junger Mann wie ich niemals weinen würde. Wo ich bloß hin mit meinen Augen wäre? Ob ich jemals in meinem Leben einen hübschen jungen Mann hätte weinen sehen? Ich mochte es gar nicht, daß sie in einem solchen Ton mit mir sprach, aber auch das sagte ich ihr nicht.

Ich hatte zunächst nicht gemerkt, wie ihre Hand unter meine Decke glitt; ich zuckte unter ihrer Berührung zusammen. Ich fragte mich, worauf sie hinaus wollte, und ich dachte noch nichts Böses, weil ich so etwas noch nie erlebt hatte. Ach! Wenn ich nur gewußt hätte, wie so etwas geht; dann wäre ich auf der Hut gewesen. Aber ich wußte es nicht und deswegen bin ich unterlegen ...

Wie gut sie duftete, Catherine! ... Sie duftete gut, und ihre feste Brust lag an meinem linken Arm. Einen Augenblick dachte ich daran, mich zur Wand zu drehen; aber ich wußte ja nicht, worauf sie hinaus wollte und tat es nicht. Ihre Hand schmeichelte und streichelte meinen Körper entlang; dabei war ihre Hand kühl wie eine Schlange: ich zuckte öfters zusammen, aber sie lachte nur. Ich atmete kaum noch, und in meinem Kopf hatte der Spektakel aufgehört. Von neuem bekam ich eine unbändige Lust, mich wie beim Pissen zu entleeren.

Sie berührte mich sehr angenehm. Gegen meinen eigenen Willen mußte ich lachen. Mein Gott, Du bist Zeuge, daß es gegen meinen Willen war, wenn ich gelacht habe. Ich lachte, als sie mich kitzelte, und sie sagte mir, ich dürfe nicht so laut lachen, weil man uns sonst hören könnte. In meinem Innersten glaube ich, daß es sie glücklich machte, wenn ich lachte, weil ich bis dahin ja nur den Wunsch gehabt hatte, sie möchte sich so schnell wie möglich davonmachen.

Jetzt berührte sie mich überall und pausenlos so angenehm, und ich wand mich nach allen Seiten, um nicht zu lachen. Aber sie machte immer weiter, so daß ich schließlich sagte:

„Catherine, ich bitte dich, hör auf ..."

Sie unterbrach sofort die Kitzelei, richtete sich leicht auf, rieb ein Streichholz an und beugte sich über mich, wie ich da so auf dem Rücken lag. Ihr Gesicht bekam einen seltsamen Ausdruck. Alles, was ich vorher in ihrem Gesicht nur von ferne bewundert hatte, war jetzt nur wenige Millimeter vor mir: ihre Zähne, die man sehen konnte, wenn sie lächelte; ihre Wangen, die das Lächeln in winzige Fältchen kräuselten; ihre kleine Stirn, die an ein Rechteck denken ließ; ihre ganz großen Augen ... Und sie duftete gut! ...

Sie fragte:

„Woher weißt du, daß ich Catherine heiße?"

„Na, woher wohl", meinte ich, „ich habe es Zacharias sagen hören ..."

Sie lachte gedämpft auf und sagte:

„Ich hätte nie von dir gedacht, daß du lauschst, wo du immer so aussiehst, als würdest du uns überhaupt nicht hören."

Sie gab mir einen kleinen Klaps auf die Wange. Das Streichholz erlosch.

„Rate, wie ich heiße", sagte ich.

„Aber das weiß ich doch, Denis! ..."

So, wie sich unsere Hände vorher gelöst hatten, nahm ich nun ihre Hand wieder, und unsere Hände schmiegten sich wieder Finger um Finger ineinander. Ja, diesmal war es meine Schuld. Aber ich tat es, ohne mir etwas Böses dabei zu denken. Mein Gott, Du bist Zeuge, daß ich nichts Böses dabei dachte. Ich weiß jetzt nicht einmal mehr, warum ich es tat.

Sie verdrehte mir sanft die Finger und streckte sich wieder auf dem Bett aus.

Sie sagte zu mir:

„Dreh dich zu mir her, leg dich auf die Seite ..."

Aber ich gehorchte ihr nicht; darauf meinte sie:

„Hab doch keine Angst, mein großes Dummerchen; ich werde dir schon nicht weh tun. Ich werde dich nicht einmal mehr kitzeln. Du wirst sehen, daß es trotzdem großen Spaß macht."

Ich drehte mich zu ihr und wußte nicht, worauf sie hinauswollte. Ach! Wenn ich gewußt hätte, worauf sie hinauswollte, mein Gott, Du bist Zeuge, daß ich mich nicht zu ihr umgedreht hätte. Ich hätte mich sicher nicht zu ihr gedreht, wenn ich gewußt hätte, worauf sie hinauswollte.

Ich drehte mich also zu ihr. Ich spürte Catherines Hand vorsichtig wie eine Schlange auf meinem Bauch zugleiten, dann über meine Schenkel und über mein Bein hinweg bis zur Fußsohle. Dann kam das andere Bein ran, das sie sanft hinaufglitt, über den anderen Schenkel bis ... aber bei meinem Bauch kam sie nicht wieder an. Ich fühlte, wie sie sich zwischen meine Schenkel drängte, und dabei mein Geschlecht faßte! ... ich zitterte und Catherine sagte:

„Stell dich nicht so dämlich an! Halt still."

Ich rührte mich nicht: ich wußte nicht mehr, wo ich war. Ich ließ sie gewähren. Mein Geschlecht war jetzt wieder aufgerichtet, und Catherine zog daran, was mir weh tat; Catherine drückte mich so fest an sich, daß ich Mühe hatte zu atmen. Ich fühlte ihre festen Brüste auf meiner Brust, und mein Mund haftete fest an ihrer Wange. Wir atmeten alle beide sehr heftig. Ich konnte nichts dafür: sie fingerte immer weiter an meinem Geschlecht herum, das über alle Maßen groß geworden war, das merkte ich. Dazu war mein Geschlecht hart geworden wie ein Knüppel. Der Spektakel in meinem Kopf hatte aufgehört, aber das Lustgefühl wie beim Pinkeln war wieder da, es überflutete mich, es kribbelte ganz schrecklich.

Ich sagte zu Catherine:

„Laß mich los! Laß mich doch los, sonst muß ich gleich pissen! ..."

Sie hatte mich in ihre Arme genommen, ich fürchtete schon, daß sie mich aus dem Bett stoßen würde, aber sie rollte sich nur auf den Rücken, streckte sich lang aus und drückte mich nur noch fester gegen sich. Sie machte die Beine breit und griff wieder nach meinem Geschlecht.

Plötzlich schien es mir, als hätte ich mein Ding gar nicht mehr! ... Catherine warf sich im Bett hin und her, von links nach rechts, von rechts nach links, ohne Pause ... Es kam mir vor, als wäre ich in einen Sumpf eingesunken, und gleichzeitig würde mein Unterleib vor Hitze verbrennen. Catherine hielt meine Arschbacken in ihren beiden Händen und bewegte sich immer heftiger und pausenlos im Bett. Sie biß mir in die Wange und drängte ihre festen Brüste immer stärker gegen meine Brust. Und immerzu diese Lust zu pissen ... Jetzt konnte ich es nicht mehr zurückhalten. Ich sagte es Catherine.

„Piss doch! Aber worauf wartest du denn noch!"

In diesem Augenblick merkte ich, daß mein Geschlecht nicht abgeschnitten war, sondern nur in dem Sumpf steckte, so wie man manchmal seinen Fuß in einen Sumpf taucht, aber den ganzen übrigen Körper draußen läßt. Dies hier war ein spannender Sumpf, der manchmal hart wurde und dann wieder weich; dementsprechend bekam ich manchmal unglaubliche Lust, mich heftig zu entleeren und dann wieder ging dieses Gefühl weg.

„Guter Gott! Spritz doch, spritz ..." stöhnte Catherine. „Worauf wartest du noch! ..."

„Gleich, gleich!" sagte ich.

Dabei schämte ich mich schrecklich. Ich sagte sogar einmal zu ihr:

„Ich gehe vielleicht besser raus zum Pissen, ich mache nicht gern ins Bett."

Da wurde Catherine böse und sagte:

„Du Trottel! ..."

Ich fühlte, wie der Drang, sich zu entleeren, sofort verging, wie bei einem Kind, dem man Angst eingejagt hat. Catherine nahm meine

Arschbacken nur noch fester in ihre Hände und begann nun, mit den Hüften zu kreisen. Ich wurde langsam müde.

Sie sagte: „Beweg dich! Kreise auch so ...“

Und ich bewegte mich. Jetzt tat ich alles, was sie von mir wollte, so müde war ich. Trotzdem machte ich ein paarmal solche kreisenden Bewegungen.

Eine kleine Schlange, eine winzige kleine Schlange kroch langsam aus meiner Wirbelsäule, wo sie vorher gelegen hatte; ohne Hast ließ sie sich Glied um Glied in mein Becken gleiten; sanft wand sie sich heraus; kaum merkbar, fast schüchtern kroch sie aus meinem Unterleib heraus. Ich hatte jetzt keine Lust mehr zu pissen, sondern nur noch zu sterben. Gleich würde ich sterben! ... Das war ein entsetzliches Gefühl. Ich wollte schreien; ich glaube auch, daß ich ein bißchen geschrien habe; denn ich fühlte, wie Catherines Hand sich auf meinen Mund legte.

Catherine bewegte sich immer noch heftig hin und her ... Ich zuckte wie im letzten Todeskampf ... Ich kann nicht sagen, was mit mir geschah; ich glaube, daß ich einschlief, aber ich bin nicht ganz sicher. Vielleicht war ich auch wirklich gestorben und bin nur durch ein Wunder wieder aufgewacht. Bevor meine Mutter starb, erzählte sie mir oft von Leuten, die starben, um nur wenige Augenblicke später wieder aufzuwachen. Sie sagte, sie dürften jedoch nicht lange tot sein, weil sie sonst überhaupt nicht mehr aufwachten. Vielleicht ist so etwas mit mir geschehen. Ich muß wohl tatsächlich gestorben und wenige Augenblicke später wieder aufgewacht sein. Durch ein Wunder! ...

Als ich jedenfalls aufwachte, war keine Catherine mehr da; das Bett unter mir war feucht, als hätte ich ins Bett gepinkelt, und mein Geschlecht war ein einziger Juckreiz. Mein Geschlecht war ganz schrumpelig, ganz weich und ganz komisch. Ich tastete lange mein Geschlecht ab; fragte mich dabei, was mit mir geschehen war und schlief wieder ein.

Erst heute morgen ist mir alles klargeworden! ...

Aus: Mongo Beti, *Der arme Christ von Bomba*, aus dem Französischen von Herta Meyer und Jochen Klicker, Peter Hammer Verlag, Wuppertal 1982

Ahmadou Kourouma

Ahmadou Kourouma, geboren 1940 im Malinke-Gebiet/Elfenbeinküste, besuchte die Sekundarschule in Bamako/Mali. Zum Militärdienst kehrte er in seine Heimat zurück, wurde aber kurze Zeit später wegen Ungehorsams nach Indochina versetzt. Kourouma studierte in Frankreich und bekam 1965 eine Festanstellung in Algier. Seine Versuche, in seiner Heimat Elfenbeinküste Fuß zu fassen scheiterten, weil er immer wieder in Verdacht geriet, an der Opposition gegen die Staatspartei beteiligt zu sein.

Sein 1968 erschienener Roman „Der Schwarze Fürst" (im Original „Die Sonnen der Unabhängigkeit") gilt heute als eines der Hauptwerke der schwarz-afrikanischen Literatur.

Der deutsche Verlag Kouroumas verfügt über vier Photos des Autors. Ohne die Beschriftungen auf der Rückseite der Bilder würde wohl niemand in allen vier Bildern die gleiche Person erkannt. Einmal ähnelt er einem Preisboxer, ein anderes Bild zeigte einen Professor, das nächste einen Medizinmann und schließlich war da der unauffällige Mann von der Straße.

Seit der Veröffentlichung von „Der Schwarze Fürst" erschienen keine neuen Werke des Autors. Erst 1990 wurde in Frankreich sein zweiter Roman verlegt.

Ahmadou Kourouma, *Der schwarze Fürst*, aus dem Französischen von Burckhard Forstreuter, Peter Hammer Verlag, Wuppertal 1980

Der Muezzin träumt beim Gebet von der Liebe

Der Regen war die Allee entlang bis zum Friedhof vorgedrungen, dort wich er, vom Wind getrieben, zurück und zögerte: schon glitzerten auf der Lagune einzelne Stellen, der Friedhof war wieder frei. Der Friedhof der Schwarzenstadt war genauso wie das schwarze Viertel: zuwenig Platz; den Begrabenen blieb ein Jahr, um zu verfaulen und zu ruhen, dann wurden sie herausgenommen. Ein Leben voll Bastarderei für ein paar Monate Ruhe, das ist wirklich zu kurz! Fama ging an zwei Läden von Syrern, die zur Rechten lagen, vorüber, dann an einem dritten linkerhand, doch mit einem kaum merklichen spöttischen Lächeln drückte er sich an dem des Abdjaoudi vorbei. Als es mulmig mit dem Handel wurde, fand dieser Bastard von einem Abdjaoudi keinen besseren Ausweg, als ins Wuchergeschäft einzusteigen. Fama gab ihm wie einem Esel Steinsalz zu lecken und stürzte sich bis in den Hals in Schulden, ja bis über den Kopf, solange ihn der Syrer vertrauenswürdig fand. Als allmählich das Vertrauen schwand, ermahnte ihn dieser, zu Allah zu beten, er möge geben, daß Fama seine Schulden abtragen könne, denn bei diesen harten Sonnen der Unabhängigkeiten sei ehrliches Arbeiten und Geldmachen so gut wie ein Wunder, und das Wunder stehe einzig in Allahs Macht, der im übrigen das Gute von dem Bösen scheide.

Fama bog nach links ab, dort stand die Moschee der Dyu la. Vor ihren Mauern wimmelte es von Bettlern, Krüppeln, Blinden, die der Hunger aus dem Busch getrieben hatte. Zittrige Hände streckten sich ihm entgegen, doch verschloß sich Famas Herz dem näselnden Gesang, den Arm- und Beinstümpfen, eitrigen Augen, abgeschnittenen Ohren und Nasen; und dazu noch der Gestank! Wie man sich den Weg durch den Busch bahnt, so schob er alles beiseite, sprang über die verstümmelten Leiber und trat in die Moschee ein, in der Brust ein Gefühl von der Erhabenheit Gottes. Friede und Zuversicht strömten auf ihn ein. Mit federndem, königlichem Schritt ging er auf die Treppe zu, bestieg das Minarett, stellte sich oben hin und schrie aus voller Kehle den Aufruf zum Gebet hinab. Er rief mehrmals zum Gebet, es war ein günstiger Tag, er hatte etwas in der Tasche und stand hoch über jenem Ameisenhaufen von unglücklichen Wesen; dachte er nur daran, dann überkam ihn eine momentane Zufriedenheit, und er erhob sich auf die Zehenspitzen, um noch lauter, noch kräftiger zu schreien und noch weiter zu schauen. Zur Lagune hin wogte das Schwarzenviertel mit den grauen, aussätzigen Blechdächern unter einem schmutzig-klebrigen Himmel. Von der Meeresseite kam wieder der lärmende Regen, vom Wind hergetrieben, griff wieder wie eine heranstürmende Büffelherde an. Die ersten Tropfen schossen herab und zerplatzten auf dem Minarett. Fama stieg in die Moschee hinunter. Der wildgewordene Wind schlug gegen die Wand, stürzte durch Fenster und Mauerlöcher herein und pfiff wütend. Die Bettler, die sich in den Mauerecken zusammendrängten, bekamen Angst und jaulten auf lästerliche und verderbenbringende Weise, die den Blitz anziehen mußte. Der Donner zerriß den Himmel, entzündete das All und erschütterte die Erde und die Moschee. Und dann entlud sich der Himmel, als hätte er monatelang nichts auszuschütten gehabt, und ergoß sich in Sturzfluten, die die abflußlosen Straßen im Wasser versinken ließen. Abflußlos, weil auch hier die Unabhängigkeiten Verrat geübt hatten, sie hatten nicht die versprochenen Gräben ausgehoben und werden es auch niemals tun; wie wahre Seen wird das Wasser auch weiterhin stehen, und die Neger der Kolonisation der Unabhängigkeiten werden waten müssen, solange Allah der Verdammnis, die den Neger in den Hintern tritt, nicht den Kopf abschlägt. Bastarde von Hundesöhnen! Oh, Vergebung! Allah, der Erbarmer, verzeiht solch ungeziemende Flüche, die Fama in der Moschee entfuhren! Fama nahm sich zusammen, hielt sich bei dem Getöse, dem Donnergrollen und Regenguß die Ohren zu, verschloß seine Sine gegen jede Erregung über Schwarzenbastardereien und Schwarzenverdammnisse und gab sich dem Gebet hin. Viermal verbeugte er sich, kniete nieder, berührte den Boden mit der Stirn, erhob sich, setzte sich und kreuzte die Beine.

Das Gebet bestand aus zwei Hälften, wie eine Kolanuß: Die erste, in der das Paradies erfleht wurde, wurde in der gesegneten Rede Allahs, in arabisch, gesprochen; die zweite wurde vollständig in Malinke aufgesagt wegen ihres gänzlich materiellen Charakters, indem für den Lebensunterhalt, für die Gesundheit, für die Abwendung von Schicksalsschlägen und Verwünschungen, die den Schwarzen unter den

Sonnen der Unabhängigkeiten bedrohen, Dank bezeigt wurde und indem alle Sorgen verscheucht wurden, um Herz und Hirn heute, morgen und für immer mit Frieden zu erfüllen. Gesundheit und Nahrung hatte Fama (gelobt sei Allah!), aber um sein Herz und sein Hirn stand es kläglich, weil beide des tiefen Friedens entbehrten, und das hauptsächlich wegen seiner Frau Salimata. Salimata! Er schnalzte mit der Zunge. Salimata, eine Frau von grenzenloser Herzensgüte, mit Liebkosungen bei Nacht und mit Zärtlichkeiten, eine wahre Turteltaube; die Rundungen ihres Hinterns, ihr Rücken, ihre Brüste und Hüften schienen endlos und erwiesen sich geschmeidig unter seinen Fingern und strömten einen Duft von grüner Guave. Allah möge Fama verzeihen, daß er sich bei dem Gedanken an Salimatas Reize hatte vergessen können, aber nur, weil Ruhe und Frieden nicht in Famas Herz und Hirn einziehen werden, solange Salimatas Unfruchtbarkeit wie Dürre anhält, solange in ihr das Kind nicht wächst. Allah, gib, o gib, daß Salimata fruchtbar wird ...! Draußen goß es in einem fort, die Blitze leuchteten, und drinnen drängten sich die Bettler und fluchten.

Weshalb blieb Salimata noch immer unfruchtbar? Welche Verwünschung hatte sich an ihre Fersen geheftet? Warum? Fama konnte es bezeugen, sie betete, wie es geboten war, führte sich stets und überall als gute Muslimin auf, fastete dreißig Tage, gab Almosen und hielt die täglichen vier Gebete ein. Und welche Prüfungen hat sie sich nicht auferlegt, den Zauberer, den Marabut, die Opfer, die Arzneien, alles, einfach alles. Der Leib blieb trocken wie ein Granitstein, man konnte eindringen, aushöhlen, man konnte ausstreuen, säen, man warf alles in ein Nichts. Und nichts kam heraus. Wenn nicht die göttliche Gnade wirkt und göttliches Mitgefühl und Erbarmen nicht walten, dann trägt das Unfruchtbare niemals Frucht.

In Fama regte sich Unruhe. Wer würde ihm Sicherheit verschaffen, was die Lauterkeit von Salimatas Gesten – im muslimischen Sinne – anging? Erregungen und Zuckungen, Räuchereien und Amulette, alle die Übungen, Abend für Abend, um dem Leib die Fruchtbarkeit endlich zu geben!

Sie sprach die frommen, langen Suren des Marabuts nach, welcher forderte, daß alle seine Sättel aus Gold seien. Würde sie damit aufhören? Fiebrig hantierte sie mit Amuletten, Krügen, Kürbissen und Blättern, schluckte wer weiß wie bittere Aufgüsse – denn ihr Gesicht schnitt entsetzliche Grimassen –, steckte Blätter in Brand, wobei ein Qualm von widerlichem Gestank die Hütte durchzog (Fama vergrub die Nase in der Decke), und stellte sich über die Flamme, damit der Qualm unter den Schurz zog und sicher in jene Stelle eindrang, die in der Moschee ungenannt zu bleiben hat, sagen wir: das Pfeffer-, Salz-, Gewürz-, Honignäpfchen, und von dort den so betörenden Guavenduft (das war Famas größter Vorwurf) vertrieb. Immer weiter im Fieber tauchte Salimata zwei Finger in einen Kürbis, bestrich Brüste, Knie und was unter dem Schurz ist, holte vier Amulette hervor, die sie an die vier Bettpfosten band, und der Tanz ging los ... Erst blieb sie im Rhythmus, stampfte auf und nahm damenhafte Haltung an; der Boden bebte, sie sprang, machte sich frei, klatschte in die Hände und sang Verse, zur Hälfte in Malinke, zur Hälfte auf arabisch; dann lief ein Zittern durch ihre Glieder, durch den ganzen Körper, den Gesang unterbrach ein Lallen und Seufzen, und halb bewußtlos brach sie auf der Matte zusammen, wie ein Lianenbündel, dem der Halt weggerissen wird. Einen Augenblick peitschte sie sich die Füße, heulte wie ein Dämon und erhob sich. Außer Atem, schweißgebadet, dampfend und irre redend, sprang sie auf und klammerte sich an Fama. Und sofort mußte Fama, selbst wenn er gähnte, müde und zerschlagen oder noch schlaftrunken war und Lustlosigkeit und Kälte ihm im Leibe saßen, den Begehrenden spielen und die klebrig-heiße Salimata nehmen, die nun den verlockenden Duft der grünen Guave vermissen ließ. Andernfalls hätte er Salimatas wütende, beängstigende Ausbrüche erleben können! Sie hätte getobt, sich zerkratzt und zerbissen und hätte geschrien: „Der Unfruchtbare, der Lendenlahme, der Impotente, das bist du!" und hätte die ganze Nacht und noch am Morgen geweint. Doch Allah und sein Prophet, man weiß es, haben uns so gemacht; keine Droge und kein Gebet können einen Entleerten wie Fama aufpulvern, daß er wie ein flotter Bursche jeden Abend in Fahrt gerät.

Eine Lästerung! Eine große Sünde! Fama, merkst du nicht, daß du die ganze Zeit in Allahs Wohnung sündigst? Das war die ärgste Entweihung des Heiligtums, Herz und Hirn mit dem Gedanken an Salimata zu füllen, wenn du in der Moschee im Gebet verharrst! Ein Schauder überlief Fama, als er das Ausmaß des Vergehens begriff. Er begann zu bereuen, er suchte Allahs Vergebung. Fama hatte übertrieben. Ein Wörtchen hätte genügt, um alle Schändlichkeiten Salimatas an den Tag zu bringen; sie einzeln darzulegen war nicht nur entweihend, sondern auch überflüssig und ungehörig, wie wenn jemand Hose und Unterhose herunterzieht, um einen Furunkel vorzuweisen, wo einzig nach dem Grund gefragt wurde, warum er hinke. Allah, der Erbarmer!, und Mohammed, sein Prophet!, Güte und noch einmal Güte! Fama mußte beten, um ein Leben, das einem Tag mit verregnetem Nachmittag glich, abzuwenden, zu ändern. Ein Leben, das dahinstarb, das sich in Armut, Unfruchtbarkeit, Unabhängigkeit und Einpartei verbrauchte! War dieses Leben nicht eine erloschene oder verdunkelte Sonne auf dem Höhepunkt ihres Laufs? Die Nacht rumorte weiter mit leichtem Regen.

Aus: Ahmadou Kourouma, *Der schwarze Fürst*, aus dem Französischen von Burckhard Forstreuter, Peter Hammer Verlag, Wuppertal 1980

Ngugi wa Thiong'o

Ngugi wa Thiong'o wurde 1938 in Limuru im Hochland Kenias geboren. 1962 erschien sein erstes Theaterstrück, seitdem Romane und Essays.

Ngugi wa Thiong'o, welcher früher unter dem Pseudonym James Ngugi veröffentlichte, ist wohl der wichtigste Romancier Schwarz-Afrikas: verfolgt in Kenia, umstritten in Afrika und Europa. Die grundlegende Fragestellung nach der afrikanischen Identität durchzieht wie ein roter Leitfaden alle seine Werke.

Die hier vorgestellte Leseprobe ist Thiong'os wichtigstem Roman „Verbrannte Blüten" entnommen, welcher dem Autor neun Monate Gefängnis einbrachte. Nur aufgrund gemeinsamer Anstrengungen von Verlegern und Autoren verschiedener Länder konnte Thiong'os Freilassung erwirkt werden.

In zahlreichen Reden und Essays hat Ngugi wa Thiong'o seine Position als afrikanischer Autor deutlich gemacht – sowohl in Afrika als auch in Europa brachte ihm diese entschiedene Haltung keineswegs nur Freunde ein.

Abgeschieden von der offiziellen Literaturwelt lebt Thiong'o heute an einem unbekannten Ort in London. Generell ist er nur über seinen Verlag zu erreichen.

Wie groß die Wirkung der literarischen Werke Thiongo's trotz oder gerade wegen ihrer Umstrittenheit ist, zeigt die groteske Tatsache, daß die Polizei 1989 kurz nach Erscheinen seines Romanes „Matigari" in Kenia eine Suchanzeige nach dem Titelhelden Matigari erließ – wenig später wurde der Vertrieb dieses Werkes verboten.

Ngugi schreibt und veröffentlicht heute seine Werke in seiner Muttersprache, dem Gikuyu. Mit Theaterstücken und praktischer Arbeit in den Dörfern seiner Heimat hat er versucht, auch seine analphabetischen Landsleute auf dem Land zu erreichen – bis er ins Exil mußte.

Ngugi wa Thiong'o, *Abschied von der Nacht*, aus dem Engl. von Klaus Schultz, Peter Hammer Verlag, Wuppertal 1986

– *Detained. Gefängnistagebuch eines Schriftstellers*, aus dem Engl. von Susanne Köhler, Trickster, München 1991

– *Der Fluß dazwischen*, aus dem Engl. von Anita Jörges, Weismann, München 1984

– *Verbrannte Blüten*, aus dem Engl. von Susanne Köhler, Peter Hammer Verlag, 3. Auflage Wuppertal 1991

– *Matigari*, aus dem Engl. von Susanne Köhler, Peter Hammer Ver lag, Wuppertal 1991

Das erste Mal

Nicht nur das Flutlicht des Mondes verwandelte Ilmorog in ein Wunder. In der Stunde zwischen dem Sterben der Sonne und dem Anbruch der Dunkelheit lag etwas Weiches, Gedämpftes und Schönes über dem Bergrücken. Aus einem unerklärlichen Grund schienen sich die niedrigen, welligen Kuppen der Donyo-Hügel zu erheben und den Himmel zu berühren. Von einem beliebigen Ort des Bergrückens aus konnte der Blick die Sonne erfassen, wie sie sanft auf den Spitzen der weit entfernt liegenden Berge ruhte, dort, wo die äußerste Grenze der Weidegründe war. Dann, wenn die Sonne unversehens hinter den Hügeln versank, tauchte sie alles in ein kupfernes Licht und verschoß Feuerpfeile in jede Richtung.

Nicht lange danach senkte sich die Nacht voller Geheimnisse über die Ebenen und die Hügel. Wenn der Mond nicht am Himmel stand, versank auch der Bergrücken plötzlich in einem ehrfurchtgebietenden Schatten. Munira genoß die Dämmerung als Vorspiel dieses ehrfurchtgebietenden Schattens. Er freute ich darauf, willenlos in die Dunkelheit versenkt zu werden. Dann wurde er ein Teil des Ganzen: der Pflanzen, der Tiere, der Menschen, der Hütten, ohne sich bewußt für bestimmte Zusammenhänge zu entscheiden. Sich zu entscheiden bedeutete Anstrengung, auswählen, einer Möglichkeit den Vorrang geben, und das konnte schmerzhaft sein. Er hatte sich entschieden, sich für nichts zu entscheiden. Diese Freiheit feiert er jeden Tag aufs neue, wenn er zwischen seinem Haus, Abdullas Laden und natürlich Wanjas Hütte hin und her ging.

Und doch fühlte er sich schuldig, daß er sich von einem Wirbelsturm umherschleudern ließ, den er weder gewollt hatte noch zum jetzigen Zeitpunkt unter Kontrolle halten konnte. Dieses Schuldbewußtsein, das Gefühl, Unrecht getan zu haben, hatte sein ganzes Leben beschattet. Munira war von einem Zuhause geflohen, in dem gewisse Dinge niemals erwähnt wurden. Sein eigenes Familienleben war auf dem Altar presbyterianischen christlichen Anstands und guten Benehmens begründet worden und dort jetzt wohl auch zerbrochen. Er hatte seine Affären gehabt, das konnte er nicht leugnen. Ein Mann mußte ja schließlich leben. Aber er schämte sich immer, wenn er an das erste Mal dachte, in jenem Haus im alten Kamiritho, lange, ehe das jetzige Dorf, das aus der Zeit des Ausnahmezustands stammte, gebaut worden war. Das Haus gehörte zu einer Reihe von Häusern, die im sogenannten *Swahili-Majengo-Stil* gebaut waren, ein rechteckiges Haus mit einem tief herunterhängenden, verrosteten Blechdach. Die Häuser waren berüchtigt, besonders weil die italienischen Kriegsgefangenen - die Bonos, wie wir sie nannten - für den Bau der Straße nach Nakuru dort in der Nähe Schotter holten und die Häuser besuchten. Amina hieß sie, er hatte ihr zwei Shillinge gegeben, alles Geld, das er gespart hatte. Sie hatte ihn damals wirklich gedemütigt. „Er ist ja nur ein Junge", sagte sie, während sie unter der Tür stand und ihn mit belustigten Augen von oben bis unten musterte, als ob sie ihre überraschende Entdeckung jemand im Inneren des Hauses mitteilen würde. Einen Augenblick lang packte ihn das Entsetzen bei dem Gedanken daran, daß sie eine verheiratete Frau sein könnte und ihr Mann jeden Augenblick mit zehn scharfen *pangas* in der Hand herauskommen könnte. „Weißt du, ich schlafe nicht mit unbeschnittenen Männern. Das ist eine feste Regel bei mir. Aber komm her." Sie führte ihn in das Haus und setzte sich aufs Bett. Munira zitterte vor Furcht und Scham, und es war ihm nach Weinen zumute. Sein Ding war sowieso zusammengeschrumpft. „Wir machen das schon ... hab keine Angst ... du bist doch ein Mann ... du hast bestimmt schon eine oder zwei geschwängert."

Aber sie war freundlich und hatte ihn mit der Zärtlichkeit einer Mutter beruhigt, und sein Ding hatte plötzlich salutiert, aufrecht und stark, und jetzt fühlte er, er würde sterben wenn - aber sie hatte ihn zwischen ihre drallen Schenkel genommen, sie sprach mit lockerer Stimme zu ihm, schlug ihre Beine etwas übereinander und - plötzlich war es für ihn schon vorbei, und er konnte nicht sagen, ob er drin gewesen war oder nicht. Dieses Erlebnis hatte er erfolglos mit Feuer auszutreiben versucht. Er hatte immer ein unerfreuliches Gefühl, wenn er sich diese Szene ins Gedächtnis zurückrief, ganz besonders Jahre später, nach seinem Ausschluß aus Siriana, wenn er als junger Lehrer auf seinem Weg nach Kamandura an dem Haus vorüberging. Trotzdem hatte er sich geschworen, niemals schockiert zu sein, wenn andere den fleischlichen Lüsten gegenüber offen gesinnt waren.

Aber selbst mit Wanja empfand er, daß er immer noch Gefangener seiner eigenen Erziehung und der Missionserziehung von Siriana war.

Nicht einmal, daß er das jeweilige Erleben nicht genossen hätte. Im Gegenteil - trotz seiner Erziehung wußte er, daß nichts so großartig, so voller Freude war wie diese wenigen Augenblicke der Erwartung vor dem Eindringen in das unbekannte Reich einer Frau. Und Wanjas Gesicht voller Schmerz unter den Strahlen des Mondes, die durch das Fenster hereinfielen, oder ihre kleinen Schmerzensschreie, wie wenn es ihr wirklich weh täte; oder wenn sie Laute voll Wollust von sich gab, als äße sie Honig und Zuckerrohr; und die Wellen ihrer sanften Bewegungen erfüllten die Schlange im Paradies mit dem heißen Blut der Erwartung vor der endgültigen Erlösung vom Schmerz dieses Bewußtseins, dieses Wissens. Ihr Schrei, mit dem sie ihre Mutter oder Schwestern um Hilfe anrief, erweckte in ihm noch größeres Bewußtsein von Macht und Stärke, bis er in die Leere versank, in das Dunkel, in den ehrfurchtgebietenden Schatten, in dem Sich-Entscheiden oder Nicht-Entscheiden keine Bedeutung mehr hatte. Erwachte er dann, so überfiel ihn das entsetzte Bewußtsein, daß er irgendwie verführt worden war, und er konnte keinen Sieg empfinden. Er hatte sie nicht erreicht, und dies verstärkte ironischerweise seinen Hunger nach ihr, nach tausend Sünden mit ihr, und noch mehr.

Er griff nach ihr und fühlte ihr Zurückschrecken und Ausweichen. Er zog sich verwirrt zurück. Es geschah dann, daß sie zurückkam, und unversehens führte sie ihn als willigen Passagier im Nachtzug in das Sündenreich der Lust, wo sie ihn hungrig und durstig und mit keuchendem Verlangen nach mehr zurückließ.

Es war schwierig, ihren schnell wechselnden Stimmungen zu folgen, und er geriet völlig außer Atem. Manchmal lag der Grund dafür bei den Gedanken, die sie sich um andere machte. Dann war sie traurig, in sich gekehrt und stellte ihm Fragen, die in ihrer Unschuld grausam erschienen. Fast immer beschäftigten sich ihre Gedanken mit Abdulla. „Mwalimu, weißt du, warum er gekommen ist, um sich hier zu verstecken?"

„Wer?"

„Abdulla, wer sonst?"

„Ich weiß es nicht. Ich habe ihn hier vorgefunden. Bevor du kamst, haben er und ich nie viel miteinander gesprochen. Dir gelingt es öfter, seine Zunge zu lösen, als sonst irgend jemand, den ich kenne."

„Ich schaue ihn manchmal an. Sein Gesicht ist von Schmerz erfüllt, aber er versucht, es zu verstecken. Es ist, als ob er viel Leid mit sich herumträgt - nicht in seinem verkrüppelten Bein, sondern in seinem Herzen. Ich nehme an, es geht uns allen so."

„Das verstehe ich nicht."

„Natürlich verstehst du es", beharrte sie und hob leicht ihre Stimme. „Ich meine, wir tragen doch vielleicht alle verstümmelte Seelen in uns und wir suchen alle nach Heilung. Vielleicht gibt es nur eine!"

Der Ton, in dem sie dies sagte, mehr als ihre Worte, löste ein unheimliches Gefühl in ihm aus, das ihm unter die Haut kroch.

„Ich - ich verstehe nicht", sagte er stockend und voller Angst.

„Du sagst immer, du verstehst nicht. Aber was gibt es denn hier zu verstehen? Auch du befindest dich auf der Flucht. Warum bist du hierher in diese Gegend geflohen? Sag es mir ehrlich. Vor was bist du weggelaufen?"

Es schüttelte ihn, der Schweiß juckte auf seiner Haut. Er geriet in Panik, hielt aber seine Stimme unter Kontrolle. „Nur eine einfache Versetzung ... Klimaveränderung ... Ortswechsel. Man sagt, wenn man zu lange an derselben Stelle sitzt, bekommt man Läuse ... deshalb. Die Zeit nach der Unabhängigkeit ... fand ich gut. Es ist an der Zeit, daß wir alle etwas tun ... Harambee ... Selbsthilfe ... Aufbau der Nation ... Rückkehr aufs Land ... Ich habe auf meine Art und Weise dem allgemeinen Ruf Folge geleistet. Ich habe mir oft ein gutes nationales Schlagwort überlegt: Selbsthilfe heißt, dir selber helfen!"

„Siehst du", sagte sie plötzlich triumphierend. „Als ich vor drei Monaten hier ankam, schenkte ich deiner Geschichte keinen Glauben ... ich kannte dich ja nicht ..."

Wenn er den Eifer ansah, mit dem sie sich am Dorfleben beteiligte, konnte er nicht umhin, die Lüge hinter seinen eigenen Worten zu spüren oder sich, angesichts des plötzlichen Bekenntnisses ihres Glaubens an ihn, schuldig zu fühlen. Während der zwei Wochen dauernden Maisernte stürzte sie sich in die Arbeit, half Nyakinyua und sogar einigen der anderen Frauen. Es war eine ärmliche Ernte, und die Bauern schauten einander an und schüttelten ihre Köpfe.

Gleichzeitig half sie weiterhin im Laden und hielt dort alles in Ordnung. Einmal ging sie sogar anstelle von Abdulla mit Joseph und dem Eselskarren nach Ruwa-ini, um Vorräte einzukaufen. Munira beobachtete, wie sie sich völlig in der Arbeit vergrub, und er bekam Angst, fast als sei die Arbeit ein menschlicher Rivale. Am Vormittag räumte sie den Laden auf und überprüfte die Vorräte. Nachmittags ging sie mit einer Gruppe von Frauen hinunter in die Ebene, um Wasser zu holen.

Wanja hörte gerne zu, wenn sie über allerlei schwatzten. Von den schmutzigen Kleidern, die sie für ihre Männer waschen mußten, bis zu den Liebesgewohnheiten ihrer Männer. Wambui sagte: „Meiner kam einmal von Ruwa-ini zurück, oder wo er gerade arbeitete, und fand mich auf dem Feld, und stellt euch vor, er wollte mich gleich haben, draußen auf dem Feld, auf dürren Maisstengeln im Schatten eines *Mwariki*-Buschs, und er wollte nichts davon hören, den Abend in der Hütte abzuwarten, und ich sagte ihm, daß ich 'Schande!' schreien würde, aber er wollte meinen Protesten nicht nachgeben, und ob ihrs glaubt oder nicht, dort empfing ich diesen Schlingel Muriuki ... auf Maisstengeln in der heißen Sonne."

„Ich wette, du warst gar nicht so dagegen, als du sahst, daß man auch unter der heißen Sonne einen derartigen Durst haben kann", erwiderte eine andere, und alle lachten. Oft wandten sie sich an Wanja: erzähl uns von den Männern in der Stadt - wir haben gehört, daß sie eine Gummihose drüberziehen? Wanja lachte nur. Aber sie waren des Lobes voll, daß sie gekommen war, um ihrer Großmutter zu helfen. Bleib nur ja hier, damit wir auch deinen Mann sehen können, wenn er von der Stadt kommt, um dich zu besuchen.

Später ging sie dann zu Abdulla zurück, um die Bar zu besorgen, aber auch, um sich einfach die Zeit zu vertreiben, während sie ihr Bier trank und sich noch mehr Geschwatz anhörte, diesmal von den Männern. Sie sprachen und sangen sogar manchmal von den langgehörnten Rindern mit den Höckern, die früher wild über die Ebenen von Ilmorog zogen und die einst, während der großen Dürre, lange ehe die Ngoci-, Mburu- und Gigi-Generationen überhaupt im Leib ihrer Mütter empfangen waren, ihre Hörner und ihre Höcker im rituellen Opfer für Regen Gott darbrachten. Wanja war die Hauptattraktion, ja, die Seele des Ganzen - es war, als ob sie nur redeten, damit sie zuhören würde, um ihr Lachen hervorzulocken oder um sie zu einem zustimmenden Nicken anzuregen.

Munira schaute ihr angeregtes Gesicht an, die leichte Biegung ihres Halses, während sie jemand zuhörte; er schaute ihre Hände an, die nach menschlicher Berührung und Wärme suchten, und er fühlte in seinem Inneren die Stiche eines physischen Schmerzes. Sie konnte so völlig in einer anderen Person aufgehen, als ob er, Munira, nicht mehr existierte.

Der schlechten Maisernte folgten regenlose Monate. Die Leute hatten auf den Feldern wenig zu tun und ihre Nerven schienen von dem Staub und der sengenden Sonne angegriffen zu sein; oft stritten sie sich um nichts. Sie wußten es alle, aber sie waren nicht bereit, die Tatsache zu akzeptieren, daß es in diesem Jahr nur eine Ernte geben würde. Wie wenn sie eine Vorwarnung über die magere Ernte erhalten hätten, tauchten die Händler, die sonst immer gekommen waren, um die Ware aufzukaufen und mit sich in die Stadt zu nehmen, diesmal gar nicht auf.

Wanjas Augen wandten sich mehr und mehr von Ilmorog ab. Manchmal wandte sich ihre Ruhelosigkeit gegen das Dorf, dann machte sie sich mit gnadenlosem Spott über das Dorf und seine Lebensbedingungen her.

„Warum sollte man überhaupt sein Leben in diesem Loch verbringen? Schaut doch die Frauen an, die mühsam die Erde aufkratzen, schaut sie euch an. Was bekommen sie dafür? Was nannten wir hier Ernte? Ein paar Maiskörner."

„Es war eben das schlechte Wetter. Njuguna, Muturi ... sie sagen alle, daß die Ernte so mager war, weil der Regen so verspätet kam."

„Es ist das schlechte Wetter. Das sagen sie jedes Jahr. Sie hoffen, daß die nächste Ernte besser sein wird, wenn sie das sagen. Aber sie bekommen nur diesen Staubregen und zerklüftete Erde, die darauf wartet, vom Regen, der niemals kommen mag, vor der herzlosen Sonne gerettet zu werden." Im Monat Dezember wurde sie sichtbar unruhiger. Wie wenn ständig etwas an ihr nagen würde. Ihre Klagen über Ilmorog wurden bitterer und schärfer. Eines Tages, nachdem sie einen Strom von Beschimpfungen und unaufhörlichen Klagen von sich gegeben hatte, sprang sie vom Ladentisch herunter, nahm ein Heft und zeichnete schnell eine Gruppe alter Frauen, die, verfolgt von einem wollüstigen jungen Mann Sonne, im Wegrennen eine Menge Staub aufwirbelten und sich dem dünnen, alten Mann Regen, mit winzigem Kopf und spindeldürren Beinen, zuwandten.

„Sie sind eins mit der Erde ... Frieden ... *Uhuru na Kazi* ... Die Würde der Arbeit, glaubst du nicht?" sagte Munira über die Bauern.

„Eins mit dem Staub, meinst du?" sagte sie und schaute ihre Zeichnung an, die sie Abdulla hinwarf. „Hast du nicht die Fliegen auf den schleimverstopften Nasen gesehen? Eine Kuhhaut oder Gras als Bett? Hütten mit löchrigen Grasdächern." Und jetzt lachte sie. Es kam nicht aus ihrem Herzen, sondern aus ihrer Kehle, ein bitteres, ironisches Lachen.

Aus irgendeinem Grund ärgerte sich Munira darüber. Er hatte schließlich die Lebensbedingungen hier akzeptiert. Eben sie waren sein Schutz, und nun lachte sie darüber.

„Warum hast du denn die Orte verlassen, von denen du erzählst, die Küste, die Städte, Nairobi, Nakuru, Eldoret, Kisumu, und warum bist du hierher gekommen? Warum gehst du nicht dorthin zurück?"

„Ja, warum eigentlich nicht?" sagte sie plötzlich verärgert, aber Munira hatte das Gefühl, daß sie aus einem anderen Grund unruhig und streitsüchtig war. „Ich hasse Ilmorog. Ich hasse es, auf dem Land zu leben - es ist ja so langweilig! Sauberes Leitungswasser, elektrisches Licht und ein bißchen Geld wären jetzt angebracht."

Sie sprach ganz schnell, als ob ihre Gedanken hier wären und doch nicht hier, als ob sie selbst hier und gleichzeitig in einer anderen Gegend wäre. Sie hatte noch nie grob zu Abdulla gesprochen, aber nun fiel sie über ihn her. Sie nahm das Stück Papier und zerriß es in lauter kleine Fetzchen.

„Was hat mir Abdulla gesagt? Ich werde dich gut bezahlen. Wann denn? Weißt du, Abdulla, daß alle Arbeitgeber gleich sind? Ich habe in vielen Bars gearbeitet. Alle Barmädchen können dasselbe Lied davon singen. Wehe! Sie geben dir 75 Shilling im Monat. Sie erwarten, daß man 24 Stunden arbeitet. Tagsüber gibst du den Kunden Bier und dein Lächeln. Abends sollst du ihnen dich selbst und dazu noch Seufzer im Bett geben. Bar und Übernachtung. Der Besitzer steckt 20 Shilling ein, dafür, daß ein Paar zehn Minuten lang ein Bett mit zerrissenen Betttüchern benutzen kann. Abdulla, weißt du, daß du viel Geld verdienen könntest - du bräuchtest nur ein Bett mit einer Sprungfedermatratze zu kaufen, eine Decke und zwei Bettücher, und hier ein Schild aufhängen: Ilmorog-Bar und -Restaurant. Natürlich nur, wenn du noch ein Barmädchen anstellst, das die Bettücher wäscht!"

Alle schauten sie an und erwarteten, daß sie jetzt weinen würde. Aber nichts dergleichen. Ihre Stimmung hatte sich gewandelt. Nachdenklich schlürfte sie ihr Bier und sprach dann weiter wie im Traum.

„Moment mal, wir sollten den Laden hier vielleicht in eine Kirche verwandeln. Die Leute, die in der Stadt müde geworden sind, könnten hierher kommen. Hier könnten sie den Schmerz in ihrer Seele mit Bier und Tanzen hinunterspülen. Oder vielleicht ein Sanatorium. Aber ein großes. Ihre Frauen und Kinder könnten sie am Wochenende allein lassen. Am Feuer gebratenes Ziegenfleisch, Bier, Tanzen, Gesundwerden, zu den wartenden Ehefrauen zurückkehren. Oder, Mwalimu, was denkst du, sollten wir hier tun? Was sollen wir mit Ilmorog anfangen? Der Lehrer ist doch das wahre Licht des Dorfes, oder nicht? Würdet ihr ein Licht anzünden, um es dann unter einer Blechbüchse zu verstecken? Im Ernst, Abdulla, fang doch an, Changaa oder Murotina zu brauen, egal was, oder *Kill me Quick*. Diese Drinks bringen einen wahrhaftig um, und trotzdem zahlen manche ihren hartverdienten letzten Pfennig, um ihren Tod noch zu beschleunigen. Sie erkaufen sich das Recht, früher zu sterben als andere. Hier im Dorf sterben die Leute unter der sengenden Sonne, und sie bezahlen dir nichts dafür. Deshalb, Abdulla, fang an Changaa zu brauen. Bereichere dich am Elend der Armen.“

Bei diesen Worten erschien ihr Lächeln verschlagen und unheilvoll - es hatte scharfe Kanten, voll Spott und Ironie. Er fühlte, daß sie über ihn und seine Flucht von zu Hause weg sprach. Für Munira war sie in weite Ferne gerückt, als ob er sie nie berührt hätte; ihr Spott hatte dieselbe verführerische Macht wie die lockende Koketterie einer Jungfrau - er konnte sie jetzt nur noch berühren, wenn er sie mit Gewalt nahm und dann selbst in der Schande des Blutes verblieb. Jungfrau und Hure. Warum konnte sie sich nicht ein Werbeplakat an den Rücken heften: *VIP - Very Interesting Prostitute.* Oder *Drive a VW - Ride an Virgin Whore.* Er wollte ihr diese Beleidigungen an den Kopf werfen. Aber der bittere und boshafte Lauf seiner Gedanken wurde von Wanjas nächsten Einfällen unterbrochen. Sie stand auf, ging zur Tür und gähnte - warum sind wir alle hier in diesem Loch? Dann wirbelte sie genauso schnell herum, sprang über den Ladentisch und stand mit einem harten und entschlossenen Ausdruck im Gesicht mitten im Raum den Männern gegenüber. Ihre Stimme schnappte fast über:

Musik, Herr Abdulla, Musik - dieser Körper ist nur zum Tanzen gemacht. Nicht einmal ein Radio gibt es hier. So singt doch! Mwalimu, hol deine Gitarre, spiel auf einer Flöte, ich möchte tanzen.

Ohne auf ihre Antworten zu warten, fing sie an zu tanzen. Sie ließ ihre Hüften kreisen, zuerst in langsamen Bewegungen, aber im Rhythmus einer Musik, die nur sie hören konnte. Dann wurde der Rhythmus schneller und schneller, ihr Gesicht nahm einen Ausdruck an, der gleichzeitig Entzücken und Schmerz verriet. Die Bewegungen ihrer Hüften, ihrer Brüste, ihres Leibes waren nun zu Wellenbewegungen von Macht und Sinnlichkeit geworden. Bald war die Musik vorüber. Erschöpft setzte sie sich. Sie sprach jetzt leise und ruhig, wie wenn sie mit etwas in sich selbst fertiggeworden wäre. Sie war auch entspannter, fast die Wanja, die wir kannten.

„So haben wir immer die Männer angelockt. Es war der einzige Augenblick unseres Stolzes und unserer Ehre. Zwei Mädchen konnten gleichzeitig tanzen. Die Männer winkten mit den Augen, dann mit den Händen und schließlich mit Drinks und Geld. Ich bin wirklich sehr boshaft. Ich hasse es, wenn ein Mann denkt, er kann mich mit Geld kaufen. Einmal hab ich einen dazu gebracht, mir für über 200 Shilling importierten Apfelwein zu kaufen - von Apfelwein kann man nie betrunken werden. Dann ließ ich ihn sitzen. Ich ging mit einem anderen, der keinen Pfennig für mich ausgegeben hatte. Das gefiel mir. Am nächsten Morgen erwartete der andere mich mit einem Messer. Gib mir mein Geld zurück! Welches Geld, fragte ich? Apfelwein, Apfelwein, schrie er. Ich setzte mein unschuldiges Gesicht auf und hatte Zucker und Honig in der Stimme. Du meinst, du wolltest mich gestern abend haben? Aber warum hast du denn nichts gesagt? Apfelwein kann doch nicht sprechen. Ich muß schon sagen, ich bin wirklich verletzt - da dachte ich nun die ganze Zeit, endlich hast du einen wahren Freund gefunden ... aber ich sehe, du bist genau wie die anderen auch! Ich blitzte ihn mit bösen Augen an. Da schämte er sich sehr. Er kaufte mir noch mehr Apfelwein und hat mich nie wieder belästigt. Abdulla ... ich habe einfach genug von diesem scheußlichen Loch."

Munira verlor sich in der Bewunderung ihrer Koketterie. Sie saß vor ihm, ihr Anblick war begehrenswert, daß er gerne einen VW in das Sündenreich der Freuden gefahren hätte. Jetzt, jetzt würde er sie gewinnen können, und dann würde er sie an sich binden. Aber Abdullas Blick glitt an ihr vorbei, zur Türe hinaus, bis an den äußersten Rand der Felder, die jetzt nach der Ernte und den nachfolgenden Arbeiten staubig unter der Sonne lagen. Es war, als hielte er stille Zwiesprache mit der Erinnerung und der Ferne. Welche Einsamkeit, murmelte er vor sich hin. Er wandte sich Wanja zu - seine Augen waren voll Freundlichkeit, und tiefes Mitleid hatte sie weich gemacht.

Das Jahr, das auf Wanjas Abreise von Ilmorog folgte, war für das ganze Land von Tragweite. Es war das Jahr, das mit einem mysteriösen, am hellichten Tag begangenen politischen Mord begonnen hatte, ohne daß die Mörder gefaßt werden konnten. Es war ein Einheimischer gewesen, asiatischen Ursprungs zwar, doch einer, der im ganzen Land für seinen Einsatz im Unabhängigkeitskampf berühmt geworden war, und auch für seine beständige Opposition gegenüber jeder Art von Allianz mit den Kräften des Imperialismus nach der Unabhängigkeit. Er war ein unerbittlicher Feind von auf Kosten der Armen erworbenen Reichtums gewesen, und ob im Parlament oder draußen im Land, stets forderte er eine Agrarrevolution. Das ganze Jahr über grassierten Gerüchte im Land - die Leute trafen sich zu dritt oder zu viert und diskutierten die neuesten Theorien und Meinungen. Stimmte es, daß er mit diesem oder jenem Politiker unter einer Decke gesteckt hatte? Vielleicht hatte er etwas Unrechtes geplant, vielleicht einen Staatsstreich?

Aus: Ngugi wa Thiong'o, *Verbrannte Blüten*, Peter Hammer Verlag, Wuppertal 3. Auflage 1991

Valentin Yves Mudimbe

Valentin Yves Mudimbe gehört zu den bekanntesten Autoren Zaires, dem ehemaligen belgischen Kongo, der nach dem Ende der Kolonialherrschaft eine besonders unruhige und bewegte Zeit erlebte. Diese Erfahrung bildet den Hintergrund zum Werk von Mudimbe, der am 8. Dezember 1941 in Likasi (früher Jadotville) geboren wurde und dessen Vater als Schlosser bei der Union Minière von Katanga, der reichen Bergbauprovinz des Landes, arbeitete. Aufgrund der Arbeit des Vaters in einem europäischen Industriebetrieb wurde das Bildungsinteressse des Sohnes geweckt, der zunächst bei den Benediktinern die Schule besuchte und mitten in den Wirren der Jahre nach der Erringung der Unabhängigkeit 1962 das Abitur ablegte. Mudimbe hat zunächst in Kinshasa, der Hauptstadt des Landes, Wirtschaftswissenschaft, Linguistik und Soziologie studiert, dann in Löwen und Paris (1968-1970) seine Studien fortgeführt und mit der Promotion in Romanischer Philologie abgeschlossen. Nach seiner Rückkehr aus Europa erhielt Mudimbe eine Professur für allgemeine Linguistik und vergleichende Grammatik der indoeuropäischen Sprachen, die er bis 1980 innehatte. Seitdem arbeitet er in den USA. Im Gegensatz zu der Mehrzahl seiner Kollegen ist Mudimbe nicht nur als Literat, sondern zugleich als Wissenschaftler, Herausgeber und Mitarbeiter von Zeitschriften, als Organisator und Leiter von Kongressen, als Vortragender in afrikanischen und europäischen Ländern, Nordamerika und Japan eine international bekannte und geachtete Persönlichkeit.

Valentin Yves Mudimbe, *Auch wir sind schmutzige Flüsse*, aus dem Französischen von Peter Schunck, Otto Lembeck Verlag, Frankfurt/M. 1982

Wir sind alle schmutzige Flüße

Du hast dir deinen Mann ausgesucht. Er ist groß und wohlgenährt, ein hochangesehener Politiker. Du kennst ihn schon lange. Liebst du ihn? Warum kommst du so regelmäßig zu ihm zurück? Müßte das, was dich abstößt, auf Dauer nicht in seinen Wünschen aufgehen? Kannst du denn noch ein solches Opfer für die Liebe eines Mannes erbringen?

Sie hatte dir eines Tages anvertraut: „Sie sind alle gleich mit ihren Katzenblicken, vor allem die Politiker. Das sind Tiger!" Sie hatte deine Hände ergriffen, hatte sie gedrückt und dir tief in die Augen gesehen: „Sie nehmen dich, taxieren dich, zermalmen dich ohne Mitleid und lassen dich dann fallen. Komm danach immer zu mir! Wir wollen zusammen versuchen, Augenblicke stillen Glücks zu erleben, um zu vergessen!" Sie hatte deine linke Hand auf ihren rechten Busen gelegt, für einige Sekunden. Gerührt hast du in ihren Augen gelesen und deine Hand wurde unruhig auf ihrer Brust. Es hatte dich gepackt und du hast leise gesagt: „Sie widern mich an. Ein Mann ist etwas Häßliches!" Und während sie frei deinen Körper bewunderte, dachtest du voller Scham an deinen Beruf. Ein Beruf, wie viele andere, bei dem man sich schmutzig macht. Der Mechaniker, der Schlosser oder der Bergmann kommen ebenfalls schmutzig von der Arbeit nach Hause, so wie du. Aber du? Wichtig ist, so hatte sie zu dir gesagt, daß man danach die Ruhe findet, um sich gehenzulassen und zu vergessen.

Du siehst ihn an. Ein schöner Mann, mit einer schönen schwarzen Hautfarbe. Eine kräftige Gestalt. Raubtieraugen voll Geduld und Ruhe. Die unruhigen Finger seiner linken Hand klopfen abwechselnd immer wieder an ein Glas. Er ist das Produkt einer neuen Zeit: einmal Staatssekretär, dreimal Minister. Böse Zungen behaupten, er verlange, mit „Exzellenz" und in der dritten Person angeredet zu werden. Wie bedeutend er ist! Aus Spaß nennst du ihn gewöhnlich „Eminenz", und er hat nie dagegen protestiert. Deine Augen glänzen, und du fragst ihn:

„Wollen wir tanzen?"

„Nein, Kleine, ich bin müde!"

Du mußt warten; das ist normal so. In diesem Land kommt man schon müde auf die Welt, vermutlich wegen der Sonne. Das ist eine

Erkenntnis, so einfach wie jene andere, die dich im Augenblick veranlaßt, geduldig zu sein: Die afrikanischen Politiker sind großzügig wie junge Burschen; sie geben das Geld leichter aus als die amerikanischen Techniker. Deshalb gibst du nach. Kleine Skandalgeschichten hört er liebend gern, und er fragt dich:

„Warst du gestern hier, als der Hauptmann festgenommen wurde, der als Frau verkleidet war?"

„Ja, warum?"

„Erzähle es mir! Die Geschichte interessiert mich."

Du lächelst verdrossen. Eine dumme Geschichte. Der Amerikaner wollte sie auch in allen Einzelheiten kennenlernen. Als du sie vor zehn Tagen zum ersten Mal gesehen hast, hast du dir gedacht: "Ah, eine Neue! Sie hat sich gut zurechtgemacht!" Sie hat geheimnisvoll getan und die Männer unnütz provoziert. An den ersten Tagen warst du etwas neidisch auf sie, denn sie zeigte Charakter. Wenn sie tanzte, war sie wirklich hinreißend. Allmählich fing ihr Erfolg an, dich zu bedrücken. Gestern abend nun muß der Amerikaner, der mit ihr tanzte, wohl eine plötzliche Bewegung gemacht haben.

„Wie kam das?"

„Keine Ahnung. Weißt du, wenn man tanzt ... Kurz und gut, einer ihrer Busen ist auf den Boden gerollt."

„Ein Busen?"

„Ein falscher natürlich!"

Eine Melodie setzt laut ein, und die Tanzfläche füllt sich im Nu. Die Bewegungen der Tänzer ahmen einen Rhythmus nach. Du möchtest tanzen.

„Wollen wir tanzen?"

„Aber nein! Ich habe dir doch gesagt, daß ich müde bin! Laß noch einen Whisky kommen! Wer hat ihn denn dann verhaftet?"

„Ich weiß nicht. Vermutlich Sicherheitsbeamte."

„Waren es viele?"

„Das kann ich dir nicht sagen. Du weißt doch, wenn es eine Rempelei gibt! Und nun Schluß, du gehst mir allmählich auf die ... Hätte ich sie denn zählen sollen? Du weißt doch, daß sie in Zivil hier sind."

„Tatsächlich?"

„Außerdem sind immer ziemlich viele hier. Zum Beispiel der, der mit den beiden Mädchen an der Bar spricht, und der Dicke gegenüber in der Ecke, der das Mädchen küßt, und der links von mir, der so schmächtig aussieht und allein trinkt, gehört, glaube ich, auch zu der Gruppe!"

Du betrachtest ihn genau, dieses Ungeheuer von einem Mann. Bist du sicher, daß dir nichts an ihm gefällt? Und doch findest du das große Stück Speck, wie ihn deine Freundin nennt, anziehend. Die Freundschaft – er nennt es Liebe –, die er dir entgegenbringt, liegt auf dir wie seine ständigen Fragen, mit denen er dich langweilt. Seine politische Karriere, auf die er so stolz ist, beeindruckt dich nicht. Es wäre dir nur lieb, wenn sich zwischen euch ein freundschaftliches Einverständnis ergäbe, durch das dein Verlangen nach seinem Geld nicht so ausgeprägt zum Vorschein käme. Aber wie ließe sich das machen? Er ruht so gut in sich und seinen Erfolgen.

„Wie geht es deiner Frau?"

„Wie bitte?"

„Geht es deiner Frau gut?"

Leicht beunruhigt, runzelt er die Stirn, zögert und antwortet dann leise und zerstreut:

„Ich glaube, ja!"

Du kannst ohne Furcht und ohne Eifersucht an sie denken. Darin liegt deine Stärke und das macht ihn unsicher. Er hat nichts dagegen, daß du sie kennst, aber daß du dich jedes Mal nach ihrer Gesundheit erkundigst! Bedächtig trinkt er seinen Whisky, während du träumst. Du glaubst zu wissen, warum du ihn akzeptierst, aber es kommt dir unerhört vor, daß er behauptet, dich zu lieben. In der Musik tritt eine Veränderung ein. Hast du Angst? Du machst dir ein Urteil über das schwache Lächeln und fragst:

„Möchtest du tanzen?"

„Ja, wenn du willst!"

Das Licht wird schwächer. Du hast das Eintauchen in den Schatten gern, in dem sich die Körper ein unschuldiges und angenehmes Spiel erlauben können. In seinen Augen findest du einen honigsüßen Zug, der dich daran erinnert, wie du als verliebte Schülerin ausgesehen hast. Er gleitet dahin und du hälst dich an ihn. Moustaki:

Tanze, solange du tanzen kannst,
tanze um die ganze Erde,
frei wie ein Fisch im Wasser,
wie ein Vogel in der Luft ...

Sein Arme, ein Schraubstock! Er bewegt sich kaum, und du spürst allmählich, wie die Wärme von seinem Körper aufsteigt. „Was hast du gemacht seit vorgestern? Wen hast du gesehen?“ Die übliche Frage! Am Anfang hast du dich dagegen gewehrt und dich gefragt, mit welchem Recht er über deine Privatvergnügungen wie über deine Bekanntschaften herrschen wollte. Jetzt aber erwartest du schon diese Frage. Sie zeigt an, daß die Sache ihren Fortgang nimmt und daß sich nichts geändert hat. Und wie üblich spielst du dein Spiel. Du berichtest von Ministern und Abgeordneten, die dir an irgendwelchen Abenden begegnet sind, und du weißt ganz genau, daß du ihn damit aufregst und seine Neugier weckst. Du hast keine Angst mehr und gewinnst wieder Oberwasser.

... Leicht wie der Wind,
der in den Bäumen tanzt,
oder wie der Mast eines Schiffs,
das in der Dünung tanzt,
tanze, solange du tanzen kannst,
auf dem Pflaster, auf dem Gras,
auf einem Tisch im Lokal
in dunklen Tavernen ...

Er schwitzt, und du atmest einen Geruch von Schweiß, Seife und Kölnischwasser ein. Seine Finger drücken auf deine Rippen, und du spürst seinen keuchenden Atem im Hals.

„Geht's?“

„Ja, und du?“

„Gut!“

Du mußt ihn unbedingt zum Sprechen bringen, sonst kommt es bald zur Abfahrt. Du willst doch tanzen, leben, fühlen. Wie dein Körper mit der Musik verschmilzt.

Tanze, wie man lebt, tanze, wie man liebt,
tanze, wie man ein Gedicht auf die Mauern
schreibt,
tanze, solange du tanzen kannst,
tanze um die ganze Erde!

Du siehst, wie alles schneller auf dich zukommt, und dir wird flau im Magen. Du fragst dich, was du tun könntest, um die Zeit aufzuhalten, um in der ausklingenden Melodie zu erstarren. Brutal geht das Licht wieder an, und es kommt die Einladung, die du erwartet hast:

„Wollen wir gehen?"

„Jetzt schon?"

„Ja, ich falle um vor Müdigkeit."

So ein Unsinn: er behauptet, vor Müdigkeit umzufallen! Outta Season dröhnt durch die Halle: „I've been loving you too long." Ein Schauer überkommt dich bei der Vorstellung, daß diese Melodie dich bis morgen abend verfolgen soll. Es ist immer dasselbe. Du kannst nicht aufhören und weggehen. Schweren Herzens suchst du die Tasche, Zigaretten und Feuerzeug zusammen. Er sagt, er falle um vor Müdigkeit, aber er wird dich, wie üblich, nicht vor dem Morgen wieder verlassen. Du pfeifst: „I've been loving you too long." Er sieht dich mit Nachdruck an und du glaubst zu verstehen, daß er Vorfreude empfindet auf das, was ihn erwartet. Halb auf die Ellenbogen gestützt, wird er über dich herrschen und dich zermalmen, während du wie immer mit geschlossenen Augen die Minuten dieser Quälerei zählst. In deiner Brust lehnt sich etwas auf und kaum bist du im Freien, da fühlst du dich plötzlich unglücklich und stellst ganz bescheiden fest:

„Es ist wirklich kühl heute Nacht!"

Aus: Valentin Yves Mudimbe, *Auch wir sind schmutzige Flüsse*, aus dem Französischen von Peter Schunck, Otto Lembeck Verlag, Frankfurt/M. 1982

Francis Bebey

Francis Bebey wurde 1929 in Douala, der „heimlichen Hauptstadt" Kameruns geboren. Er ist Dichter, Romancier, Sänger und Liedermacher und genießt internationales Ansehen. Wann immer er mit seiner Guitarre oder Sanza auftritt, begeistert er das Publikum. Nach jahrelanger Arbeit bei Unesco widmet er sich nun ganz dem Schreiben und Komponieren. Bebey lebt in Paris.

Bebey, welcher als Afrikaner seine historische Lektion sowohl in der Kolonialzeit als auch in Europa gelernt hat, ist ein Autor der sanften, ironischen Zwischentöne. Er versteht sein literarisches Schaffen als Akt der Versöhnung, nicht als Ausdruck einer unterschwelligen Aggression. In einem Gespräch bekannte er, daß es eine Reihe von Komplexen gibt, die man ihm in den Kopf setzen wollte: „Ich habe es geschafft, mich davon zu befreien. Ich begreife mich als authentischen Afrikaner, aber als Afrikaner des 20. Jahrhunderts. Und ich habe nicht die geringste Absicht, mich zu ändern, um irgendwelchen Europäern einen Gefallen zu tun. Ich will kein Afrikaner nach ihrem Bild des Afrikaners sein. Ich will der Afrikaner sein, der ich bin".

Herausragendes Charakteristikum in Bebeys künstlerischem Schaffen ist der Humor, welcher Ausdruck seiner Humanität und Versöhnlichkeit ist – die allerdings auch sehr unversöhnlich werden kann, wie hierzulande Rassisten schmerzhaft erfahren mußten.

Es gibt kaum einen afrikanischen Autor, der mehr weiß vom

schwierigen Dialog zwischen Europa und Afrika mit all seinen Fallstricken und Untiefen.

Bebeys Werk ist für Leute, die es kennen, eine unversiegbare Quelle des Lernens, – und des Lachens.

Francis Bebey, *Heavy Ghetto. Lyrik und Lieder*, hrsg. von Inge Meidinger-Geise und Wolf Peter Schnetz, Delp, München 1988

– *Eine Liebe in Duala*, aus dem Franz. von Winfried Thiemer, Peter Hammer Verlag, Wuppertal 1987

– *King Albert*, aus dem Franz. von Gerd Meuer, Peter Hammer Verlag, Wuppertal 1987

– *Alle Menschen sind schwarz. Geschichten aus Afrika und Europa*, aus dem Franz. von Inge Artl, Peter Hammer Verlag, Wuppertal und Kyrill & Method Verlag, München 1991

Der fabulierende Friseur

Dooh hatte im Gefängnis ein ehrliches Handwerk erlernt. Nach seiner Entlassung machte er sich selbständig. Er war Friseur geworden, zum Segen unseres Dorfes und der Umgegend. Er begann auch zu trinken, „damit die Zeit schneller vergeht“, wenn unsere jungen Leute es nicht gar zu eilig hatten, sich schönmachen zu lassen.

Endlich war die gute Jahreszeit wieder da. Dooh arbeitete im Freien. Er setzte sich unter einem Mangobaum auf eine große Kiste und wartete geduldig auf die Kunden. Es wartet sich gut, wenn man Palmwein dazu trinkt. Dieser Beschäftigung ging Dooh eines schönen Morgens nach, als ein Mann auf ihn zutrat.

„Schneide mir die Haare“, sagte er, „ich habe von dir gehört, du sollst es ja sehr gut machen.“

Sprach's und nahm ohne Umstände Platz.

Dooh hob einen großen Kieselstein auf und zertrümmerte damit eine leere Bierflasche. Dann kniete er vor den Scherben nieder, als wollte er sie wegen dieses Roheitsaktes um Verzeihung bitten. Wenn die Flasche noch voll gewesen wäre, würde er sie nicht zertrümmert haben, dessen bin ich sicher.

„Siehst du“, sagte Dooh zu seinem Kunden, „siehst du, die Leute, die nichts im Bauch haben, sind wie diese Flasche. Sie verdienen keine bessere Behandlung.“

„Du hast recht“, erwiderte der andere. „Die Welt ist bis obenhin voll von Leuten, die nichts im Bauch haben.“

„Weißt du, ich rede nicht von hungrigen Leuten, ich ... Ich meine die Einfältigen. Sie verdienen nicht zu leben. Wie denkst du darüber?“

„Du hast recht“, bestätigte der Kunde.

Man darf seinem Friseur nicht widersprechen, am wenigsten in dem Augenblick, wo er das Wunderwerk in Angriff nimmt, deinem Kopf eine bessere Fasson zu geben. Dooh war mit der Antwort zufrieden. Er pfiff ein Liedchen und suchte sich eine gleichmäßig gerundete, scharfe Scherbe. Mit dieser da würde er gut hinkommen. Dann näherte er sich dem Nacken des Kunden, betrachtete ihn und hockte sich hin, um die Stelle genauer in Augenschein zu nehmen.

„Und du? Bist du gescheit?“

„Natürlich bin ich gescheit“, sagte der Kunde. „Denkst du, ich wäre sonst zu dir gekommen, wenn ich nicht gescheit genug wäre zu wissen, daß du der beste Friseur weit und breit bist?“

„Na siehst du. Da hast du recht. Es war eine dumme Frage. Alle Welt weiß, daß ich der beste Friseur hierzulande bin. Und wenn's noch nicht jeder weiß, sei's drum, eines Tages wird es jeder erfahren. Was wettest du?“

„Nichts, gar nichts. Denn ich bin sicher, daß ich verlieren würde.“

Nichts dagegen zu sagen, das war ein Kunde, wie sie Dooh gern hatte, ein Kunde, der mit allem einverstanden war. Kein Gedanke daran, ihm unter Umständen einen schlechten Haarschnitt zu machen. Aber die Luft roch nach Palmwein. „Willst du einen Schluck?“ fragte Dooh. Er langte hinter die Kiste und brachte eine riesige Kalebasse zum Vorschein.

Er zog einen Pfropfen heraus, trank ein paar Schlucke und reichte sie dann seinem Kunden. Auch dieser trank. Er wollte die Kalebasse gar nicht mehr absetzen. „Er ist gut, Bruder, er ist gut ...“

Darauf machte sich die Scherbe am Nacken des Kunden zu schaffen und ließ alsbald die Demarkationslinie zwischen dem Kopf und dem übrigen Körper erkennen. Dooh war mit sich zufrieden und pfiff munter fort. Auf einmal fiel ihm ein, daß er einst die Dorfschule besucht und das ganze Alte Testament gelernt hatte, in der Dualasprache. Und er fing an zu wiederholen, wie Josua die Schlacht bei Jericho gewann ...

„... Da begannen die Israeliten in ihre Posaunen zu blasen, und die Mauern der Stadt fingen an zu wanken .. Zu wanken, mein Bruder, bis sie umfielen ...“

Der Kunde wußte nicht, woher Dooh diese Stelle genommen hatte. „Was machen die Israeliten da hinter meinem Kopf?“ fragte er.

Der Friseur hörte schlagartig mit seiner Arbeit auf.

„Wie?“ sagte er zu dem Unwissenden. „Eine solche Frage aus deinem Mund? Kennst du denn die alte Geschichte nicht? Die Geschichte unserer Vorfahren?“

„Was haben sie denn gemacht, unsere Vorfahren?“

„Was sie gemacht haben? Was für eine Frage! Weißt du denn nicht, daß Gott sie verurteilt hatte, vierzig Tage und vierzig Nächte durch die Wüste zu irren?“

„Ach?“

„Freilich, freilich ... Vierzig Tage und vierzig Nächte.

Das ist lange, findest du nicht? Aber nein, ich irre mich, das war die Sintflut, die dauerte vierzig Tage und vierzig Nächte. Die Israeliten sind vierzig Jahre durch die Wüste geirrt, weißt du, richtige volle Jahre, wie es heutzutage gar keine mehr gibt ..."

„Aber was hatten sie denn getan, um so bestraft zu werden?"

„Ach, gar nichts. Gott war nur unzufrieden mit ihnen, weil sie ungehorsam gewesen waren. Und da ist Mose zum Pharao gegangen und hat ihn gebeten, sein Volk ziehen zu lassen."

„Wessen Volk?"

„Gottes Volk natürlich. Bist du aber dumm. Du bist wie eine leere Flasche. Du hast nichts drin. Du verdienst gar nicht, daß man dir die Haare schneidet. Verstehst du denn nicht, was ich sage? Ich spreche vom Volk Gottes natürlich ..."

„Au!"

„Wieso au?"

„Du hast mir weh getan!"

„Du bist zu empfindlich, auch du. Es ist das erste Mal, daß ich dich geritzt habe, und du machst ein Geschrei, als hätte ich dir den Nacken verbrannt!"

Ein dünner Blutfaden sickerte von der „Ritze" herab. Dooh hielt ihn unterwegs auf und rasierte dann das übrige Nackenhaar ab. Er hatte etwas mehr Palmwein im Leibe als gewöhnlich und fuhr mit seiner unglaublichen Geschichte von unsern israelitischen Vorfahren fort.

„Also der Pharao versammelte das ganze Dorf um ein großes Feuer. Es gab ein Palaver, das dauerte drei Tage und drei Nächte. Und Mose brachte eine große Schlange herbei, über die sich alles Volk entsetzte. Aber der Pharao hatte ein Herz von Stein und ließ die Israeliten nicht ziehen. Da ließ Mose einen Regenbogen herabsteigen, und der Regenbogen redete zum Pharao. Aber da ließ der Pharao den Kopf des Regenbogens abschneiden. Da wurde es ganz finster, und die Leute des Pharao wurden alle blind, aber die Leute des Mose sahen so klar wie am hellen Tag. Und so konnten sie sich retten ... Fffft ... Fffft ... Fffft ... Steh auf, ich bin fertig. Jetzt bist du schön. Jetzt kannst du getrost zu jeder Frau gehen, keine wird dich abweisen können. Aber vergiß nicht im Rausch des Erfolges, daß du Dooh deine Schönheit verdankst. Doch jetzt zahle und gehe. Und wenn dir eine Frau begegnet, die deinen Engelskopf keines Blickes würdigt, brauchst du mir bloß Bescheid zu geben, ich werde mich persönlich der Sache annehmen ... Du kannst es sogar gleich gegenüber probieren, da ist eine, die wird dir nicht widerstehen können, so fein wie du jetzt aussiehst ...“

„Gegenüber? Was ist denn da, gegenüber?“

„Zahl mal erst, es macht einen Franc fünfzig. Verstehst du den Wink denn nicht? Man merkt's, daß du meinen ganzen Wein ausgetrunken hast. Ich sag's dir doch, da ist eine Frau gegenüber! Ja, in dem Haus da. Eine Allerweltsfrau, die gehört jedem, der Lust hat. Hast du ein bißchen Geld? Ja? Na, dann kannst du hingehen.“

Nach endlosem Schachern zahlte der Mann fünfzig Centimes, dann ging er „hinüber“, während ein neuer Kunde auf der Kiste Platz nahm, um sich Doohs Schneidewerkzeugen auszuliefern.

Mit „gegenüber“ war mein Haus gemeint. Ich war daher nicht wenig erstaunt, als ich einen Unbekannten eintreten sah, der einen tüchtigen Rausch zu haben schien, und in der Annahme, ich wartete auf irgendetwas (vielleicht bis ich an die Reihe käme), mir ganz ungeniert erklärte:

„Ja, Bruder, ich bin auch gekommen. Wo ist sie denn?“

„Wer?“ fragte ich.

„Na, die Frau“, sagte der Mann. Seine Augen funkelten vom Palmwein und kaum verhüllter Gier. „Ja doch“, wiederholte er, „die Frau“. Der Bruder Friseur da drüben hat mir gesagt, ich soll 'gegenüber' anfragen, wenn ich ein bißchen Geld hätte. Er hat mir gesagt, daß hier ...“

Ich packte den Kerl am Kragen, ohne ihn ausreden zu lassen, und warf ihn hinaus wie einen nassen Sack. Ehe er sich aufrappeln konnte, versetzte ich ihm noch ein paar Faustschläge ins Gesicht, dann empfahl ich ihm, sich schleunigst zu trollen, was er sich nicht zweimal sagen ließ. Schon hatten sich einige Neugierige eingefunden, aber ich war schon unterwegs zu Doohs „Frisiersalon“.

„Du treibst schon wieder deine Späße mit mir, Dooh, obwohl ich dich schon gewarnt habe, daß es dir eines Tages teuer zu stehen kommen wird. Ich glaube, dieser Tag ist heute, schade um dich.“

Ich packte ihn und verabreichte ihm etliche Ohrfeigen, an die er hoffentlich bis ans Ende seiner Tage denken wird, denn es sollte mir leid tun, wenn er die Züchtigung vergäße und womöglich wieder anfinge, überall herumzuerzählen, ich hätte eine H... geheiratet. Die Dorfbewohner legten sich rechtzeitig ins Mittel, während ich noch damit beschäftigt war, Dooh sein unverschämtes Maul zu stopfen. Ein paar Frauen flehten mich an, ihn nicht zu töten, denn er sei ein Bruder,

„und wenn dein Bruder dir unrecht tut, mußt du ihm verzeihen". Da fand mein Zorn ernste Gründe, sich zu besänftigen ...

Strahlende Sommersonne, das Meer bald ruhig, bald bewegt, ein sprechendes Abbild der Tage, die aufdämmern und vergehen, eine dünne Rauchsäule in der Ferne, die aus dem sandkorngroßen Schiff aufsteigt, Möwen über dem besonnten Strand, feiner, unter den nackten Sohlen knirschender Sand, dunkelgrüne Mangrovenwälder, riesige Austern, die im Schlamm des sumpfigen Ufers hängengeblieben sind, Krokodile, die der Ruderschlag aufgescheucht hat, Trümmer, die auf dem silbergrauen Wasser treiben, klobige Balken, Trägerroste riesenhafter Pfahlbauten, Dampfer, die zusehends größer und größer werden, Fischerdörfer auf den Sandstränden und Fische, Fische, schimmernd wie Perlmutt, wie Silber, mahagonifarbene Räucherfische, Fische, auf Weidengeflecht zum Trocknen ausgelegt, Lippfische, Barben, Schwertfische, Fische aller Art ... Abendgespräch am Feuer nach harter Arbeit und hohem Seegang, Geschichten, Lieder, Rätsel, Sprichwörter, Tänze, heitere Träume unter dem Sternenhimmel, Bastmatten auf dem blanken Boden ... Brüderlichkeit, Kameradschaft, Himmel und Meer und Menschen, Menschen, verloren in der überwältigenden Natur, einfache Menschen, gewiegt vom Pulsschlag des Meeres unter den wachsamen Augen von Millionen Sternen, Menschen für Gott und Luzifer, die sich gemeinsam abmühen für das Leben anderer Menschen, ihresgleichen, ihrer Brüder ... So ist sie, die Hochseefischerei. Ich würde vergeblich die ganze Welt durchstreifen, um Menschen dieses Schlages zu finden. Ich bin glücklich zu wissen, daß ich sie bei mir habe, zwei Schritt von meiner Tür, daß ich ihnen nah bin wie sie mir, daß sie so freimütig zu mir reden vom Morgen bis zum Abend, in Gesprächen, die mich so wohltuend umfächeln wie der Wind der purpurnen Abende. Ihr Leben ist ein einziges Wagestück, bedroht von Wellen, höher als ein Haus mit mehreren Stockwerken, wie von der Feuersbrunst im Fischerdorf, wenn menschliches Versagen oder die Ungunst des Winters die Katastrophe herbeiführen. Dennoch ist es kein Heldenleben. Das Paddel ist kein Schwert, das stille Rauschen der Fluten hat nicht vom Hornruf der Legende, der Fischfang ist kein Kampf, sondern gelebtes Leben ... Was gäbe ich darum, es wiederzufinden!

Ich versprach Agatha, so früh wie möglich zurückzukehren. Ich hielt mein Wort und war drei Wochen später wieder im Dorf.

Während meiner Abwesenheit wohnte Maa Medi nicht in ihrem Haus. Aus Furcht, es könnte „irgendetwas passieren", während ich fort war, verbrachte sie die ganze Zeit bei Agatha. „Ich habe in meinem ganzen Leben keine größere Aufopferung gesehen", sagte Fanny, gerührt von dieser mütterlichen Fürsorge. Und Maa Medi lächelte und sagte einfach: „Du hast noch ein langes Leben vor dir, meine Tochter ... Du wirst noch ganz andere Dinge erleben, bis du so alt bist wie ich ..."

Aber das Schicksal geht seine eigenen Wege.

Ich verzeihe es ihm, wenn ich bedenke, daß es gerade mich erwählt hat, mich „ganz andere Dinge" erleben zu lassen. Denn am Tag vor meiner Rückkehr war Agathas Kind zur Welt gekommen.

„Er ist schön, dein Junge", sagte eine Frau am Strand, als meine Kameraden und ich die Piroge im grünen Schilf festbanden.

„Ein Junge?"

„Ja, ein Junge, er ist schöner als du", erwiderte ein anderer.

„Und er ist ganz weiß ..."

Da fingen alle zu lachen an, die zu unserem Empfang gekommen waren. Aber es war ein Lachen, das mehr als beunruhigend wirkte.

„Na und?" fragte mein Vetter Ekeke. „Er ist ganz weiß, er ist ganz weiß, und darüber lacht ihr ... Was ist denn da so Komisches dabei? Sind nicht die meisten Kinder bei der Geburt ganz weiß?"

Ich begriff auch nicht recht, was das alles bedeuten sollte, aber ich wußte, daß mein Vater recht hatte. Die meisten schwarzen Kinder sind bei der Geburt weiß und nehmen die Lokalfarbe erst einige Tage später an. Was also hatte das Gelächter zu bedeuten? Ich lief ins Dorf, ich wollte mein Kind sehen. Da lag es in einer großen Emaillewanne, die ihm als Wiege diente, zwischen bei der herrschenden Hitze ganz überflüssigen Windeln.

Da lag es, mit langem, offenem Haar. Agatha blickte mich an und senkte die Augen. Sie wußte nicht, was sie sagen sollte. Maa Medi ebensowenig, auch Fanny nicht. Keine von ihnen hatte ein so weißes Kind erwartet. Im Dorf überbot man sich an Mutmaßungen über Agathas Kind.

„So werden viele schwarze Kinder geboren ..."

„So weiß wie das? Nie gesehen ..."

„Doch, doch, und nach einigen Tagen ändert sich die Farbe."

„Also gut, wir werden ja sehen. Ich gebe euch einen Monat, wenn ihr wollt."

Einen Monat ... In einem Monat würde ich es wissen.

Wieder einmal zwangen mich die Umstände, meine Augen in die Zukunft zu richten. Wann endlich werde ich die Gegenwart rein und voll erleben? dachte ich bitter.

Ihr werdet verstehen, warum dieses neugeborene Kind, das nicht Fisch noch Fleisch war, mir allmählich zu denken gab, wenn ich euch wahrheitsgemäß versichere: die Farbe meiner eigenen Haut nähert sich den schönsten Ebenholztönen. Außerdem, bei meinem krausen Haar, meinen dicken Lippen und meiner freigebig nach unten geweiteten Nase bin ich sicher, daß der „Nouveau Petit Larousse“ von einst keinen Augenblick gezögert hätte, mich für ein Musterexemplar der schwarzen Rasse zu erklären. Und die, wie ihr wißt, sehr hübsche Agatha Moudio war ebenfalls tiefschwarz vom Kopf bis zu den Füßen. Nein wirklich, es war eine merkwürdige Geschichte.

Da mußte auch die Mutter Bösblick ihr Körnchen Salz beisteuern, und ihr könnt mir glauben, es war ein dickes Korn.

„Vielleicht“, sagte sie, „vielleicht wird das Kind eines Tages auch so einen goldenen Mund kriegen wie sein Vater ...“

Als ich das hörte, stürzte ich zum Spiegel und zeigte ihm die Zähne: zwei Reihen von Elfenbein, von untadeliger Reinheit und Weiße. Dann lief ich, weil ich immer noch nicht verstand, zu Mutter Bösblick und bestürmte sie mit Fragen. Aber sie lehnte es ab, sich ausführlicher zu erklären.

„Du wirst schon sehen, mein Sohn, du wirst schon sehen“, sagte sie nur. Und nach einer Pause fügte sie hinzu: „Mutter Bösblick sieht alles. Alles, sag' ich dir.“

Es blieb mir nichts übrig, als die zehn oder vierzehn Tage abzuwarten, bis der Sohn Agathas seine endgültige Farbe annehmen würde. Ich wartete noch länger, ich hielt noch einen ganzen Monat nach der Geburt des kleinen Jungen an meiner Hoffnung fest, aber seine milchschokoladenfarbene Haut blieb, wie sie war, oder doch beinahe, so daß von einem nennenswerten Unterschied keine Rede sein konnte. Da endlich entschloß sich Mutter Bösblick zu sprechen.

„Ich habe sie gesehen, deine Frau, als der große Weiße mit den Goldzähnen sie nachts abholte, als du nicht zu Haus warst. Er kam mit dem Fahrrad, um keine Aufmerksamkeit zu erregen. Ich habe ihn mehrmals gesehen. Aber, Sohn, was hätte ich dir damals sagen sollen? Hätte nicht jedermann gleich wieder von meiner bösen Zunge gesprochen? Deshalb habe ich meine Beobachtungen für mich behalten ... Einmal kam deine Frau sehr spät zurück, am frühen Morgen erst, und da habe ich den Weißen wieder auf seinem Fahrrad gesehen. Er hatte sie zurückbegleitet ... Such nicht weiter nach den Gründen und mach dir nichts vor! Agathas Kind ist nicht dein Kind, mein Sohn."

Ich ging schweren Herzens davon, um König Salomo zu berichten, was ich gehört hatte.

„Was ist da zu tun?" fragte ich.

„Der König war selbst nicht weniger bestürzt als ich. Aber seine sprichwörtliche Weisheit half ihm immer, sich aus der Affäre zu ziehen, gleichviel wo und gleichviel wann.

„Was da zu tun ist?" erwiderte er. „Genauer gesagt, was du mit einem natürlichen Kind machen sollst? Das ist doch der Sinn deiner Frage, nicht wahr? und nun bedrängst du mich, gerade mich, dir zu antworten? Sag doch, du weißt besser als ich, was da zu tun ist. Es ist doch nicht dein erstes natürliches Kind, das zur Welt kommt, soviel ich weiß. Was hast du denn mit dem ersten gemacht?"

„Aber, König, das ist doch nicht dasselbe!"

„Was? Das ist nicht dasselbe? Sag, was ist da anders? Das Kind? Oder die Art, wie es entstanden ist?"

Ich schwieg.

„Na, na, faß dich, Sohn", fuhr der König fort, „und sieh den Dingen ins Gesicht. Du hast kein Recht, zu verzagen, du, La Loi, der Stärkste unserer jungen Männer! Und dann, du weißt doch – ob es nun vom Himmel kommt oder von der Hölle, ein Kind ist immer ein Kind."

Also sprach König Salomo.

Und das ist wahr.

Die Kinder, mögen sie aus der Hölle der Sünde kommen oder aus den Höhen des Himmels, die Kinder gleichen sich alle. Sie steigen alle von demselben Lebensbaum herab, dessen Zweige der Nichtigkeit der Rasse entsprechen, die Blätter aber den tausend menschlichen Charakteren. Später werden sie Männer und Frauen, die einander lieben oder hassen, oftmals ohne Grund, und dann machen sie sich daran, die verschiedenen Fehler der Hautfarbe hervorzuheben und Pariaklassen zu züchten, mit dem gleichen Eifer, mit dem sie versuchen, den Mond aus den Angeln zu heben, bevor sie noch alle Früchte dieser Erde in die Scheunen gebracht haben ... Sie kommen alle schön und anmutig auf die Welt und sprechen dieselbe stumme Sprache des Friedens und der

Eintracht. Später, ach, später werden sie die soviel lautere und törichtere Sprache des vernunftlosen kalten Verstandes reden, die den Krieg hervorbringt und den Rassenstolz. Aber preisen wir das Gottesgeschenk dieser schwarzen oder weißen, gelben oder roten Engel, die alle mit dem gleichen Lächeln die unsicheren Ufer des Daseins betreten und alle mit der gleichen unschuldigen Begier an der Mutterbrust das heitere Glück des frühen Lebensmorgens genießen. Mag später aus ihnen werden, was da will – mögen sie auch keine wahren Menschen werden, sie sind doch einmal echte Kinder gewesen.

Heute ist Agathas Sohn schon größer geworden. Ich habe ihn nicht verstoßen, trotz der argen Gewissenspein, die er mir kurz nach seiner Geburt verursachte. Freilich wirkte er in seiner äußeren Erscheinung wie ein Kind aus der Fremde. Manchmal sehe ich ihn auf dem Dorfplatz mit gleichaltrigen Kameraden spielen. Wenn ich ihn in ihrer Mitte sehe, muß ich wunderlicherweise an das berühmte Haus meines Onkels Gros-Coeur denken, das sich so schmuck ausnimmt zwischen den einfachen Basthütten unseres Dorfes.

„Was sollen diese Vergleiche!" sagte König Salomo ärgerlich, als ich ihm meine Überlegungen mitteilte.

Er hat recht. Nachdem ich alles richtig durchdacht habe, hat der Sohn der Agatha Moudio von mir nicht das böse und törichte Hohnlächeln eines schicksalgeprüften Mannes zu erwarten, sondern den väterlichen Rat, der das seltsame Abenteuer seines Manneslebens zum Guten wenden soll. Und seit ich mir darüber im klaren bin, hasse ich auch das melancholische Lächeln, das mich damals ankam, noch viele Monate nach der Geburt des Kindes, wenn ich an Maa Medis Prophezeiung dachte: „Mein Sohn, mit dieser Frau wirst du noch dein blaues Wunder erleben."

Francis Bebey, *Eine Liebe in Duala*, aus dem Franz. von Winfried Thiemer, Peter Hammer Verlag, Wuppertal 1987

Pepetela

Roger Melis

Pepetela, mit richtigem Namen Artur Carlos Mauricio Pestana dos Santos, wurde am 29. Oktober 1941 in Benguela, Angola geboren. Nach der Unabhängigkeit gehörte er zu den wenigen ausgebildeten Angolanern. Er war in den Genuß einer Ausbildung gekommen, die den meisten Angolanern während der portugiesischen Kolonialzeit verwehrt blieb. Als die Portugiesen das Land fluchtartig verließen, blieben viele gesellschaftliche Institutionen verwaist. So mußten Menschen wie Pepetela, der in Portugal eine Technische Hochschule und in Frankreich sowie Algerien Soziologie abgeschlossen hatte, einspringen. Nach vielen Jahren Befreiungskrieg, in denen Pepetela in führender Position aktiv war, mußte das Land vollständig aufgebaut werden. Pepetela war im Bildungsministerium tätig, ohne aber das Schreiben aufzugeben, dem er sich inzwischen ganz widmet.

Trotz seiner Ämter schreibt Pepetela mit feiner Ironie gegen die Auswüchse der Bürokratie an. Er verschweigt nicht die Probleme Angolas und versteift sich nie auf dogmatische Positionen. Er spürt die Verknöcherung und die Indifferenz in der Gesellschaft humorvoll auf. Und hat damit großen Erfolg. Sein Roman „Mayombe" verkaufte sich 250.000mal.

Pepetela, *Der Hund und die Leute von Luanda*, aus dem Portug. von Inés Koebel, issa, Bonn 1987

- *Mayombe*, aus dem Portug. von Maritta Tkalec, issa, Bonn 1985
- *Yaka*, aus dem Portug. von Klaus Laabs, Volk und Welt, Berlin 1989

Juden unter sich

Das Leben war beschissen, vor allem an jenem Abend. Ich beschloß ins „Trópico“ zu gehen, wo ich in der Hotelbar oft einen Schluck trinke und manchmal auch ganz nette Leute treffe.

Ich nippte an meinem Whisky und war schon ziemlich lustlos, da erschien sie: eine kokette Mulattin, in einem Lamékleid, aufreizend und sehr jung. Ich tippte gleich auf Edelnutte. Sie setzte sich an meinen Tisch. Erst dann fragte sie:

„Darf ich?“

„Sie sitzen bereits!“

„Sie sind Entwicklungshelfer. Aus welchem Land?“

Ich versuchte Portugiesisch mit einem leichten Akzent zu sprechen: „Kommen Sie nicht drauf?“

„Mal sehen. Ich hab schon ‘ne gewisse Übung im Nationalitätenraten, ich geh nach dem Aussehen und der Aussprache. Also, Ihrer dunklen Hautfarbe nach sind Sie aus keinem sozialistischen Land, es sei denn aus Kuba ... Aber wie ein Kubaner sprechen Sie nicht. Wie wär’s mit Afrikaner? Aber dann würden Sie nicht so gut Portugiesisch sprechen. Sagen Sie noch was.“

„Also, sprechen gilt nicht. Sie müßten das schon an meinen Augen erkennen.“

„Ich hab’s. Sie wollen mich nur reinlegen. Sie sind Brasilianer, dort gibt’s viele Mulatten. Aber Sie sprechen absichtlich mit einem anderen Akzent. Sie können nur Brasilianer sein, verstellen sich aber.“

„Ich könnte Kapverdianer sein ...“

„Quatsch! Die erkenn ich sofort. Ich schau mir nämlich die brasilianischen Fernsehserien an, deshalb weiß ich genau, wie Brasilianer reden. Ich hab auch mal ‘nen Brasilianer näher gekannt.“

„Vielleicht haben Sie richtig geraten.“

„Natürlich hab ich das. Hör mal, ich find dich sympathisch. Hier duzen wir uns, wenn wir uns sympathisch finden. Bei euch in Brasilien redet man sich mit ‘você’ an, wenn man sich gern hat.“

„Du scheinst ja einiges über Brasilien zu wissen.“

„Irgendwann fahr ich noch hin. Es gibt jetzt super Reisen nach dort und gar nicht mal teuer. Spendierst du mir einen Whisky?"

Ich winkte dem Ober, der sofort kam. Sie war hier schon bekannt, ihr Lieblingsgetränk auch. Ich beschloß, ihr nicht länger etwas vorzumachen.

Aber ehe ich etwas sagen konnte, erklärte sie:

„Ich weiß nicht, wie das bei euch in Brasilien ist. Aber hier haben wir beide was gemeinsam. Die Hautfarbe, verstehst du? Die Mulatten sind nämlich die Juden von Angola. Das hab ich von einem Freund, der Dichter ist, und das hat mir gefallen. Mulatten, die Juden von Angola. Die Juden waren doch immer diejenigen, die von allen eins draufgekriegt haben. Hier sind das die Mulatten. Wenn irgendwas schiefgeht, ist der erstbeste Mulatte dran Schuld. Die Schwarzen, die haben ihren Stamm, ihre Großfamilien, die lassen sich nichts gefallen. Ein Mulatte hat keinen Stamm. Oder besser: Die Mulatten sind sein Stamm. Das verbindet uns. Und, wie ist das in Brasilien?"

Nun war es höchste Zeit. Ich sagte zu ihr:

„Hör mal, du täuscht dich. Ich bin waschechter Angolaner. Angola-Jude, wenn du willst, so wie du. Du verlierst mit mir nur deine Zeit, ich bin kein Entwicklungshelfer und hab auch keinen Zutritt zu dem Laden für Entwicklungshelfer, um Whisky für dich zu kaufen und teure Parfüms oder Kleider und Schuhe ... Ich finde, es ist besser, ich mach dir nichts mehr vor, damit du nicht weiter Zeit mit mir vergeudest. Du lebst doch von so was, oder?"

Sie wurde nicht wütend, wie ich es erwartet hatte. Und warf mir auch kein Glas an den Kopf. Sie sah mich ernst an, dann lächelte sie:

„Du bist in Ordnung. Ich mach dich zu meinem Freund. Hättest mich ja den ganzen Abend über an der Nase rumführen können, mir Nylonstrümpfe und wer weiß was versprochen, wir wären zusammen ins Bett gegangen und erst zum Schluß hättest du gesagt, daß du Angolaner bist. Wieso warst du ehrlich?"

„Keine Ahnung, so bin ich eben."

„Und was hast du für 'nen Beruf?"

„Ich habe schon alles mögliche gemacht, im Augenblick habe ich nichts Festes. Aber der einzige Beruf, den ich wirklich gern hätte – eigentlich ist das ein Geheimnis –, das ist Schriftsteller. Aber so weit bin ich noch nicht. Ich schreibe Erzählungen und versuch mich gerade an einem Roman. Angeblich habe ich Talent. Aber vorläufig schlage ich mich noch mit Gelegenheitsarbeiten durch. Und dann gebe ich auch Unterricht in Portugiesisch, das jetzt ja 'Verkehrssprache' heißt, aber sonst noch dasselbe ist, um mir ein paar Kwanzas dazuzuverdienen, bis meine große Stunde kommt."

„Toll, ein Schriftsteller ... Ich hab schon öfter welche gesehen, aber richtig kennengelernt hab ich noch keinen."

„Was meinst du mit: jemand richtig kennenlernen?"

„Na, hör mal, das kannst du dir doch denken. Wo lernt man sich erst richtig kennen? Nur im Bett! Die Gelegenheit hat sich aber nie ergeben. Du weißt ja, wie das mit den Angolanern ist; ziemlich schwierig. Und Schriftsteller kommen nicht als Entwicklungshelfer her. Wo's doch Entwicklungshelfer für alles gibt, warum eigentlich nicht auch dafür? Manchmal werden ja welche eingeladen, das lese ich dann in der Zeitung, aber die bleiben nur so kurz, die lernt man höchstens zufällig kennen. Und dazu kommt dann noch: die sind steinalt ..."

„Hier hat doch ein internationaler Schriftstellerkongreß stattgefunden ..."

„Ach, der Afrodisíaca! Stimmt, aber die vom Protokoll haben mir Schwierigkeiten gemacht."

„Afro-Asiática", verbesserte ich sie.

„Genau. Ich hab auch gefunden, daß der Name nicht stimmen kann, denn die hatten nichts davon an sich. Aber manchmal kann man sich auch täuschen. Sind eigentlich alle Schriftsteller alt?"

„Nein, wir nicht ..."

„Na klar", sagte sie da. „Ich meine auch nur die Ausländer. Auf die hab ich's hauptsächlich abgesehen. Oder auf Angolaner mit Zutritt zu bestimmten Läden ... Als berufliche Spezialisierung, verstehst du?"

„Ja, natürlich. Du bist sehr hübsch und sehr jung. Wie alt bist du eigentlich?"

„Zwanzig."

„Und, hast du schon viele Männer richtig kennengelernt?"

Sie machte eine Geste, die die Bar und darüber hinaus die ganze Welt einschloß.

„Buéréré! Ein ganzes Bataillon! Ein paar Hübsche waren dabei, wenige. Aus allen Nationen. Kurz gesagt: Die Vereinten Nationen. Manchmal können die kein Wort in unserer Sprache, nur die eine Geste, die können sie: Mit Daumen und Zeigefinger der linken Hand machen sie eine Null und in die Null stecken sie den ausgestreckten rechten Zeigefinger."

„Richtig. Eins-zu-Null."

„Nein", meinte sie, „Einer in der Null."

Wir haben laut losgelacht, wie die Kinder. Sie war hübsch und jung und sprach locker und ungezwungen. Meine miese Laune hatte sich verflüchtigt, dafür kam jetzt so etwas wie Bedauern in mir auf.

„Warum änderst du dein Leben nicht?"

„Hör zu, ich bin ganz oben auf der Stufenleiter, wenn man mal von Frau Soundso oder der Gattin von Herrn Soundso absieht. Nur die Kitandeiras, die verdienen noch mehr Geld, die wissen gar nicht, wohin damit. Das heißt, sie haben Geld, kriegen aber keine Ware dafür. Die müssen ihre Moneten in Flaschen stecken und im Garten vergraben. Aber ich hab Ware, und zwar Importware und auch noch gratis. Wenn ich Geld brauche, verkauf ich ein total abgetragenes Kleid von mir ... ein paar Strümpfe, eine Handtasche, ein paar Plastikschuhe, und zwar zu dem Preis, den ich verlange. Aber wirklich zu dem, den ich will. Weißt du, daß ein bunter indischer Rock soviel wert ist wie ein Flugticket nach Europa? Falls du's nicht gewußt hast, weißt du's jetzt. Und deswegen bin ich auch ganz oben ... Ich verkauf meinen Körper, nein, ich vermiete ihn nur, aber meine Seele verkauf ich deshalb noch lang nicht. Was ist mehr wert?"

„Denkst du nicht manchmal an 'ne eigene Familie? Einfach alles sausen lassen, dir einen hübschen Kerl schnappen und heiraten?"

„Eines Tages find ich schon noch meinen Märchenprinz. Bis jetzt ist er zwar noch nicht aufgetaucht ... oder ... na, ich weiß nicht recht."

„Du wolltest gerade was Wichtiges sagen."

„Stimmt, wollt ich. Aber du lachst mich sicher aus. Es ist nämlich eine verrückte Geschichte. Du wirst denken, ich glaub an Hexerei. Oder daß alles nur erfunden ist. Aber du bist ja Schriftsteller, vielleicht lachst du mich doch nicht aus ..."

„Ich schwör's dir." Und ich nahm ihre Hand, ohne Hintergedanken, nur um sie zu ermutigen.

„Also gut, ich erzähl's dir. ich hab mit vielen Männern geschlafen, ich bin eine Hure, warum soll ich das häßliche Wort nicht in den Mund nehmen. Aber geliebt hab ich keinen. Nicht die Spur. Ich hab noch nie einen Mann geliebt. Ist das normal? Ich träum' davon, daß er eines Tages kommt, der Richtige, der Einzige. Für den heb° ich mich auf. Das, was ich bis jetzt am meisten geliebt hab, war 'ne Puppe mit blauen Augen, die hab ich bekommen, als ich zwei Jahre alt war. Ich schlaf immer noch mit ihr. Und dann ... dann war's ein Tier, ein Hund ..."

„Ganz normal, soweit."

„Findest du? Aber da fängt die Hexerei an. Also ich wollt dir sagen, daß dieser Hund bei mir erschienen ist wie der Märchenprinz – er war übrigens der einzige, der so aussah – ein Märchenprinz in Hundegestalt. Natürlich hab ich dann doch nicht daran geglaubt, die Zeiten sind vorbei. In Mutamba, da hat mich ein Schäferhund aufgelesen und ist dann einige Zeit bei mir geblieben. Ich hing sehr an ihm, er kam gleich nach meiner Puppe. Aber er war doch irgendwie anders. Mit dem Hund war das eher was Physisches. Er war eben mein Prinz. Manchmal hab ich sogar Lust bekommen, mit ihm zu schlafen ... Ich hab's aber nie gemacht ... Wenn ich ihn gestreichelt hab, war das richtig sinnlich, er hat dann richtige Schlafzimmeraugen bekommen und ganz still gehalten. Ich hab mich vor ihm geschämt, nur deswegen. Du machst ein angewidertes Gesicht, ich weiß überhaupt nicht, warum ich dir das erzähle."

„Du täuscht dich, ich seh bestenfalls wie jemand aus, der sehr viel mehr Anteil nimmt als du denkst. Was du sagst, ist schön, und deine Aufrichtigkeit gefällt mir. Hör, ich weiß nicht mal, wie du heißt, ich nenn' dich einfach Judith. Nein, deinen richtigen Namen will ich gar nicht wissen. Für mich bist du Judith. Das ist ein jüdischer Frauenname."

„Judith! Ein schöner Name."

„Während du erzählt hast, Judith, habe ich eine phantastische Idee bekommen. Ich habe einen Freund, ein richtiger Schriftsteller, der nur vom Schreiben lebt, manchmal läuft er abgerissen und schmutzig herum, manchmal weiß er nicht, wo er wohnen soll, und hat Hunger, aber er weigert sich, was anderes zu tun, er will nur schreiben. Er lebt für's Schreiben und durch's Schreiben ..."

„Toller Typ!"

„Ja, das ist er. Also, dieser Freund von mir hat sich für den Schäferhund interessiert, der sich in Mutamba rumtreibt; das kann nur der sein, von dem du erzählt hast. Erzähl mir alles, was du über ihn weißt, für meinen Freund."

„Und was fängt dein Freund mit den Informationen an?"

„Er schreibt ein Buch über den Schäferhund."

„Wirklich? Wie gut! Das hat der Hund verdient, mindestens ... Er hat's wirklich verdient."

„Dann schieß mal los."

Sie trank ihren Whisky in einem Zug aus und stellte das leere Glas auf den Kopf. Das hatte sie sicher von einem Russen gelernt. Sie sagte:

„Es gibt nicht viel mehr zu erzählen. Ich hab ihn gern gemocht und er mich. Nur, daß er eifersüchtig war. Wenn ich einen Mann mit nach Haus brachte, gab es jedes Mal einen Aufstand. Ich mußte den Hund zuerst einschließen, weil er die Männer angefallen hat. Einen Teil meiner Arbeit muß ich schließlich zu Haus erledigen, im Bett, nicht wahr?"

„Da verstehe ich was nicht. Von meinem Freund, dem Schriftsteller, weiß ich, daß er nie jemanden angefallen hat."

„Bei mir schon. Jeden Mann, der mit in die Wohnung kam, hat er angefallen. Er ist wütend auf ihn losgegangen und hat sogar gebissen. Ich mußte ihn zurückhalten, schreien, die Nachbarn um Hilfe rufen. Er war richtig eifersüchtig. Jedes Mal hat er einen riesen Aufstand gemacht und mir das Geschäft verdorben, ich mußte dann sogar ausziehen. Die Nachbarn haben das verlangt. Er war ungefähr sechs Monate bei mir."

„Hast du ihn weggejagt?"

„Nein, das hätt ich nicht fertiggebracht. Er hat mich verlassen. Warum, weiß ich nicht. Natürlich hört sich das idiotisch an, ein Hund denkt ja nicht. Aber irgendwie sagt mir meine innere Stimme, daß da doch was dran ist. Willst du's wissen? Als er gemerkt hat, daß es mit uns beiden nicht geht und er mir das Geschäft verdirbt, ist er gegangen. Damit ich so leben kann, wie ich will. Ich weiß, es ist verrückt, sich so was einzubilden, aber was für eine Erklärung könnt's sonst dafür geben?"

„Das interessiert mich nicht, deine ist auf jeden Fall die schönste. Du hast recht: Es sieht wirklich nach Hexerei aus. Vielleicht war's doch ein verzauberter Prinz?"

Ein zorniges Funkeln kam über ihre Augen.

„Du machst dich über mich lustig!"

Ich drückte ihr fest die Hand.

„Nein, ich schwör's dir. Ich glaub zwar nicht an Märchen und dergleichen. Aber manchmal ist das Leben ... ach, was weiß ich ... warum nicht auch mal träumen? Oder ist das etwa verboten? Glaub mir, ich wollte dich nicht verletzen."

„Seit er weg ist, hab ich ein Gefühl von Leere und Einsamkeit, richtiger Einsamkeit. Ich hab nur noch meine Puppe. Aber das reicht nicht."

Da kam mir eine Idee. Ich bestellte noch zwei Whiskies, konzentrierte mich und streichelte ihre Hand. Um sie nicht zu erschrecken, sagte ich vorsichtig:

„Hör mal, Judith. Ich hab eine Idee, ich weiß zwar nicht, was du davon hältst, aber ich könnte unser Gespräch aufschreiben und eine Erzählung draus machen und sie meinem Freund schenken. Wenn er meint, daß meine Geschichte zum Buch paßt, nimmt er sie mit hinein. Ich gebe dir den jüdischen Namen Judith, niemand wird wissen, daß du damit gemeint bist, wirklich niemand. Aber nur, wenn du einverstanden bist ..."

Sie lachte, ihre Traurigkeit war verflogen.

„Dann komm ich also im Buch vor? Und mein Hund auch? Wie gut!"

„Und ich kann alles, was du mir erzählt hast, aufschreiben?"

„Natürlich. Stell mich nur bitte nicht zu schlecht dar. Die Leute glauben nämlich immer, Huren sind ein Stück Ware, sonst nichts ..."

„Ich hatte zuerst daran gedacht, dich meinem Freund vorzustellen, aber dann ist mir die Idee gekommen, daß ja eigentlich auch ich unser Gespräch aufschreiben könnte, schließlich war ich derjenige, der dich kennengelernt hat, und nur ich könnte ..."

„Na klar kannst du das, Samuel. Ich nenn dich Samuel, ein jüdischer Name. Ich will deinen richtigen Namen auch nicht wissen. Schreib nur alles auf und gib's dann deinem Freund."

„Super! Ich fang noch heut Nacht damit an, Judith. Ich bin sicher, er wird gut. Wenn du das Buch dann irgendwann mal liest und an diese Stelle kommst, dann weißt du, Judith, das bist du. Und daß ich dich hübsch finde und du ein klasse Mädchen bist, echt klasse."

Wir tranken schweigend unseren Whisky. Dann sagte sie:

„Hör mal, heut Nacht schreibst du die Geschichte aber nicht. Das hat doch Zeit bis morgen."

„Warum?"

„Ich hab heute meinen großzügigen Tag. Wir gehen zusammen ins Bett und lieben uns wie unter Mulatten. Die Whiskies und die Erzählung, die du schreibst, gelten als Bezahlung. Mit dir mach ich die erste Ausnahme in meinem Leben."

„Legst du einen freien Tag ein? Dann verlierst du aber Geld."

„Was soll's, ist bereits entschieden. Ich weiß, daß du auch Lust dazu hast. Ich seh's dir an."

„Aber warum willst du was machen, was ich gar nicht verlangt hab?"

„Genau deshalb. Oder weil du mein erster Schriftsteller bist und außerdem noch ein hübscher Kerl. Oder aus Solidarität unter Juden!"

In der folgenden Nacht schrieb ich in der Einsamkeit meiner Junggesellenbude die Geschichte auf, die ich dem Autoren dieses Buches vermache. Es bleibt ihm überlassen, was er damit anfängt.

Nur, wie es in Judith's Zimmer war, das geht niemanden etwas an. Hätte ich aber einen Rolls-Royce, eine Boeing, eine Insel im Atlantik oder sonst was, ich hätte es ihr nach dieser Nacht geschenkt. Ich hatte aber nur eins, das ich ihr schenken konnte, und danach sehnte sie sich: Zärtlichkeit.

Aus: Pepetela, *Der Hund und die Leute von Luanda*, aus dem Portug. von Inés Koebel, issa, Bonn 1987

René Philombe

Foto: Guy Maurette

René Philombe wurde 1930 in Ngaundere in Kamerun geboren, stammt aber aus Batchenga. Eigentlich heißt er Philippe-Louis Ombedé. Früh begann er, sich literarisch zu betätigen. Schon als Schüler in Jaounde gründete er die Zeitschrift „L'Appel du Tam-tam". Er arbeitete als Sekretär beim Gerichtshof in Saa und begann sich dann politisch zu engagieren. 1955 erkrankte er Polyneuritis. Seither ist er an beiden Beinen gelähmt und widmet sich ganz der Schriftstellerei. 1959 gründete er zwei Wochenzeitungen, darunter die in französisch erscheinende „Bébélag-Ebug", was ihm einige Zeit Gefängnis einbrachte. Wieder frei, rief er die Vereinigung kameruner Dichter und Autoren ins Leben, deren Generalsekretär er bis heute ist. 1964 gründete er die Zeitschrift „Le Cameroun Littéraire". Ihr folgte 1970 „Ozila".

René Philombe ist ein vielseitiger und produktiver Autor, der neben Romanen auch Gedichte, Theaterstücke und Kurzgeschichten schreibt. Mit seinem Verlag „Editions Semences Africaines" war er auch sehr erfolgreich.

René Philombe, *Der weiße Zauberer von Zangali*, aus dem Franz. von Hermine Reichart, Otto Lembeck Verlag, Frankfurt/M. 1980
- *Bürgerklage. Gedichte*, aus dem Franz. von Armin Kerker, Unionsverlag, Zürich 1981

Ach, diese Deutschen!

Ach, diese Deutschen!

Soeben hatten sie sich wütend wie die Wölfe, denen man ihre Beute entrissen hat, verschämt wie die Nachteulen im Sonnenlicht, aus den besetzten Gebieten zurückgezogen. In ihrem Gefolge zog ein ansehnliches Heer großer Dorffürsten, die sie mit viel Alkohol sowie plumpen Versprechungen und Lügen einlullten. Zunächst hatten die Deutschen ihnen erzählt, sie zögen gegen eine ungeheure Schlange zu Felde, die auf ihrem Weg, so behaupteten sie, alles auffraß. Das ganze Volk wurde von Entsetzen gepackt, denn von nun an fürchtete der Schwarze, es nicht mehr nur mit dem weißen Unterdrücker zu tun zu haben, sondern auch noch mit diesem riesigen Ungeheuer, das alles verschlang, was sich ihm in den Weg stellte.

In der Zeit ihres unfreiwilligen schändlichen Rückzugs schlugen die Deutschen dann aber einen ganz neuen Ton an und hetzten:

„Die Franzosen sind ein ungemein barbarisches Volk! Und wenn die nun kommen und euch hier finden, machen sie sich ein Vergnügen daraus, euch alle zu hängen!"

In ihrer Einsicht zwar beschränkt und ohne Möglichkeit der Verteidigung, wußten sie dennoch sehr wohl von den Deutschen selbst, was „hängen" bedeutete. Sie wollten ihren Kopf ganz gerne noch ein bißchen oben zwischen den Schultern tragen! Und so folgten sie, am ganzen Leibe zitternd, ihren ehemaligen Tyrannen bis nach Spanisch-Guinea.

Ach, diese Deutschen!

Als man sie dann aber vor dem „ungemein barbarischen Volk" davonlaufen sah, brach das ganze Beti-Volk in laute Dankeshymnen an die Götter aus: Da beteten die ersten Christen ihren Rosenkranz herunter und die „Heiden" verdoppelten ihre Klagelieder, damit der Boden Kameruns nie wieder von Weißen betreten würde, die man Deutsche nannte!

Und man fragte sich, wie diese Deutschen es hatten wagen können, die Barbarei anzuprangern, sie, die die Barbarei schlechthin verkörperten. Wie wollten sie glauben machen, daß es auf der Erde ein Volk gäbe, das noch barbarischer als das ihre sei? Die Alten, die das Glück gehabt hatten, diese Schreckensherrschaft zu überleben, schauderten beim bloßen Gedanken daran. Weit schlimmer als die Arbeitslager, Zwangsabgaben und Massenhinrichtungen waren die vielen Vergewaltigungen, Razzien, Raubzüge gewesen, diese erniedrigenden Szenen, dieser totale Mangel an Respekt vor den ehrwürdigsten Häuptern des Volkes; das forderte ihre Auflehnung weit mehr heraus und war noch viel schmerzlicher zu ertragen. Niemand nämlich aus dem Volk der Schwarzen wurde vom weißen Kommandanten als Mensch behandelt. Bis hin zu Samba Nsi, dem Lieblingssohn Nsi Atanganas, dem obersten Fürsten von Nsimeyong, gab es keinen, der nicht Seite an Seite mit den einfachen Kindern des Volks auf einer Baustelle der Straße nach Tass-ngok Ströme von Schweiß vergossen hätte. Und selbst, so erzählt man sich, der so gefürchtete Ombala Nga Ndugsa, der Älteste der Weisen, soll eines Tages einer öffentlichen Tracht Prügel nur wie durch ein Wunder entgangen sein.

Unter dem persönlichen Vorsitz von Major Dzomnigi wird ein Palaver abgehalten. Wegen einer etwas unvorsichtigen Äußerung wird Ombala Ndugsa zu der erwähnten körperlichen Züchtigung verurteilt, die in Anbetracht seines großen Alters und seiner hohen sozialen Stellung für ihn unannehmbar ist. Vor den Augen seiner weinenden Kinder und Enkelkinder geht der alte Weise mit schlotternden Knien auf die vier Mvulmetara zu. Totenstille verbreitet sich über die sichtlich empörte Menge. Anstatt sich folgsam auf die Erde zu legen, um sich auf gebührende Weise züchtigen zu lassen, beginnt dieses verlöschende Beispiel kamerunesischen Adels zu tanzen. Er tanzt wie besessen zu dem aus den Fugen geratenen Rhythmus folgenden improvisierten Liedes:

Hoja, weißer Mann,
sag an,
gibt es in deinem Heimatland
keine Männer alt und kahl und schwach wie ich?
Wenn du mich schlägst,
so schlägst du dich,
ist es nicht mein Rücken, den du zerreißt,
ist es nicht mein Hintern, den du zerreißt,
ist es nicht mein Fleisch, das du zerreißt,
sondern der Rücken deines Vaters,
sondern der Hintern deines Vaters,

sondern das Fleisch deines Vaters,
denn ich bin dein Vater!
Hoja, weißer Mann,
sag an,
wußtest du das nicht?
Hoja, weißer Mann!

Es gibt Situationen, in denen man nicht weiß, ob man lachen oder weinen soll. Der wahnsinnige Tanz des Ombala Nga Ndugsa war eine solche Situation.

Allen stockt der Atem. Zusammengekauert vor Angst und stummer Empörung erwarten sie die zerschmetternden Schläge der Züchtigung. Die einen rufen Ombala ängstlich zu, mit den Weißen sei nicht zu spaßen, andere geben ihm Zeichen, er solle sich gehorsam auf den Boden legen, um mit Würde sein Fib-tschang-tschubang-tschig zu empfangen. Aber unser alter Weiser hört nicht auf sie. Er lauscht anderen, unbekannten Stimmen, die ihn wie ein Hallali zu immer noch wahnsinnigerem Tanz auffordern.

Plötzlich richten sich alle Blicke verblüfft auf die vier Mvulmetara. Jeder fragt sich, was denn nun los ist. Sie lassen ihre erhobenen Peitschen sinken, grinsen irritiert und schielen mißtrauisch zur Ehrentribüne. Ein nie dagewesenes Ereignis: Major Dzomnigi lächelt! Es ist ein verlegenes Lächeln, das zu sagen scheint:

„Halt! Macht dem Theater ein Ende!"

Und alle lachen, als sie den weißen Mann mit den sonst so harten Lippen lächeln sehen, den Mann, dessen Name allein schon Alpträume auslöst.

Von der allgemeinen Heiterkeit angefeuert, tanzt Ombala Nga Ndugsa noch wilder. Er verdoppelt Luftsprünge und bizarre Gesten, die seine ausgedörrte Leopardenhaut seltsam rascheln lassen; abwechselnd zeigt er auf seinen großen, fast kahlen Kopf, seine schlaffen, wie Fleischlappen herunterhängenden Hinterbacken und sein Geschlecht, das er mitsamt seinem weiten Umhang in beide Hände nimmt.

Dieser Tanz Ombalas war zugleich ein trauriges und komisches Schauspiel; aber alle freuten sich, daß der alte Mann der Erniedrigung einer öffentlichen Auspeitschung entgangen war. Dessen ungeachtet waren sich alle, die noch lange über das Ereignis redeten, darüber einig, daß sich die ungewöhnliche Macht des gefürchteten Ombala wieder einmal vor aller Augen offenbart hatte.

Ach, diese Deutschen!

Während ihres Rückzugs hatten sich die einheimischen Priester gegenseitig mit ihren Gesängen übertroffen, damit dieses Volk ja niemals wiederkommen würde, um sein strenges Regiment auszuüben. Jetzt wartete man auf die Franzosen, dieses „ganz besonders barbarische Volk".

Die Priester waren wieder ihrer Arbeit nachgegangen. Jede Nacht sah man sie mit ihren kostbaren Lederbeuteln geheimnisvoll durch die Dunkelheit huschen. Vor Türen und Dorfeingängen hängten sie Elonnzweige auf, um die bösen Geister zu verscheuchen. Auf dem großen Platz, in den Gassen, auf Wegkreuzungen begruben sie Hammelköpfe, die grausame Herzen zum Einschlafen bringen und sie für Gutes zugänglich machen. Sie fürchteten sich auch nicht, die große Palisade von Ongola und die Verwaltungsgebäude zu erklimmen, um sie mit Schlingpflanzen, Vogelfedern und Schildkrötenpanzern zu schmücken. Der schaurige Ruf, der den Franzosen bereits anhaftete, sollte nicht Wirklichkeit werden.

Aber herrje! Es schien, als hätten ihre berechtigten Klagen nicht das Wohlwollen der Götter gefunden. Als die neuen Herren ins Land kamen, traten sie genau in die Fußstapfen ihrer Vorgänger ...

Nachdem die großen Fürsten von Spanisch-Guinea geflohen und wieder in ihre Heimat zurückgekehrt waren, hatten sie sofort komische Vergleiche zwischen den beiden Völkern gezogen. Diese Vergleiche fielen eindeutig zuungunsten der Franzosen aus.

Da war zunächst die neue Amtssprache, die ihren Unmut schon deswegen erregte, weil es ihnen recht schwer fiel, sie nun zu erlernen. Auch waren ihre Ohren noch an die rauhen Silben gewohnt, die wie Schuhsohlen ächzten und wie Fürze knatterten. Nun sollten sie sich plötzlich auf eine Sprache umstellen, die weich klang wie ein Liebeslied. Und sie gaben den Franzosen den Namen: die Weißen, die wie Webervögel zwitschern.

Außerdem konnten sie es nicht vertragen, daß so ein Weißer jedem x-beliebigen Schwarzen einfach die Hand schütteln konnte. Ein Deutscher dagegen zeigte nämlich nur auf das Ende seines Stocks, und der Schwarze fühlte sich schon von der Gnade der Götter gestreift, wenn er ihn berühren durfte. Dieses Verhalten der Franzosen trug ihnen einen weiteren Namen ein: die Weißen, die sich die Hände dreckig machen.

Entrüstet aber waren die Schwarzen, als sie einen Weißen seine Zigarette völlig bis zum Stummel zu Ende rauchen sahen. Ein Deutscher tat so was nicht, sondern warf seine Zigarette weg, nachdem er sie gerade erst angesteckt hatte, und der Schwarze stürzte sich darauf wie ein Hund auf einen saftigen Knochen. Und mit einem abschätzigen Lächeln nannten sie die neuen Herren: diese Geizkragen, die sich die Finger für ein paar Krümel Tabak verbrennen.

Schließlich zogen diese merkwürdigen Neuankömmlinge noch mit einem ganzen Sortiment verschiedenartiger Instrumente von Dorf zu Dorf, um von den Einheimischen Blut zu sammeln. Was wollten sie bloß damit? Die Einheimischen blieben trotz der Erklärungen, die man ihnen gab, skeptisch. Sie murrten, meckerten und schimpften laut. Mehr noch: Sie gaben zu, daß die Deutschen recht gehabt hatten: die Deutschen, dieses aufrichtige, edle Volk, das nicht gelogen hatte und im ganzen gesehen nicht so barbarisch war wie diese zwitschernden, geizigen, blutsaugenden Franzosen. Die großen und weisen Männer des Volkes klagten traurig und ein bißchen wehmütig:

„Ach ja, als unsere Väter, die Deutschen, noch da waren ..."

In Wirklichkeit hatte sich nichts geändert. Dieselbe Hölle war los, dasselbe Blut floß, nur mit dem einen Unterschied: Statt der Deutschen mit ihrem Major Dzomnigi waren es jetzt die Franzosen mit Oberstleutnant Hutin, die ein Regiment mit Schweiß und Blut führten.

„Ach ja, als unsere Väter, die Deutschen, noch da waren ..."

Für die großen Fürsten und die Weisen war diese Redensart sicherlich eine ziemlich platonische Art, sich zu trösten und sich vor ihren Landsleuten zu brüsten. Kaum hatte sich der deutsche Sturm gelegt, brach ein neuer, dieses Mal der französische, aus und verbreitete Angst und Schrecken über das Land.

Es war wieder die gleiche Angst und der gleiche Schrecken, die uns den Appetit verdarben und uns mißtrauisch, ja bösartig machten, die uns nicht ruhig schlafen und den sanften Fall eines welken Blattes in unseren Ohren zu einem lauten Kanonenschlag werden ließen.

Da ein noch so geringfügiger Anlaß dazu führen konnte, Schwarzen das Leben zu nehmen, bemühte sich jeder, so devot wie möglich gegenüber den Kolonialherren zu sein. Jeder bemühte sich außerdem, so gut er konnte, der ständigen Bedrohung seiner Existenz als Eingeborener zu entgehen. Der eine verkleidete sich als Dämon und tobte durch Felder und Wälder. Ein anderer verließ heimlich sein Dorf, um bei einer benachbarten Kolonie Zuflucht zu suchen, ein Dritter wählte aus Verzweiflung an dieser elenden Welt den Freitod. Manchmal war es einfach wichtig, sich auf die eine oder andere Weise dieser Hölle zu entziehen, deren Feuerschein tödlicher war als die Finsternis des Grabes.

Aus: René Philombe, *Der weiße Zauberer von Zangali*, aus dem Franz. von Hermine Reichart, Otto Lembeck Verlag, Frankfurt/M. 1980

Richard Rive

Richard Rive war einer der wenigen großen südafrikanischen Autoren seiner Generation, die in ihrem Heimatland lebten und schrieben. Nach den rassischen Richtlinien als „Farbiger" eingestuft, wurde er 1930 im „District Six" geboren und wuchs dort auch auf; in dem armen, aber sehr lebendigen Vorort von Kapstadt, der zum Hintergrund eines Großteils seines Werkes werden sollte.

Nach dem Studium der Englischen Philologie begann er eine beeindruckende wissenschaftliche Karriere. Nebenbei war er einer der besten Hürdenläufer seines Landes.

Mit ergreifender Menschlichkeit erzählt Rive Geschichten von Menschen, die sich mit (Galgen)humor und Einfallsreichtum zu helfen wissen, selbst wenn sie sich unerträglichen Gesetzen und Bulldozern gegenüber sehen. Richard Rive war der Ansicht, daß er nicht ideologisieren mußte, um die Ungerechtigkeit des Systems anzuprangern. Er ließ vor allem Kurzgeschichten für sich sprechen – darin war er ein Meister von höchstem Niveau. Bezeichnend war seine Reaktion auf das Verbot seiner Bücher in Südafrika: „Ich gehöre zu einer kleinen Elite, die ihre eigenen Werke nicht lesen darf, um nicht Gefahr zu laufen, von ihnen beeinflußt zu werden."

Richard Rive wurde 4. Juni 1989 vor seiner Haustür ermordet.

Richard Rive, *Buckingham, Palast*, aus dem Engl. von Ilija Trojanow, Kyrill & Method Verlag, München 1991

Zoot

Zoot September begann sein Leben als Milton September. Diesen Vornamen, wie der seiner Brüder Byron und Keats, verlieh ihm eine enthusiastische Tante, die Poesie in Zonnebloem für ihr Grundschullehrerdiplom studiert und sich seither von diesem Erlebnis nicht mehr erholt hatte. Milton entwickelte sehr bald eine Vorliebe für Schwierigkeiten, vom ersten Schultag in Zonnebloem an, wo seine unverheiratete Tante lehrte. Als er den Schulrektor zum ersten Mal sah, machte er vor lauter Aufregung in die Hose, unmittelbar vor dem großen Mann. Als der Schulrektor ihn ausschimpfte und seine Tante ihm eine Kopfnuß verpaßte, lösten sie in ihm eine ewige und absolute Abneigung gegen jegliche Autorität und Bürokratie aus. Am Ende der fünften Klasse war er schon von vier Schulen abgehauen.

Milton war der jüngste von fünf Jungen, die mit ihrer verwitweten Mutter in den Sterling Street Flats wohnten. Nachdem er in der fünften Schule zur Ruhe gekommen war, weil er sich in seine Lehrerin verliebte, erwies er sich als gieriger Leser und schrieb erstaunliche, wenn auch etwas unübliche lyrische Kompositionen. Auch beim Turnen zeigte er Talent, aber sonst interessierte ihn nichts. Er begann die Schule zu schwänzen und hing in Angelo Baptistes Laden neben den Sieben Stufen herum. Nach Zonnebloem ging er nur für Englisch und Sport.

Eines Tages erschien die Polizei in ihrer Wohnung, um Fälle ständiger kleiner Ladendiebstähle zu untersuchen, die Herr Baptiste gemeldet hatte. Milton setzte sich über die Hintermauer ab und hielt sich die nächsten drei Tage versteckt – er schlief im Lagerraum desselben Ladenbesitzers, der ihn angezeigt hatte. Die Verluste von Baptiste nahmen in jener Zeit rapide ab, bis die Polizei eines späten Abends Milton unter irgendwelchen Hanfsäcken neben den Makkaroni im Schlaf überraschte. Er kam noch mit einer Tracht Prügel davon, die ihm ein kräftiger Sergeant mit Zustimmung seiner Mutter verabreichte.

Nun schlug die Stunde seiner sportlichen Geschicklichkeit und er wurde bald der beste Stepptänzer in Sterling Street Flats. Sein Ehrgeiz reichte allerdings über diese engen Horizonte hinaus und er begann, seinen Tanz beeindruckten Zuschauern auf der Grand Parade zu zeigen, das Käppi strategisch auf dem Boden vor sich plaziert, um Gaben anzulocken. Seine Geschicklichkeit half ihm, auftauchenden Polizisten zu entkommen. Milton beugte sich, während er noch steppte, hinab und schaufelte ohne sein Gleichgewicht zu verlieren mit einer flinken Arm- und Handbewegung das Käppi und die Münzen hoch. Dann rannte er wie verrückt zur Castle Brücke. Mit dieser Strategie entfloh er unzählige Male, bis zwei unternehmungslustige Polizisten ihn überlisteten. Während nämlich der eine sich vorsichtig näherte, wartete der andere an der Castle Brücke. Spät in der Nacht wurde er in die Obhut seiner schon seit langem leidenden Mutter entlassen, nicht ohne zuvor die wachhabenden Polizisten mit einer Vorführung seines Stepptanzens hingerissen zu haben. Er ließ sogar das Käppi mit Bitte um Trinkgeld herumgehen.

Nachdem er die Schule freiwillig verlassen hatte, zur Erleichterung seiner Lehrertante, verbrachte er die meiste Zeit damit, Gangsterfilme im Star Bioscope zu gucken. Eines späten Nachmittags entschied er sich, sein neuentdecktes Interessengebiet in die Praxis umzusetzen. Er verdeckte seinen Mund und seine Nase mit einem Halstuch, so wie James Cagney in den Filmen, lieh sich Byrons Regenmantel aus und betrat mit einem täuschend echten Spielzeuggewehr, das er aus einem Kiosk an der Grand Parade geklaut hatte, Angelos Laden zu einem Zeitpunkt, da er ihn ohne Kunden wähnte. Anstatt wie in den Filmen zu erschrecken und all seine Einnahmen zu übergeben, starb Angelo fast vor Lachen, ehe er Milton mit einer riesigen Flasche Olivenöl bewußtlos schlug. Milton war nicht ernsthaft verletzt, aber er fand sich hinter Gittern vor, zum ersten Mal in seinem Leben in Öl getränkt. Er wurde für schuldig befunden und in die örtliche Besserungsanstalt gesteckt.

Es war dort, bei drastisch eingeschränktem Bewegungsfreiraum, daß Milton sein literarisches Talent entfaltete. Wegen seines Namens „Milton" wurde ihm Arbeit in der Bibliothek zugeteilt, und er fing an, in seiner Freizeit zu lesen und zu schreiben. Manchmal war er der Star bei Aufführungen und er blendete die Zuschauer mit seiner virtuosen Fußarbeit. Aber seinen wahren Ruhm begründete er mit höchst originellen und innovativen Schmähgedichten. Die Jungs zahlten ihm Zigaretten, damit er Verse über ungeliebte Wächter schrieb und Milton schien die Verse fast mühelos aus dem Ärmel zu schütteln. Er kannte scheinbar alle unappetitlichen Gerüchte über jeden. Dieses seltsame Ausbrechen literarischer Wertschätzung bei seinen Pflegebefohlenen erweckte bald die Aufmerksamkeit des Direktors, und als einige der Gedichte tatsächlich seinen Schreibtisch erreichten, wurde ihm klar, daß er ein ernsthaftes Problem in den Händen hielt. Selten war ihm so ein Schmutz, solcher Unflat, solche Verleumdung untergekommen, ziemlich holprig geschrieben, aber höchst originell. Milton wurde zwei Wochen in die Strafzelle gesteckt, obwohl er die Urheberschaft heftig leugnete, und er verbrachte seine Zeit dort damit, unflätige Zeilen über den Direktor zu dichten. Nach seiner Entlassung aus der Zelle wurde ein Gedicht an der Tür zum Administrationsbüro gefunden. Es beschrieb das Sexualleben des Direktors in den peinlichsten Einzelheiten. Der Direktor erklärte seinen Vorgesetzten ultimativ: entweder Milton gehe oder er selbst. Da Milton noch zwei Jahre abzusitzen hatte und die Behörden nicht geneigt waren, ihn freizulassen, wurde dem Direktor eine Versetzung nach Beaufort West gewährt.

Milton bewies die Macht der Feder. Niemand konnte ihn unbestraft verletzen. Verleumderische Verse strömten aus ihm und wurden stets an den strategischsten Stellen gefunden. Es gab ein allgemeines Aufatmen unter den Beamten, als er entlassen wurde. Der neue Direktor, von seinem Vorgänger gewarnt, verweigerte Milton die Erlaubnis, sein Abschiedsgedicht der Versammlung vorzulesen.

Seine Sehnsucht nach gewissen Formen von Erziehung sowie seine Verachtung jeglicher Bildungseinrichtungen waren tief in ihm verankert. Er erhielt eine Stelle als Hausmeister an seiner alten Schule, wo seine unverheiratete Tante noch immer lehrte und der Direktor, der ihn am ersten Tag ausgeschimpft hatte, weiterhin der Schulleiter war. In seiner Freizeit las er die englischen Schulbücher, die in den Klassenzimmern zurückgelassen wurden und setzte seine poetische Karriere fort. Dem Direktor war bei der Anziehungskraft, die Milton auf die sechste Klasse ausübte, nicht wohl zumute. Die Jungs versammelten sich in den Pausen vor dem Zimmer des Hausmeisters und hörten ihn seine neuesten Werke rezitieren. Es war zwar sehr lobenswert, einen so kreativen Hausmeister zu haben, aber er war dabei, sich als etwas zu populär zu erweisen.

Miltons Job fand ein plötzliches Ende, als die Polizei die berüchtigte shabeen in der Ayre Street einer Razzia unterzog und ihr dabei nicht nur Milton, sondern auch ein halbes Dutzend Stühle und Tische, die von der Schule vermißt wurden, in die Hände fiel. Milton wurde gegen eine Kaution freigelassen, die seine Tante widerwillig auf Drängen seiner

Mutter zahlte. Der Direktor gab eine beeidigte Erklärung ab, die Milton zusätzlich in die Sache verwickelte. Eines Morgens fand man, befestigt am Schwarzen Brett, ein unflätiges Gedicht mit Beschreibungen des Privatlebens des Direktors. Bis es entdeckt wurde, zirkulierten schon hastig abgeschriebene Kopien durch die Reihen der Sechstkläßler. Der Autor des originellen Werkes blieb anonym, aber der Englischlehrer behauptete, den Stil als Miltonisch wiederzuerkennen.

Dieses Mal wurde Milton zu drei Jahren Gefängnis wegen Diebstahls von Staatseigentum verurteilt. Der Direktor ging in frühzeitige Pension. Miltons Ruhm eilte ihm im Gefängnis voraus, so daß ihm während dieser Strafzeit keinerlei Schreibzeug erlaubt wurde. Seine Mutter starb unterdessen und seine Brüder zerstreuten sich in alle Richtungen. Als Milton wieder herauskam, war er ganz allein auf der Welt, so daß er einen Job bei Mary's annahm und in ihr leeres Hinterzimmer einzog. Tagsüber erledigte er alle Gelegenheitsarbeiten und während der Nacht war er als Rausschmeißer tätig.

Bei Gelegenheit tanzte er weiterhin und unterhielt so „Die Mädchen" mit seiner fabelhaften Fußarbeit. Er schrieb sich für die jährliche Talentschau im Star Bioscope ein und erschien in der neuesten Mode gekleidet, dem Zoot-Anzug, auf der Bühne, um seine Nummer vorzuführen. Er sah schick aus in seinem karierten Anzug mit gepolsterten Schultern, enger Taille, einem bis zu den Knien reichenden Überzug und an den Fersen eng zusammenlaufenden Hosen. Mary und „Die Mädchen" nahmen sich den Abend frei, um ihn anzufeuern, während er sich den Sieg ertanzte. Der Conférencier nannte ihn voller Bewunderung Zoot, der Jive King des District Six, und der Name blieb hängen. Die Milton'sche Ära war vorbei.

Nummer 203, das Häuschen neben Mary's wurde ursprünglich von Mr. und Mrs. Punch Davids bewohnt, einem älteren, blasen und zerbrechlichen Paar, das seine letzten Tage damit verbrachte, sich ruhig in den Tod zu saufen. Die beiden waren ständig in einem Rausch und hatten keinerlei Ahnung, wer ihre Nachbarn waren und es war ihnen schnurzpiepegal. Sie hatten eine verheiratete Tochter, die im Walmar Estate lebte und ihnen hin und wieder besorgte Besuche abstattete. Mr. Punch Davids folgte täglich einem festgelegten Ritual. Kurz bevor Bernsteins Alkohol-Laden um 9 Uhr aufmachte, öffnete er seine Haustür und keuchte sich wackelnd die Straße hinunter, zwei leere Flaschen eng an seine magere Brust gedrückt. Er war auf dem Weg, seine

Tagesration zu besorgen. Er kaufte stets eine Flasche Whisky und eine Flasche Old Brown Sherry. Niemand konnte herausfinden, welche für wen war, oder ob das Paar sich die Flaschen teilte und die Drinks mischte. Noch konnte herausgefunden werden, wo sie das Geld herbekamen, aber es wurde gemunkelt, daß Mr. Davids seinerzeit ein erfolgreicher Gebrauchtwagenhändler gewesen sei und sich mit einer anständigen Rente pensioniert habe. Nachdem er seine Vorräte besorgt hatte, schlenderte er unberechenbar zurück, schloß die Tür und zog die Vorhänge zu. Mrs. Punch Davids wurde selten gesehen, außer wenn sie gezwungen war, Nahrungsmittel einzukaufen. Am Morgen darauf wiederholte ihr Ehemann seine Odyssee zu Bernsteins. Die Nachbarn sprachen von der Weinstraße. Samstags kaufte er die doppelte Ration, um das Wochenende zu überstehen.

Eines Samstags frühmorgens sah Zoot, der gerade bei Marys hinausschaute, Rauch aus dem hinteren Fenster von 203 steigen. Er benachrichtigte Mary, die sofort den Schmetterling zu Moodley schickte, die Feuerwehr anzurufen. Die restlichen Mädchen füllten Eimer mit Wasser und versuchten das Feuer einzudämmen. Zoot band sich ein nasses Taschentuch um Nase und Mund und brach durch die Vordertür ein. Zuerst zog er Mrs. Davids durch die Rauchschwaden, halb am Ersticken und an einem leeren Glas festgekrallt. Dann kehrte er noch einmal zurück und brachte Mr. Davids heraus, sehr betrunken und etwas versengt. Als das Paar außer Gefahr war und mit dem wenigen unbeschädigten Möbelholz auf dem Gehweg lag, hörte man alle Glocken der Feuerwehr läuten, die die Roeland Street hinunterdonnerte.

Als Mr. und Mrs. Davids nach der Behandlung von leichten Verbrennungen und einem Schock aus dem Krankenhaus entlassen wurden, holte die Walmer Estate Tochter die beiden ab und brachte sie in einem uralten Haus in Bokmakarie unter. Das Häuschen war nun leer und verlassen. Das hintere Zimmer war teilweise zusammengefallen, aber der vordere Teil war ziemlich unbeschädigt, von den verrußten Wänden und einigen gähnenden Löchern abgesehen, dort wo sich Fenster und Türen befunden hatten.

Eines Tages beschloß Zoot Katzen, dem das Häuschen gehörte, eine Geschäftsvisite abzustatten. Er zog seinen modischen Karoanzug und seine Jarmans mit Tanzsohlen an und schlenderte zum Laden in der Hannover Street hinunter.

„Ich bin sehr froh, Sie bei so guter Gesundheit vorzufinden", sagte er einleitend.

Katzen erwartete den nächsten Schritt.

„Ich bin sehr froh für Sie, denn Sie hätten einen großen Verlust erleiden können. Es ist traurig, wenn eins der eigenen Häuser fast abbrennt."

Katzens Mißtrauen wuchs.

„Wissen Sie, ich war gezwungen, Mr. und Mrs. Davids zu retten, denn das ist etwas, das man tun sollte, wenn es notwendig ist. Man muß immer den anderen helfen, wenn man kann."

Katzen stimmte widerwillig zu, obwohl er das Gefühl hatte, daß die Frotzelei ihm galt.

„Stellen Sie sich vor, was mit diesen guten Leuten passiert wäre, wenn sie in Ihrem Haus verbrannt wären."

„Es war nicht meine Schuld, daß das Haus Feuer fing."

„Aber wenn mein Schutzengel mir nicht gesagt hätte, daß Ihr Haus brennt, würden diese guten Leute heut nicht mehr am Leben sein."

Katzen atmete tief durch, schwieg aber weiter.

„Und was hätten die Leute gesagt? Wem hätte man die Schuld gegeben? Ich werde es Ihnen sagen. Ich möchte annehmen, daß man gesagt hätte: „Es ist die Schuld des Eigentümers des Häuschens. Er hat es vermietet, ohne sich darum zu kümmern, ohne die Mieter zu beschützen. Er führt ein bequemes Leben und denkt nur an seine Monatsmiete." Das hätte man sagen können.

„Aber es wäre nicht wahr!"

„Und vielleicht werden dieselben Leute, die diese unwahren Sachen sagen, zur Polizei gehen, und es der Polizei erzählen und sie um eine Untersuchung bitten, wieso diesen guten Leutn,e erlaubt wurde, sich die ganze Zeit in seinem Haus zu betrinken, und er sich nie darum gekümmert hat."

„Was wollen Sie?" Katzen wechselte abrupt das Thema und wappnete sich für das Allerschlimmste.

„Ich will wirklich Ihr Freund werden. Ich möchte, daß wir eine zufriedenstellende Vereinbarung erreichen. Ich werde anbieten, in dieses ausgebrannte Haus einzuziehen und es in Ordnung zu bringen, damit Menschen sicher drin leben können, selbst alte Menschen, die sehr viel trinken, ohne daß jemand sich darum kümmert. Und zusätzlich werde ich Ihnen an jedem Monatsende die Miete zahlen."

„Und wo werden Sie das Geld herkriegen, um die Miete zu bezahlen?"

„An jedem Monatsende werde ich zu Ihnen hier in den Laden kommen und Ihnen sagen, 'Freund Katzen', werde ich sagen, 'hier ist Ihre Miete', und dann werden Sie mir eine Quittung ausstellen und sie unterschreiben."

Katzen wußte, daß es überhaupt keine Chance gab, je die Miete zu erhalten und es gab auch gar keine Chance, den einmal eingezogenen Zoot wieder loszuwerden.

„Ich bin nicht sicher. Ich werde etwas Bedenkzeit brauchen."

„Und während sie darüber nachdenken, werde ich vielleicht ein Gedicht darüber schreiben. Ich habe schon lange kein Gedicht mehr geschrieben. Vielleicht wird mich mein Schutzengel inspirieren, ein Gedicht zu schreiben über Feuer und Menschen, die fast verbrennen, und Hauseigentümer, die sich um nichts kümmern, und was man so darüber spricht."

Eine Woche später zog Zoot ein. Er kaufte ein Bett, einen Tisch und vier Stühle von Katzen auf Ratenzahlung. Er versprach, die erste Rate für die Möbel gemeinsam mit der ersten Monatsmiete zu bezahlen. Katzen seufzte und ließ die Möbel anliefern. Es war eigentlich kein Verlust, da die Sachen gebraucht waren und von einer Familie in Kewtown wieder in Besitz genommen worden waren, die diese schon zu dreiviertel abbezahlt hatte.

Aus: Richard Rive, *Buchingham, Palast*, aus dem Engl. von Ilija Trojanow, Kyrill & Method Verlag, München 1991

Kofi Awoonor

Geboren 1935 in Wheta, Ghana, gehört Kofi Awoonor nicht erst seitdem ihm der Commonwealth Preis für Lyrik 1989 verliehen wurde zu den wichtigsten Dichtern Afrikas. Seine Gedichte sind in viele Sprachen übersetzt und er hat Lesereisen in alle Erdteile unternommen.

Die Einfachheit und Lebendigkeit seiner Werke reflektiert die reiche orale Erzähl- und Gesangstradition der Ewe in Ghana. Er hat auch viele der Lieder und Geschichten seines Volkes übersetzt.

Jahrelang Professor in New York und Autor einer anerkannten Untersuchung über die afrikanische Literatur, war Awoonor in letzter Zeit Botschafter seines Landes in Brasilien und Kuba.

Kofi Awoonor, *Schreckliche Heimkehr nach Ghana*, aus dem Engl. von Ulrike Goertz, Otto Lembeck Verlag, Frankfurt/M. 1985

Der Verkehrspolizist

„Hat ihn jemand vorbeigehen sehen?"

„Wen?"

„Den Anwalt."

„Welchen Anwalt?"

Vielleicht hat er ihn nicht gesehen, nicht erkannt. Den kann man nicht übersehen, denn er ist selbstsicher und auffallend kühl. Er hat die Universität in England besucht. Unter den wenigen, die im Ausland studiert haben, sticht er als vortrefflicher Anwalt und Gentleman hervor.

Ein Uhr. Dienstag nachmittag. Das Gericht hat gerade die Verhandlung unterbrochen. Mit Perücken und schwarzen Aktenordnern, verschwitzt in schwarzen Anzügen mit Nadelstreifenhosen, ziehen angeregt diskutierende Anwälte durch die Säulengänge des Kolonialgebäudes, in dem jetzt der oberste Gerichtshof von Accra tagt, und schreiten die Treppe hinab. In ihrem Gefolge eine Schar Klienten, Bittsteller, Prozessierende, Winkeladvokaten, alte Männer, müde vom Kampf mit dem Gesetz, und junge, denen man einen kurzen Vollstreckungsaufschub gewährt hat. Sie alle lauschen aufmerksam ihren Anwälten, diesen vortrefflichen Söhnen unseres Landes, die dem weißen Mann den Zauber der Weisheit abgerungen haben. Ihre Klienten redeten in allen Sprachen des Landes. Während die Anwälte zu ihren Wagen gingen, die sie zwischen Beeten mit Zinnien, Poinsettien und Bougainvilleen und der Hauptstraße vor dem Meer abgestellt hatten, neigten sie leicht ihre Köpfe, um sich anzuhören, was ihnen jene Männer und Frauen, von denen sie lebten, zu sagen hatten.

Von einer Gruppe Frauen und alter Männer umringt, steuerte Amamu auf seinen grauen Peugeot zu. Er hatte am Morgen viel zu tun gehabt, einen großen Immobilien-Rechtsstreit beendet, den sein Klient gegen eine europäische Diamantenfirma, Allen & Eliot, gewonnen hatte. Auf seinem Gesicht spiegelte sich müde Genugtuung. Er war von ausgesprochen aufrechtem, hohem Wuchs, hatte einen großen Kopf und buschiges Haar wie ein krauses schwarzes Fell. Seine Augen waren schwarzbraun, lebhaft, klug und etwas hart. Seine ziemlich lange

Nase fiel durch einen flachen Rücken auf, der die Augen in dem flächigen Gesicht deutlich voneinander trennte. Er trug einen graumelierten Vollbart, außerdem einen säuberlich gestutzten, borstigen Schnauzbart.

Vor seinem Wagen hielt er an und wechselte noch ein paar Worte mit einem der alten Männer, der zu Boden blickte und ihm aufmerksam zuhörte. Der alte Mann nickte fortwährend mit dem Kopf. Der Anwalt griff in seine Brieftasche und holte ein Stück Papier hervor. Dies reichte er einem jungen, etwa zwanzigjährigen Mann, der hinter dem Alten stand. Seinen Amtskragen hatte er jetzt geöffnet. Er zog seine schwarze Robe aus, faltete sie sorgfältig zusammen, legte sie hinten in den Wagen und machte es sich auf dem Fahrersitz bequem. Er fuhr davon. Die alten Männer und Frauen drehten sich langsam um und machten sich zwischen den Poinsettien und der Bücherei auf den Weg zum Stadtzentrum.

Der Verkehr war stark, besonders der aus dem Norden und der Stadtmitte. Dort lagen Banken und Einkaufszentren. In der Nähe der Kreuzung wartete Amamu geduldig auf ein Nachlassen des Verkehrs, das ihm ein Linkseinordnen ermöglichen würde. Er war geduldig. Nach ein paar Minuten war, wie erwartet, alles frei. Doch er hatte die Geschwindigkeit des Taxis, das vom Zentrum kam, unterschätzt. Als er links in die Straße einbiegen wollte, quietschten plötzlich Reifen, der Taxifahrer bremste mit aller Kraft und kam direkt vor ihm zum Stehen und meinte ohne große Gehässigkeit: „Kannst du nicht fahren, du Arschloch?“ Amamu fuhr weiter. Er hatte natürlich verstanden, was der Taxifahrer gesagt hatte. So etwas gehörte zum täglichen Verkehr in der Stadt. Er lächelte vor sich hin und fuhr weiter. Laut hupend zischte das Taxi davon und bog links ein zu den Parlamentsgebäuden.

Als Amamu an der Kreuzung anlangte, mußte er anhalten, denn der diensthabende Verkehrspolizist hatte gerade seinen Arm erhoben. Er regelte hier regelmäßig den Verkehr. Er hatte ein trauriges Gesicht, wie jemand, der schwer an der Last des Lebens trägt. Jedes überflüssige Lächeln wäre Zeitverschwendung gewesen. Auf ihm lag die ganze Verantwortung, und sein Gesicht hatte ihm sein Schöpfer so zugeschnitten, traurig und still, als habe er trotz der allgemeinen Fröhlichkeit seiner Umgebung innerliche Qualen auszuhalten.

Amamu hatte eine ganz bestimmte Erinnerung an diesen Polizisten.

Vor fünf Jahren hatte er am Gericht in Cape Coast zu tun. Als er bei der Heimfahrt gerade die Stadtgrenze erreicht hatte, hielt ihn jemand an, wahrscheinlich ein Schüler: „Sir, Ihr Nummernschild fehlt, das vordere", sagte der Junge. Daraufhin beschloß Amamu, zu einem Peki-Monteur, den er gut kannte und der eine Werkstatt draußen im Freien beim Friedhof hatte, zu fahren. Der verlangte vernünftige Preise. Bei der Verkehrsinsel an der Second Avenue wurde er von einem Polizisten angehalten, er stieg von seinem Podest herab und trat ans Auto.

„Wo ist ihr Nummernschild?"

„Oh, mir wurde gerade gesagt, daß es fehlt, und ..."

„Nun, und warum haben Sie es nicht angebracht?"

„Ich komme gerade aus Cape Coast."

„Aber Sie hätten es doch anbringen können."

„Wie soll ich das denn machen? Ich sagte doch, ich komme gerade aus ..."

„Aber Sie hätten es doch mit einem Strick festbinden können."

„Das ist doch der letzte Blödsinn!"

„Wie bitte? Wie reden Sie denn mit mir? Führerschein vorzeigen!"

Amamu holte seinen Führerschein aus dem Handschuhfach hervor und gab ihn dem Polizisten, der ihn eingehend prüfte. Dann ging dem Polizisten plötzlich ein Licht auf: Das war ja ein Anwalt!

„Verzeihen Sie vielmals Sir, Entschuldigung."

„Seien Sie das nächste Mal ein bißchen vorsichtiger!"

„Ja, Herr Anwalt. Auf Wiedersehen, mein Herr!"

Dort stand er nun alle diese Jahre lang täglich auf seinem Podest, das wie alle Podeste in der Stadt aussah, und führte sein ewiges Marionettenspiel auf, Armheben und Hackendrehen, den Verkehr aus der Barnesstraße stoppen, dann wieder herumdrehen und dem Verkehr aus der Paganstraße ein Zeichen geben.

Sein Gesicht hatte stets den gleichen traurigen, verlorenen Ausdruck, als ob er sich noch nie über etwas gefreut hätte, als ob er überhaupt noch nie gelacht hätte.

„Sir, wie geht es dem Herrn heute?" Kein Lächeln auf seinem Gesicht.

„Oh, danke, gut, und Ihnen?"

„Alles in Ordnung, Sir."

Diesen Gruß hatten sie in den letzten Jahren fast täglich ausgetauscht. Dann wurde Amamu klar, wieviel Zeit seit ihrer ersten Begegnung vergangen war. Warum wird dieser Mann nie befördert? Es war ganz offensichtlich, daß man ihn in den letzten Jahren nocht befördert hatte. Jahrein, jahraus führte er bei seiner Arbeit dieselben Bewegungen aus, ein zeitloses Verkehrsdenkmal.

Kofi Awoonor, *Schreckliche Heimkehr nach Ghana*, aus dem Engl. von Ulrike Goertz, Otto Lembeck Verlag, Frankfurt/M. 1985

Sony Labou Tansi

1947 wurde Sony Labou Tansi in Kimwanza geboren, dem ehemals belgischen Teil des Kongo (heute Zaire). Sein Onkel brachte ihn als 13-jährigen nach Französisch-Kongo, um einen Kolonialfunktionär aus ihm zu machen. Doch der Onkel erreichte genau das Gegenteil, nicht zuletzt weil die Schulzeit zum Spießrutenlauf wurde. Auf seiner Visitenkarte steht: „Sony Labou Tansi. Beruf: Mensch. Funktion: Rebell."

Tansi hat einige Theaterstücke geschrieben und bisher 11 Bücher, darunter 5 Romane veröffentlicht. Unter den Satirikern Afrikas ist er der grellste und radikalste. Seine expressive Sprachkraft und absurde Phantastik sowie seine parabelhaften Einfälle schaffen eine eigene, authentische Welt, in denen „der schwarze Humor gleichermaßen Trauerarbeit ist" (Ludwig Fels). Sein Roman „Verschlungenes Leben" erhielt wichtige literarische Preise und wurde von der französischen Kritik als zeitgenössisches Meisterwerk gefeiert.

Trotz seines Erfolges umgibt Tansi weiterhin eine Aura des Geheimnisvollen, die sich sowohl aus seinem Werk wie auch aus seiner Person ergibt.

Sony Labou Tansi, *Die heillose Verfassung*, aus dem Franz. von Bettina Kobold, eco Verlag, Zürich 1984 und Reclam Verlag, Leipzig 1990
– *Die tödliche Tugend des Genossen Direktor*, aus dem Franz. von Uli Wittmann, Kiepenheuer & Wietsch, Köln 1985
– *Verschlungenes Leben*, aus dem Franz. von Bettina Kobold, eco Verlag, Zürich 1981

Verbrennt den Vater der Nation!

Der Führer Johannes Vaterherz war beim Essen. Mit ihm speiste seine neue jugendliche Gemahlin, die Nachfolgerin des blutjungen Mädchens, das seinerseits Ersatz für Chaidana Lockhaar gewesen war, die er trotz ihrer großen Schönheit an die Luft gesetzt hatte, da sie sich im Bett wie ein Stück gefühlloses Holz verhielt. Er aß das ewige Führerfleisch. Johannes-Oskar Vaterherz trank dazu den Kutu-Meschang, einen Aufputschlikör aus Palmwein, vermischt mit sieben Säften und zwölf Wurzelsorten. Dies war seine Art, die jeweiligen Gattinnen auf das „abendliche Match" vorzubereiten.

Nachdem er den Käse verzehrt hatte, putzte er sich die Zähne mit seiner Matchzahnpasta. Als er dann sein Gebiß im Spiegel begutachtete, erblickte er auf seiner Stirn das Wort „Hölle" in der bekannten Martialtinte. Er stürzte ins Badezimmer und schrubbte und schrubbte. Die Buchstaben blieben. Die ganze Nacht schrubbte er sich die Stirn. Am folgenden Tag ließ er einen Arzt rufen, der ihm die Haut abschabte. Das Wort widerstand. Da entschied sich der Führer Johannes Vaterherz für eine Operation. Das betroffene Hautteil wurde entfernt. Das Wort stand auf dem Knochen. Der Arzt kratzte am Knochen, das Wort blieb haften. Eine Hauttransplantation wurde beschlossen, das Wort erschien auf der neuen Haut.

– Ihr müßt mich lebendig verbrennen, entschied Johannes Vaterherz.

Am folgenden Tag gab das nationale Radio zur allgemeinen Überraschung bekannt, daß der Führer Johann Vaterherz seinen eigenen Tod beschlossen habe. Man lobpries ihn in den höchstmöglichen und zutiefst unmöglichen Tönen. Die letzten vier Tage vor dem großen Ereignis wurden landesweit zu Meditationstagen ausgerufen. Die letzten vier Nächte vor der Scheiterhaufenzeremonie veranstaltete Führer Johannes Vaterherz ein Fest. Das ganze Land trank und tanzte. Das ganze Land - natürlich die Hauptstadt und die drei mittleren Städte. Schon drei Tage vor dem Ereignis war der Scheiterhaufen errichtet worden - Flaggen wehten, Blumen dufteten und das Holz war parfümiert und in den Nationalfarben gestrichen worden. Tausendneunhundertfünfzehn Masten standen Spalier. Auf allen Fahnen wehten Name und Bildnis des Führers Johannes-Oskar und die zwei Volksverfassungsartikel. Eine Staatskutsche führte ihn durch alle großen Hauptverkehrsadern Yourmas. Stolz grüßte er und lächelte den Massen zu.

Im Kha-Stadtteil wurde das Vaterherz mehrmals beleidigt, doch dieses eine Mal in seinem Leben verzieh er - so sind die Führer: Sie verzeihen nur einmal im Leben. Ein gelbes Band leuchtete auf Johannes-Oskar Vaterherzens Stirn, der sich nun - im Antlitz des Todes - Johannes Herzensbrecher nannte. Aber auf dem Band brannte das Wort „Hölle". Die Protokollbeauftragten hatten es bemerkt, doch niemand wagte ein Wort. Die Furcht vor der Wut des Herzensbrechers war zu groß. Auf dem Platz der Unabhängigkeit stieg der Führer Johannes Herzensbrecher auf den gelb-grün beflaggten Scheiterhaufen. Er war absichtlich in Rot gewandet, galt Rot doch als die Farbe des Wahnsinns.

Sicher einer dieser Streiche, um im undurchsichtigen Teich der Leute Martials zu fischen. Das war die allgemeine Überzeugung. Sicher waren die Spione des Regierungsschutzes an der Arbeit, zeichneten die Stimmungen auf, und in diesem Land haben die Stimmungen schon seit jeher Tote und Verwundete erzeugt. Alle Welt gab sich Mühe, Schmerz und Mitgefühl zu zeigen: die Protokollwelt der Republik, die Martialwelt, die Einfachen, die Befürworter wie die Gegner. Niemand traute seinen Augen, seinen Ohren oder seinem Herzen.

- Der Kerl will sich amüsieren, wagten einige Zungen.

- Der Kerl hat Phantasie.

-Dann kennt ihr den Kerl nicht.

Der Führer Johannes Herzensbrecher hatte sich selbst und den Scheiterhaufen mit Benzin übergossen und den leeren Kanister an den Fuß des Scheiterhaufens geworfen, der so hoch wie eine Bühne war. Da begannen Stimmen in der Menge zu flüstern.

- Es ist Wasser. Es ist Wasser.

- Der Kerl will uns reinlegen.

Der Benzingestank drang in die Nasenflügel und die Leute flüsterten:

- Wenn der Kerl noch gesund ist, dann ist ihm sein Streich gelungen.

Eine Schweigeminute wurde befohlen. Die Menge versteinerte. Er erstarrte und hatte die Augen zum Himmel erhoben, das Wort „Hölle" funkelte auf seiner Stirn. Nach der Schweigeminute begann er ohrenbetäubend zu schreien:

- Liebe Brüder und Schwestern! Ich sterbe, um euch vor mir zu erretten. Da drinnen - er schlug sich auf die Brust -, da drinnen ist es nicht mehr ganz menschlich. Auch da - er tippte an seinen Kopf -, auch da ist es nicht mehr ganz menschlich. Darum habe ich mich entschlossen zu sterben - um euch vor mir zu erretten. Ihr müßt mich lieben. Ihr müßt mich feiern - bewahrt meinen Namen wie einen teuren Schatz.

Sein Finger wies auf das fünfte Stockwerk des Rathauses. Wie durch einen mysteriösen Faden an seinen Finger gebunden, wandten sich alle Gesichter, und er brüllte:

- Da seht, Martial! Zehn, zwanzig Martials hocken über meinem Kopf.

Die Menge suchte über dem Haus. In diesem Augenblick nahm Johannes Herzensbrecher ein Feuerzeug aus seiner Tasche und zündete den Scheiterhaufen an. Patatra und die Protokollbeauftragten eilten herbei, doch schon spuckte der Scheiterhaufen Feuer und Flammen. Niemand hatte den Mut, mit ihm zu sterben. Mit leiser Stimme fluchten Martials Leute: „Alle Farben des Todes sollst du sehen, du Dreckschwein, du Bratvieh ..."

Johannes Herzensbrecher indessen brüllte weiter:

- Ich sterbe, um euch vor mir zu erretten!

Und er lachte in den grausigen Flammen, die sein Fleisch verschlangen. Am Abend widerhallte sein Lachen in der ganzen Stadt. Nach zwei Monaten Staatswacht und einem Jahr Staatstrauer wurde der Platz der Unabhängigkeit eingemauert. Nun war es der Heilige Johannes Vaterherz-Platz. Die Vorsehungs- und die Mangadalallee und der Krokodilsboulevard wurden für den Straßenverkehr gesperrt. Wer den Heiligen Platz überqueren wollte, mußte sich ein schönes Blumenbouquet beschaffen und es am Denkmal des Herzensbrechers niederlegen, dessen Sohn Patatra den Herrschernamen Johannes Steinherz gewählt hatte. Zwölftausendsiebenhundertelf Werke über den Mut und den edlen Sinn des armen Johannes Herzensbrecher waren verfaßt worden. Johannes der Volksfreund, Johannes der Schlichte, Johannes der Kühne, Johannes die reine Seele ... dreihundertzwölf dieser Schriften waren das Werk des offiziellen Dichters Zano Okandeli, den Patatra zum allermächtigsten Poesiebevollmächtigten ernannt hatte. Seine Aufgabe war es, die Hoffnung des Volkes zu singen. Und Martials Leute lachten ein tragisches Lächeln, daß der Poesieminister und Hoffnungsbeauftragte Wasser in den Hoden und Schmalz im Hirn habe. Patatra ernannte weitere Minister: den Farbpropagandaminister, den Führerliedminister, den Minister der ungezwungenen Gedanken, den Harmonieminister, den Minister der menschlichen Vernunft, den Korruptionsminister, den Minister ... und den Minister ... und den Minister ... und Martials Leute ernannten einen Minister Seines Durchlauchten Leistensacks.

Aus: Sony Labou Tansi, *Verschlungenes Leben*, aus dem Franz. von Bettina Kobold, eco Verlag, Zürich 1981

Sembène Ousmane

Foto: Jaime Pacheco

Er war Fischer, Schreiner, Mechaniker und Werftarbeiter, aber auch Schriftsteller und Filmemacher von internationaler Klasse – Sembène Ousmane hat einen langen und beschwerlichen Weg hinter sich. 1923 im südlichen Teil von Senegal geboren, ist er im wesentlichen ein Autodidakt, der sich sein Brot seit dem 15. Lebensjahr selbst verdienen mußte.

Im Zweiten Weltkrieg wurde er von den Franzosen eingezogen und besuchte gezwungenermaßen Italien und Deutschland. Nicht erstaunlich, daß er schon früh ein intensives politisches Engagement entwikkelte: auf der Werft war er Gewerkschaftführer und trat danach in die Kommunistische Partei Frankreichs ein.

Die vielen Romane, Kurzgeschichten und Filme Ousmanes entsprechen ganz dem Anspruch des Autors, „mich so nahe wie möglich an die Realität und den Menschen zu halten."

Sembène Ousmane, *Chala*, aus dem Franz. von Inge Artl, Peter Hammer Verlag, Wuppertal 1990
– *Gottes Holzstücke*, aus dem Franz. von Peter Schunck, Otto Lembeck Verlag, Frankfurt/M. 1988
– *Die Postanweisung*, aus dem Franz. von Christiane Kimmler, Oberbaum Verlag, Berlin 1988
– *Weiße Genesis*, aus dem Franz. von Christiane Kimmler, Hans und Henriette Hug, Oberbaum Verlag, Berlin 1983

Der Fluch des Bettlers

Zwei Tage später.

Wie jeden Morgen in aller Frühe fuhr der Müllwagen vorbei, hielt kurz vor jeder Villa. Zwei Polizisten machten friedlich ihre Runde. In dem kleinen Laden an der Ecke verkaufte der Händler gerade ein Brot. Hinter den Hecken blühender Bougainvillea sprühten die Rasensprenkler flatternde Fontänen hoch, die hier und da den Bürgersteig benetzten. Boys und Dienstmädchen holten die leeren Mülltonnen herein.

Zu diesem Tagesanfang strahlte das Viertel die Wohltat eines Lebens voller Annehmlichkeiten aus.

Ein Dienstmädchen, ein kleines Mädchen an der Hand, bog in eine Straßenkreuzung ein. Das kleine Mädchen stieß einen Schreckensschrei aus und klammerte sich an das Dienstmädchen, das ebenfalls schrie. Ihre schrillen Schreie alarmierten die Nachbarschaft. Fenster und Türen öffneten sich und schlossen sich sofort wieder. Die Frau und das kleine Mädchen hatten die Schreckenssekunde überwunden, machten kehrt und rannten davon und riefen um Hilfe. Hunde bellten und liefen herbei.

Die beiden Polizisten kamen zu der Kreuzung gerannt, blieben wie angenagelt stehen, legten unwillkürlich die Hand an den Revolverknauf und wichen mit kurzen Schritten zurück.

„Ruf' das Revier an! Schnell! Das ist ein Aufstand", sagte der eine Polizist, der hier der Chef zu sein schien. Der zweite Polizist eilte davon.

Der Händler schloß hastig seinen Laden und schob den Kunden hinaus, der den Geldbeutel in die Hosentasche steckte und den Schritt beschleunigte. Von dem Bettler angeführt, kam eine Prozession von Krüppeln, Blinden und Aussätzigen, Bein- und Armlosen, Männer, Frauen, Kinder, und nahmen die ganze Breite der Straße ein. Ein Surren wie von Insekten schwebte darüber. Die Bewegung hatte etwas Gräßliches an sich und ließ den fauligen Gestank der zerlumpten Kleidung in die Luft hängen. Der Polizist, die Hand auf der Waffe, mußte bis zur Hecke zurückweichen und ließ sie an sich vorbeiziehen. Es schauderte ihn vor Widerwillen und Ekel.

Der Bettler läutete an der Villa Adja Awa Astou. Er läutete noch einmal. Nach einer Weile öffnete das Dienstmädchen. Es zuckte zusammen, wich zurück und wäre beinahe gestolpert und gestürzt. Der Bettler stieß die Haustür weit auf, und sein ganzes Gefolge drängte nach ihm ins Haus. Ein paar Krüppel kletterten kriechend die Terassenstufen hinauf und gelangten von dort in das Wohnzimmer und ließen sich da nieder. Ein Beinloser, die Handflächen und die Schenkelstummel mit der schwarzen Erde im Garten verschmiert, zog wie eine Riesenschnecke eine schwärzliche Spur. Mit seinen kräftigen Armen zog er sich an einem roten Samtsessel hoch und saß dann mit Siegermiene da, ließ die Unterlippe hängen und zeigte seine Zahnstummel in einfältigem Lächeln. Ein anderer mit narbenzerfressenem Gesicht, aufgerissener, verunstalteter Nase und Wunden auf dem Körper,die durch die Löcher in seinen Lumpen zu sehen waren, fand ein weißes Hemd und zog es an und bewunderte sich in einem Spiegel. Eine Frau mit Zwillingen, von diesem Beispiel ermutigt, riß die Sofakissen auf und wickelte das eine Kind in der Kissenhülle wie in einer Windel ein. Sie hatte den Fuß mit der rissigen Ferse, den verkrümmten Zehen, auf das zweite Kissen gestellt. Ein Buckliger strich mit mißtrauischem Blick um die Schneiderpuppe herum. Er zog sie aus, legte sich das Brautkrönchen auf den rachitisch flachen Schädel und schrie entzückt: „Bewundert mich!"

Ein Krüppel mit Triefaugen und dem Gesicht eines Schwachsinnigen stopfte Geschirr in einen Beutel, den er an einem Riemen auf der Schulter hängen hatte. Ein einarmiger Kollege raffte mit seiner einzigen Hand alles zusammen, was glänzte.

Adja Awa Astou und El Hadji Abdul Kader Bèye erschienen unter der Tür und blieben beim Anblick dieses Schauspiels wie versteinert stehen.

„Ich bin es, mit meinen Freunden", meldete der Bettler sich bei El Hadji.

Der Anblick dieser Gestalten nagelte sie am Boden fest. Adja Awa Astou stand da wie eine Statue, unfähig ein Wort herauszubringen. Ein Mann, der nur aus einem Rumpf bestand, strich an ihren Beinen entlang. Ekel schüttelte sie; Brechreiz stieg in ihr auf. Eine humpelnde Bettlerin riß ihr mit einer schnellen Geste den Schal herunter, legte ihn sich selbst auf den Kopf und löste damit allgemeine Heiterkeit aus. Adja Awa Astou machte eine Bewegung, ein Verteidigungsreflex, und El Hadji hielt sie zurück. Das war seine einzige Reaktion. Wie gelähmt von so viel Frechheit und Zudringlichkeit stand er da und starrte den Bettler fassungslos an.

„Sag nichts! Sag gar nichts, wenn du geheilt werden willst!" riet der Bettler ihm, als habe er schon immer derartige Unternehmen geleitet.

In der Küche entdeckte ein Mann mit einem Bein etwas zu essen; erfreut zog er sich humpelnd einen Stuhl heran. Er saß kaum, da griffen schon zwei fremde Hände, die Fingerkuppen vom Aussatz abgenagt, in den Teller. Die Mutter der Zwillinge bettelte: „Gebt den Kleinen was ab."

Man gab ihr ein paar Bissen, die sie weiterverteilte. Ein Mann, der auch nur noch ein Rumpf war, trank mit geschlossenen Augen eine Büchse Dosenmilch aus. Neben ihm kauerte ein Bub und band mit einer Schnur Töpfe zusammen. Ein Aussätziger untersuchte mit argwöhnischem Gesicht die Evian-Flaschen, schüttete sie dann eine nach der anderen aus und packte die leeren Flaschen in einen Korb.

„Ich weiß, wo man solche Flaschen verkaufen kann", erklärte er einem anderen mit nasaler Stimme.

„Was ist da drin?" fragte der andere.

„Weißt du das nicht?"

„Ich bin Moslem, ich trinke nicht."

„Diese Leute sind Ungläubige! Alkoholiker!" erklärte der Aussätzige ernst.

Der große Eisschrank stand offen und ein Halbwüchsiger, der sich wie eine Krabbe nur seitwärts bewegen konnte, holte einen Becher Joghurt heraus und riß den Deckel herunter. Zuerst probierte er mit der Fingerspitze; überzeugte sich, daß das eßbar war; dann stützte er sich mit dem Rücken an die Wand, wobei die rechte Hüfte herausragte, öffnete den Mund und schüttete den Joghurt hungrig hinein. Dann forderte er einen anderen Bubuen mit der Geste auf, sich auch etwas aus dem Kühlschrank zu holen. Der Bub schleifte ein Bein hinter sich her; eine eiternde Wunde auf dem Schienbein gab Fäulnisgestank von sich. Die Wunde war mit dem Deckel einer Konservendose zugedeckt, den eine Schnur festhielt. Der Bub nahm sich ein Paket Butter und humpelte davon.

„Helft mir! Helft mir!"

Das war der unruhige Rumpf, der unbedingt in das Bett wollte. Man half ihm, indem man ihn einfach hinauswarf. Er verschwand zwischen den Laken wie ein Ertrinkender in den Wellen, tauchte mit dem Kopf wieder auf und begann, sich vergnügt herumzuwälzen und hochzuschnellen und stieß dabei unartikulierte Worte aus.

Rama kam im Nachthemd aus ihrem Zimmer, und sofort hefteten sich zwei verunstaltete Burschen an ihre Fersen, verschlangen sie mit begehrlichen Blicken und wichen nicht mehr von ihrer Seite. Rama eilte zu ihrer Mutter; sie schauten einander nur fragend an.

El Hadji Abdul Kader Bèye protestierte: „Das ist Räuberei!"

„Nein, ich nehme mir nur meine Bezahlung", antwortete der Bettler, der noch immer an der gleichen Stelle vor El Hadji stand.

„Wofür?", wollte El Hadji wissen.

„Wofür?" Das ist die Frage. Warum hast du den *Chala** ? Jedenfalls laß ich mich jetzt im voraus bezahlen."

„Ihr seid alle Diebe! Ich werde die Polizei rufen", sagte El Hadji. Furcht verschleierte seinen Blick. Dieser Bettler erinnerte ihn an irgend jemanden, irgendetwas, aber er wußte nicht an was.

Beim Wort „Polizei" entstand Unruhe. So plötzlich wie ein Windstoß zeigte sich Erschrecken auf allen Gesichtern. Ein Bursche mit einem großen weißen Fleck auf der Hornhaut des einen Auges, der gerade einen Teller ableckte, hielt furchtsam mitten in der Bewegung inne und schielte wie ein Bock nach allen Seiten, um einen Fluchtweg zu suchen.

„Wenn du wieder normal werden willst, dann gehorchst du jetzt! Du besitzt nichts mehr, du hast überhaupt gar nichts mehr, bloß noch deinen *Chala* ! Erkennst du mich wieder? Natürlich nicht!"

Der Bettler pflanzte sich mitten im Zimmer auf. Seine Worte fielen in tiefe Stille. Er fuhr fort:

„Unsere Geschichte ist schon sehr lange her. Sie ist kurz vor deiner Heirat mit dieser Frau passiert. Du erinnerst dich nicht mehr? Das habe ich mir gedacht. Das, was ich jetzt bin, ist deine Schuld. Erinnerst du dich, wie du in Diéko (Jéko) ein großes Stück Land verkauft hast, das unserem Stamm gehörte? Zuerst hast du mit Hilfe von Kumpeln, die hohe Ämter hatten, die Papiere gefälscht, und dann hast du uns enteignen lassen. Und obwohl wir Zeugen und Beweise hatten, daß das Land unserem Stamm gehörte, sind wir vor Gericht abgewiesen worden. Aber es hat dir nicht genügt, dir unseren Besitz anzueignen; du hast mich auch noch verhaften und ins Gefängnis werfen lassen. Warum?"

Die Frage blieb ohne Antwort. Der Bettler wich bis zum Tisch zurück, ehe er weitersprach, und stützte sich darauf. Große Schweißtropfen liefen ihm über die Stirn, über das Gesicht, rieselten in den Falten an seinem Hals herunter. Er bekam einen Hustenanfall; ein schleimiger Husten, von Pfeifen begleitet. Er mußte spucken, schaute sich suchend um und schluckte den Schleim dann wieder herunter. Eine Weile stand er mit gesenktem Kopf da und schwieg. Dann schaute er wieder auf.

„Warum? Weil du uns bestohlen hast! Bestohlen, obwohl alles ganz

* *Chala*, In der Wolof-Sprache eine vorübergehende sexuelle Impotenz

legal aussah. Weil dein Vater Stammeschef war, und weil sein Name auf dem Grundbuchblatt stand. Aber du hast genau gewußt, daß das Land nicht nur deinem Vater und deiner Familie gehörte. Als ich endlich wieder frei war, bin ich zu dir gekommen! Du hast dafür gesort, daß deine Freunde an der Macht mich noch einmal verfolgt und geschlagen haben. Leute wie du leben bloß vom Diebstahl ...“

„... und betrügen die kleinen Leute!“ warf eine dröhnende Stimme ein. Dein ganzes früheres Vermögen – denn jetzt hast du nichts mehr – hast du bloß durch Betrug erworben. Du und deinesgleichen, ihr baut eure Villen auf dem Unglück der armen und ehrlichen Leute. Um euch ein gutes Gewissen zu verschaffen, gründet ihr Wohltätigkeitsvereine und gebt den Bettlern an der Straßenecke ein Almosen. Und wenn wir zu zahlreich und deshalb lästig werden, dann ruft ihr die Polizei ...“

„... damit sie uns wegschafft wie den Müll und die Fäkalien“, rief der Bursche mit dem blinden, weißen Auge und reckte drohend den Arm.

„Schau mich an! Wer bin ich?“ fragte die Mutter der Zwillinge und trat dicht vor Adja Awa Astou. Sie antwortete selbst: „Eine Frau, meinst du? Nein, ich bin bloß ein Ding, das der Fortpflanzung dient. Und diese Kinder, woraus bestehen ihre Tage? Schau sie dir an!“

Mit der rechten Hand nahm sie Adja Awa Astou beim Kinn und zwang sie, den Kopf zu wenden.

„Und ich? Ich werd’ niemals ein Mann werden. So eine Type wie du hat mich mit seinem Auto überfahren und ist dann einfach weiter und hat mich da liegengelassen.“

Ein gräßliches Lachen zeriß die kurze Stille. Der Aussätzige stand auf dem Sofa und verkündigte mit seiner näselnden Stimme:

„Ich bin ein Aussätziger! Aber ich bin es für mich allein. Ich, ganz allein. Aber du, du bist eine ansteckende Krankheit für uns alle. Der Keim der kollektiven Lepra.“

Adja Awa Astou zog verzweifelt ihre Gebetskette hervor und ließ sie durch die Finger gleiten. Rama stützte sie. Sie spürte, wie ihr eigener Zorn jede Sekunde aus ihr herausbrechen konnte. Gegen wen? Gegen ihren Vater, gegen die Armen? Sie, die nichts anderes im Kopf hatte als die Worte „Revolution“ und „neue soziale Ordnung“, spürte in der Brust, tief in sich, so etwas wie einen Stein, der ihr schwer auf das Herz lastete und sie erdrückte. Ihr Blick blieb auf das Gesicht ihres Vaters geheftet.

„Um dich zu heilen, wirst du dich jetzt ausziehen, ganz nackt, El Hadji. Ganz nackt vor uns allen. Und jeder von uns wird dich dreimal anspucken. Deine Heilung hängt nur von dir alleine ab. Entscheide dich. Jetzt kann ich es dir sagen: ich war es, der dir einen Knoten hineingemacht hat."

Fast zwei Minuten verstrichen in totaler Stille. El Hadji hatte aufmerksam zugehört. Er dachte an die Worte des Seet-katt: „Es ist jemand aus deiner Umgebung."

Man hörte das Sirenengeheul eines Polizeiwagens näherkommen. Quietschende Bremsen, hämmernde Schritte, schrille Pfiffe aus Trillerpfeifen zerrissen die Stille.

Die leise Türklingel ertönte.

Die menschlichen Wracks drückten sich aneinander; Furcht zeichnete ihre Gesichter. Die Frau mit den Zwillingen nahm mit einer geschmeidigen Geste, beinahe einem Reflex, das eine Kind auf den Rücken und das andere auf den Arm. Der Aussätzige machte ein paar Schritte zum Fenster, legte die Hand auf den Riegel. Der Rumpf-Mensch auf seinem Rollbrett suchte nach einem Ausweg durch diesen Wald aus krummen Beinen.

„Was machen wir jetzt?" fragte einer und zog schnell die gestohlenen Kleidungsstücke wieder aus.

Die Frage richtete sich an alle.

„Jetzt kommen wir alle ins Gefängnis", antwortete einer.

„Bleibt ganz ruhig", befahl der Bettler. „Wir sind El Hadjis Gäste. Er will geheilt werden."

Ein Polizeioffizier öffnete die Tür. Hinter ihm in der Türöffnung tauchten die Köpfe mit Uniformkappen auf. Die Polizisten hielten sich die Nasen zu.

„Guten Tag, El Hadji", sagte der Offizier. Was ist los bei dir?"

Alle Gesichter waren verschlossen.

„Nichts, Chef", antwortete Rama.

„Wieso, nichts?"

Rama trat zu dem Polizisten. "Das sind Papas Gäste. Einmal im Monat lädt Vater die Armen ein."

Der Polizeioffizier glaubte das nicht: "Wir haben Telephonanrufe aus der Nachbarschaft bekommen, daß hier ein Aufstand anfängt".

„Das stimmt nicht. Ihr seht selbst, daß ich sie hereingelassen habe", sagte El Hadji.

„Gut. Wir respektieren den Privatbesitz und die Wohnungen. Wir bleiben draußen", antwortete der Polizeioffizier und zog sich mit seinen Leuten zurück.

Draußen auf der Straße sperrten sie den Zugang zum Haus ab.

Ein Moment verstrich, dann wagte El Hadji Abdul Kader Béye einen Blick auf seine Frau und Tochter.

Alle warteten. Irgend jemand schob eine Stuhl vor El Hadji und befahl: „Steig drauf, steig drauf!"

Alle Blicke richteten sich auf El Hadji. Alle Krüppel schienen den Atem anzuhalten. Langsam stieg El Hadji auf den Stuhl. Er überragte sie alle und ließ seinen Blick über die Versammlung gleiten.

„Wenn du wieder ein Mann sein willst, dann mußt du tun, was ich dir befehle", sagte der Bettler.

„Und wenn das gar nicht stimmt?" wandte Rama ein.

„Ich habe keinen Centime verlangt. Tu's oder laß' es bleiben, El Hadji, du hast die Wahl."

El Hadji knöpfte langsam seine Schlafanzugjacke auf. Die erste Spucke traf ihn ins Gesicht.

„Du darfst es nicht abwischen!"

Adja Awa Astou senkte den Blick. Sie weinte. Eine verkrüppelte Frau gab ihr einen Schubs und sagte höhnisch: "Spuck' auch, wenn du willst, daß er noch mal mit dir schläft."

Im nächsten Moment gab Rama der Frau mit aller Kraft einen Stoß, und sie flog neben dem Rumpf-Mann auf den Boden. Zwei Handstummel mit Fingerresten schoben sich als Barriere zwischen Rama und ihre Mutter. Der Aussätze füllte sich die Backentaschen mit Spucke und zielte dann geschickt auf El Hadji. Die verkrüppelte Frau kam wieder auf die Beine und gab Rama eine heftige Ohrfeige. Dann ließ sie sich einen Augenblick Zeit, ehe sie auf El Hadji spuckte.

„Jetzt bist du dran, um deiner Mutter eine Freude zu machen", sagte sie zu Rama.

Adja Awa Astou und Rama hatten Tränen in den Augen.

El Hadji war mit Spucke bedeckt, die an ihm herunterlief. Er hatte seine Schlafanzughose ausgezogen. Die Hose wurde wie eine Trophäe von einem zum anderen gereicht. Irgend jemand setzte ihm das Brautkrönchen auf den Kopf.

Der Tumult wurde immer größer.

Draußen hantierte die Polizei mit ihren Waffen.

Aus: Sembène Ousmane, *Chala*, aus dem Franz. von Inge Artl, Peter Hammer Verlag, Wuppertal 1990

SERIE PIPER

Mohamed Choukri

Das nackte Brot

Ein autobiographischer Roman und fünfzehn Erzählungen. Aus dem Arabischen von Georg Brunold und Viktor Kocher. 355 Seiten. SP 1419

Mohamed Choukri erzählt seine Kindheit und Jugend: Der Vater ist Bauer in einem kleinen Ort im Rif-Gebirge, wo Choukri 1935 geboren wurde. Eine Hungersnot treibt die Familie in die verheißungsvolle Stadt, nach Tanger. Aber auch hier finden sie nichts als Elend und Armut. Die Mülltonnen machen die herumstreunenden Kinder nicht satt; der Schrei nach Brot wird dem jüngeren Bruder zum Verhängnis: Vom Jähzorn der Verzweiflung übermannt, erwürgt ihn der Vater und vertuscht sein Verbrechen. Mohamed bricht mit den Eltern, er schlägt sich als Dieb und Bettler, als Strichjunge und Spieler durch, bis er 1956 bei einer politischen Demonstration verhaftet wird. Im Gefängnis lernt er schreiben und findet damit einen Weg in die Welt der Literatur. An die Autobiographie schließt sich eine Reihe kurzer Geschichten an, die Choukris Sprachkraft bezeugen.

»Da ist nichts abzuwägen, zu analysieren. Dieses Buch ist ergreifend, zum Schmunzeln, zum Jauchzen – es ist zum Heulen schön: Die deutsche Ausgabe des autobiographischen Romans »Das nackte Brot« des Marokkaners Mohamed Choukri ist Literatur pur, wahrhaft eine Entdeckung... Was erzählt Choukri? Er malt, brennt, ätzt – es sei erlaubt, Camus zu zitieren: ›das schändliche und begeisternde Bild des Lebens‹.«

Die Zeit

Zeit der Fehler

Roman. Aus dem Arabischen von Doris Kilias. 224 Seiten. SP 2128

Ein Leben in Marokko: Der zwanzigjährige Erzähler ist ein Rauf-, Sauf- und Hurenbold – aber auch ein Kobold. Und überdies ein ängstliches, einsames Kind. Nun will er lesen lernen. In 27 Kapiteln schildert er die Situationen seiner »Schulzeit«, hineinverwoben die Gefühle und Erinnerungen.

»Mohamed Choukris Leben ist spannender, poetischer, verzweifelter und wilder, als jeder Roman es sein könnte. Und er hat es in blendenden Bildern festgehalten, die das Lesen zu einem Erlebnis machen – zu einem Erlebnis, das aufwühlt, das im Schrecken fasziniert.«

Süddeutsche Zeitung

SERIE PIPER

Lese-Abenteuer

Steven Callahan
Im Atlantik verschollen
Der 76tägige Überlebenskampf eines schiffbrüchigen Seglers. Aus dem Amerikanischen von Werner Waldhoff. 288 Seiten. SP 1798

Rüdiger Nehberg
Abenteuer am Blauen Nil
216 Seiten mit 17 Abbildungen. SP 1796

Mark Jenkins
Infernalische Reise
Mit dem Fahrrad quer durch Sibirien. Aus dem Amerikanischen von Ulrike von Puttkammer. 281 Seiten mit 19 Abbildungen. SP 1778

Ron Hall / Nicholas Tomalin
Die sonderbare Reise des Donald Crowhurst
Aus dem Englischen von Barbara Schaden. 372 Seiten. SP 1925

Tété-Michel Kpomassie
Ein Afrikaner in Grönland
Mit einem Vorwort von Jean Malaurie. Aus dem Französischen von Anna Müther. 313 Seiten. SP 1523

Rüdiger Nehberg
Über den Atlantik und durch den Dschungel
Eine Rettungsaktion für die Yanomami. 352 Seiten mit 18 farbigen Fotos von Christina Haverkamp und Rüdiger Nehberg. SP 1952

Bettina Selby
Ah Agala!
Eine Frau erfährt Afrika. Mit dem Fahrrad durch die Wüste. Aus dem Englischen von Jürg Wahlen. 338 Seiten mit 19 farbigen Abbildungen und 4 Karten. SP 1257

Joe Simpson
Sturz ins Leere
Mit einem Vorwort von Chris Bonington. Aus dem Englischen von Jürg Wahlen. 243 Seiten mit 15 farbigen und 7 Schwarzweißabbildungen. SP 1247

Leosch Schimaneck / Cestmir Sebesta
Durch die Wildnis zum Eismeer
Ein Jahr auf abenteuerlicher Flußfahrt durch Nord-Kanada. 282 Seiten mit 55 Abbildungen, einer Vorsatzkarte und einer Nachsatzkarte. SP 1578

Bibliothek Afrika

Literatur des schwarzen Kontinents

Amadou Hampâté Bâ
Oui, mon commandant!
In kolonialen Diensten
Erinnerungen
Roman aus Mali

Buchi Emecheta
Sklavenmädchen
Roman aus Nigeria

Ousmane Sembène
Xala. Die Rache des Bettlers
Roman aus dem Senegal

Ousmane Sembène
Guelwaar. Ein afrikanischer Heldenroman
Roman aus dem Senegal

Gudrun Honke & Thomas Brückner (Hg.)
Habari Gani, Afrika
Lesebuch der afrikanischen Literatur